JN485633

협상 주고받기

NEGOTIATION Give and Take

우동기(禹東琪)

1952년 경북 의성군 안계면 교촌리에서 태어나 대구고등학교, 영남대학교 행정학사, 태국 AIT 과학석사, 대구가톨릭대학교 신학석사, 일본 쯔쿠바대학교(筑波大学), 사회공학연구과 학술박사, 미국 볼 주립대학교(Ball State University)에서 명예 인문학 박사학위를 받았다. 현재는 2019년에 대구가톨릭대학교의 박사과정에 입학하여 신학을 공부하고 있는 학생이다. 주요경력으로 1979년 국토개발연구원의 연구원을 시작으로 서울시정개발연구원의 연구부장, 영남대학교 행정학과 교수, 같은 학교의 제12대 총장, 미국 뉴욕알바니 주립대학교(State University of New York, Albany), 스탠포드대학교(Stanford University), 영국 옥스포드대학교(University of Oxford)의 방문학자, 제 8·9대 대구광역시 교육감의 길을 걸어왔다. 현재는 2·28 민주운동기념사업회 회장과 대구가톨릭대학교 총장을 맡아 지역사회에 봉사하고 있다. 도시경영론, 협상론, 위기관리론 분야의 연구와 강의를 처음으로 도입하였으며 많은 논문과 칼럼, 연구보고서 등이 있다. 저서로는 「성공전략 협상」, 「교육수도 대구」, 「사람·미래」, 「소명·열정」, 「도시 경영의 옷을입다」, 「위기관리론」, 「위기발생과 대응」, 「행복 플러스 교육」 등이 있다.

장영두(張永斗)

"환경분쟁해결을 위한 지방정부와 주민간의 협상적 접근"이라는 주제로 영남대학교 대학원에서 은사이신 우동기 현 대구가톨릭대 총장의 지도하에 행정학박사 학위를 취득하였다. 박사과정 중에는 한국학술진흥재단으로부터 공공분쟁의 협상모형개발에 관한 주제로 학문 후속세대 연구지원을 받았다. 박사학위 취득후에는 동 재단으로부터 공공부문의 ADR (Alternative Dispute Resolution)협상에 관한 연구로 학문 후속세대 전문 연구인력으로 선정되기도 하였다. 경상북도의회사무처 입법정책담당관실 입법연구관, 입법기획팀장을 거쳐 현재 경북도의회 기획경제위원회 수석 전문위원으로 재직 중이다. 지방의회사무기구 전문화(2006), 지방의회 의정활동의 성과평가(2009) 등의 연구논문을 다수 발표하였으며 저서로는 「조사방법론 강의(2002)」, 「성공전략 협상(2003)(공저)」, 「자치조례 무엇을 어떻게 만들 것인가(2012)」 등이 있다. 주요관심분야는 협상, ADR, 지방자치, 지방의회, 자치입법, 의회운영방법론 등이다.

협상 주고받기
NEGOTIATION Give and Take

초판1쇄 발행 | 2022년 4월 30일

지은이 | 우동기 · 장영두
펴낸이 | 최외출
디자인 | 피플커뮤니케이션
펴낸곳 | 영남대학교 출판부
등 록 | 1975년 9월 5일 경산 제16-1호
주 소 | 경북 경산시 대학로 280
전 화 | 053)810-1801~3
F A X | 053)810-4722
홈페이지 | book.yu.ac.kr

ISBN 978-89-7581-834-9 03300

□잘못 만들어진 책은 교환해 드립니다.
□이 책은 저작권법에 따라 보호받는 저작물이므로 책의 내용 및 이미지에 대하여 전부 또는 일부를 무단으로 복사, 복제, 배포하거나 전산장치에 저장할 수 없습니다.

협상 주고받기

NEGOTIATION Give and Take

우동기 · 장영두

열린시선

머리말

우리는 매 순간 협상을 한다. 그러나 우리는 협상을 하고 있으면서도 자신이 협상하고 있는지조차 모르는 경우도 허다하다. 아침에 일어나기 싫어 잠자리에서 뭉그적거리면서 이미 자신과 협상은 이루어지고 있다. 오전에 별일도 없는데 조금 더 잘까? 아니면 차라리 자리를 박차고 일어나 오랜만에 운동이라도 하고 일을 시작할까? 이런 식으로 시작된 협상은 가족, 친구, 동료 등을 만나면서 더 많이 이루어진다. 아침에 일어나면서부터 잠들 때까지 헤아릴 수도 없는 많은 협상들이 우리 일상에서 이루어지고 있는 것이다.

아이러니하게도 우리는 이미 협상을 그렇게 많이 하고 있으면서도 정작 협상에 대해서는 잘 모른다. 내가 지금 협상을 하고 있는지조차 느끼지 못하는 탓도 있지만 협상이 우리에게 어떠한 가치를 지니는지, 협상을 도대체 어떻게 해야 잘하는 것인지도 잘 알지 못한다. 그러다보니 인터넷이나 서점에는 협상과 관련된 책과 정보들이 넘쳐난다. 실생활에서 협상을 제대로 이해하고 응용하도록 하거나 비즈니스 영업 현장에 즉각 활용할 수 있는 협상 스킬 등을 알려주는 사설 교육기관의 프로그램들이 즐비하다. 이러한 사실들은 우리들이 협상을 잘 모르지만 정말 알고 싶고 배우고 싶어 한다는 것을 말해준다.

이 책은 이미 협상을 수도 없이 하고 있지만 잘 모르는 '협상'을 보다 알기 쉽도록 도움을 주기 위한 내용들로 구성되어 있다. 「협상 주고받기」의 뿌리는 1992년 최초로 영남대학교 대학원과 행정대학원에서 시작한 「협상론」 강의와 2003년 봄 학기부터 학부에서 교양과목으로 개설한 「성공전략 협상」이다. 2003년 영남대학교 출판부에서 출판한 「성공전략협상」은 그해 문화관광부로부터 우수교양도서로 선정되었다. 협상론 강의는 그 후 인터넷 강의로까지 확대되었는데 그러한 과정을 거치는 동안 내용을 보완하고, 연구·정리한 결과물이 이 책이다.

협상에 관한 내용을 빠짐없이 독자들에게 전달하고 보다 쉽게 다가갈 수 있는 책이 될 수 있도록 최대한의 노력을 아끼지 않았다고 자부한다. 시간과 역량 등의 부족으로 막상 책이 나올 즈음에는 미흡함을 여실히 느끼게 되었다.

저자의 협상론 연구와 강의활동에는 경상북도의회 기획경제위원회 수석 전문위원으로 재직 중인 장영두 박사가 늘 함께 하였다. 장 박사는 대학원 입학 이후 박사학위를 취득할 때까지 저자의 연구실을 지켜주었다. 공동 논문발표와 「성공전략과 협상」의 출간 등을 함께 하였을 뿐만 아니라 늘 곁에서 연구와 강의자료를 챙겨주었다. 저자의 연구와 강의활동 내내 계속되어 온 협상연구를 이제 물리적으로 마무리해야 할 시점에 장박사와 함께 이 책을 출판할 수 있게 되었다. 무척이나 기쁘다. 아무쪼록 이 책을 디딤돌로 하여 보다 많은 사람들이 협상을 쉽게 이해하고 삶과 그 현장에서 실제적인 도움이 될 수 있기를 바라마지 않는다.

이 책이 출판되기까지 많은 분들의 도움이 있었다.
편집을 담당한 (주)지식중심의 전계완 대표와 박봉식 실장 그리고 이필호 부장의 인내와 정성이 없었다면 이 같이 새로운 편집형태의 「협상, 주고받기」는 세상에 나올 수 없었을 것이다. 여러 차례의 내용수정과 보완으로 편집에 무려 1년 반이나 걸렸다. 영남대학교 언론출판문화원은 출판을 허락하여 주었다. 장성호 선생님은 마지막 교정을 챙겨주셨다. 감사를 드린다.

사랑하는 아내 프란체스카(綸泉 李銀淑)는 아주 꼼꼼하게 교정을 보아 주었다. 두 아들 프란치스코(周憲)와 가브리엘(周翰)은 큰 응원을 보내 주었다.

함께 출간의 기쁨을 나누고 싶다.

2022年 4月
震革 禹東琪 파스칼

차례

강의개요

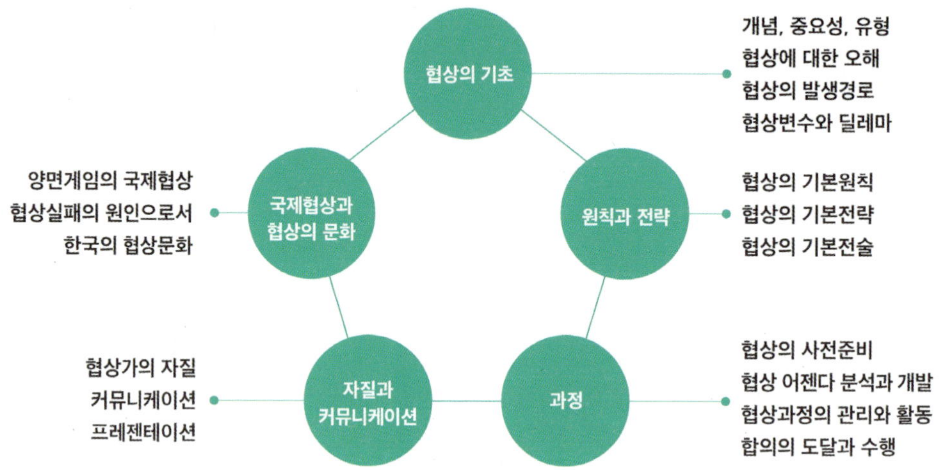

- 독불장군처럼 일방적인 명령으로 세상이 움직이던 옛날과 달리 이제는 사회의 모든 부문들이 상호 협력하여 상생의 길을 찾아야 하는 시대입니다.

- 여기서 협력과 상생을 이룰 수 있는 결정적인 수단이 바로 협상입니다. 또한 한 개인이 성공적인 삶을 이루기 위해서는 협상의 기술이 절대적으로 필요합니다.

- 따라서 이 강의의 학습 목표를 간단하게 말하면 협상 잘하는 방법을 익히는 것이라고 할 수 있겠습니다.

- 성공의 중요한 관건, 협상을 잘 하기 위하여 협상에 관한 체계적이고 올바른 이해를 통해 협상의 마인드를 체득하는 것이 이 강의의 가장 중요한 목표입니다. 제대로 된 협상의 마인드가 없다면 협상의 기술은 이내 협상의 사술(詐術)이 되고 말기 때문입니다.

- 다양한 협상의 원칙과 전략을 체계적으로 공부하여 협상을 탁월하게 이끌어가는 방법은 물론 협상을 유리하게 이끌어가기 위한 스킬 등을 습득하는 것이 강의의 두 번째 목표입니다. 나아가서 이를 바탕으로 수강자가 언제 어디서라도 협상을 응용할 수 있는 다양한 협상의 기초지식을 인지하게 하는 것이 또 하나의 중요한 목적입니다.

Section 1

협상이란 무엇인가?

강의 1

왜 중요한가?

협상에 대해 본격적으로 강의를 시작하고자 합니다.
협상은 우리 삶의 연속이며 전부라 해도 과언이 아닙니다.

이 강의는 협상을 제대로 이해하고 이를 통해 성공적인
삶을 만들어갈 수 있는 협상마인드를
일깨우는 데 목표가 있습니다.

왜 중요한가?

1. 왜 중요한가?

1) 세상이 돌아가는 기본적 원리
2) 갈등을 해결하는 최적의 수단
3) 부가가치가 높은 의사결정의 방법
4) 한국사회의 병리현상을 극복할 수 있는 방법

- 협상이 왜 중요한가? 네 가지 측면에서 알아볼 수 있습니다.

- 협상은 첫째, 세상이 돌아가는 기본적 원리, 둘째, 갈등을 해결하는 최적의 수단, 셋째, 부가가치가 높은 의사결정 혹은 정책결정의 방법, 마지막으로 한국사회의 병리현상을 극복할 수 있는 방법이라고 그 중요성을 설명할 수 있습니다.

- 먼저 세상이 돌아가는 기본적 원리로서 인간의 의미에서부터 출발하여 가정생활, 직장생활, 기업의 경영원리, 자연의 공생관계, 자연과 인간 등의 측면에서 협상을 알아보겠습니다.

왜 중요한가?

❶ 세상이 돌아가는 기본적 원리

인간의 의미

人

人間

仁 ➡ 人 + 二

- 먼저 인간이라는 말을 한번 생각해 봅시다. 한자로 사람 인(人)자는 사람의 모양을 그린 전형적인 상형문자로 작대기 두 개가 서로 의지하고 있습니다.

- 사람을 한자로 표현하면 사람인(人)자와 사이 간(間)자로 이루어져 있습니다. 사람은 혼자서는 살 수 없으며 더불어 살아가고 있음을 잘 말해주고 있습니다. 사람으로 태어나 인간이 되라는 말도 같은 맥락입니다.

- 어질 인(仁)자도 가만히 보면 사람이 두 명 있다는 것을 말해주고 있어 이 역시 사람이 살아가기 위해서는 다른 사람과 융화되어야 함을 말해주고 있습니다.

- 공자는 인간이 인간인 이유는 바로 「仁」에 있다면서 언제나 「인(仁)」을 강조하였습니다.

- 이와 같이 사람은 사람과 항상 더불어 살아야 하고 그 어울림의 방식이 바로 커뮤니케이션이 되며 커뮤니케이션의 핵심을 차지하고 있는 것이 바로 협상이라고 할 수 있습니다.

왜 중요한가?

로체샤르의 깎아지른 듯한 설벽

산악인 엄홍길 대장이 히말라야 16좌 등정 종지부를 찍었던 로체샤르의 설벽을 오르고 있다. 그는 히말라야에 38번 도전하여 20번 성공하였으며 그의 위대한 성공은 실패에서 나온다고 했다.

- 사진은 엄홍길 대장이 로체샤르의 설벽을 오르는 모습입니다.

- 사진에서와 같이 혼자 등반하는 방법에는 알파인 스타일, 극지법 등이 있지만 2인 1조가 되어 등반하는 것이 일반적입니다.

- 혼자서는 가기 어려운 길을 두 명만 되면 못 올라가는 길이 없다는 것입니다.

- 1명은 먼저 바위를 올라가고 뒤따르는 나머지 1명은 먼저 올라간 사람이 만에 하나 추락하지 않도록 자일을 잡아줍는다. 먼저 올라가는 사람이 올라가다 떨어진다 하여도 뒤따르는 나머지 1명이 사전에 설치한 확보물에 매달릴 수 있도록 하기 위해서입니다.
- 이것이 암벽등반 · 고산등반의 기본입니다. 두 사람이 협력함으로써 함께 살 수 있는 관계가 되는 것입니다. 상대방이 잘못되면 나도 잘못될 수밖에 없습니다. 협상도 마찬가지입니다. 목표점에 다다를 때까지 함께 살 수 있는 상생의 길을 모색하는 것이 바로 협상입니다. 그래서 협상은 어떻게 보면 등반과 같다고 할 수 있습니다.

왜 중요한가?

가정생활

○ 가정생활은 결혼부터 백년해로까지 부부 간은 물론 자녀와도 끊임없는 협상을 통해 서로 적응해가는 과정

- 공부하기 싫다는 아이와 공부하라는 엄마
- 늦게 귀가하는 남편과 일찍 오라는 아내
- 강아지 사달라는 아이와 어렵다는 엄마
- 자매 간에 마음에 드는 옷 서로 빌려입기

- 가장 기초적인 사회단위인 가정에서부터 협상이 시작됩니다.

- 만일 강제적인 물리력 등을 동원하여 자녀를 움직이게 만든다면 당장은 움직일지 모르나 자녀의 자존감에 깊은 상처를 낼 수 있으며 그 부모들은 자녀들로부터 존경을 받지 못하게 될 것입니다. 가족 간에 얼굴을 붉히며 불편한 관계가 되는 것만큼 소모적인 관계도 드뭅니다. 가족 간에도 한 쪽의 일방적 승리가 아니라 모두 승자가 될 수 있는 협상이 필요합니다.

- 집안 일을 아예 손 놓은 남편을 가사에 참여할 수 있게 하려면 어떻게 해야 할까? 그 어떤 방법이든 타의로 움직이는 방법을 사용해서는 한계가 있습니다. 짜증만 내어서는 아무런 도움이 되지 않습니다. 작은 일에도 칭찬하고 착한 남편이라고 부추기든지 해서 움직이게 해야 합니다. 화를 내고 싸움을 한다고 하여 가사가 분담되는 것은 아니지 않습니까?

- 생활에서 경험하는 협상은 이런 것들 뿐만이 아닐 것입니다. 자신이 협상을 하고 있다는 사실을 인식 하지 못할 수도 있지만, 누구든지 아침을 먹고 현관문을 나설 때부터 학교나 직장에서 생활을 하고 집에 돌아와 잠들 때까지 수많은 협상을 하고 있습니다.

- 개인적인 문제에서부터 가정적인 문제, 사회생활의 문제, 나아가서 국가 간의 문제에 이르기까지 모든 것이 협상의 대상입니다.

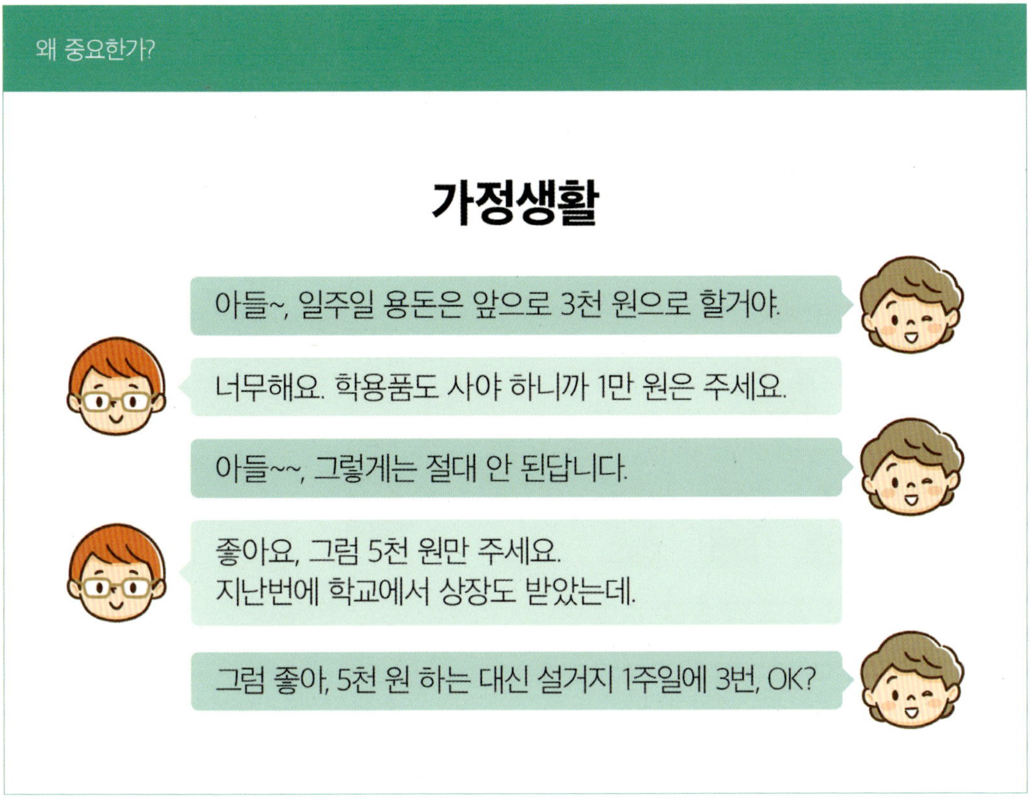

- 대화에서 엄마와 아이가 협상을 하고 있습니다. 용돈을 올려달라는 아이에게 엄마는 그냥은 용돈을 올릴 수 없고 대신에 조건을 내거는 상황입니다.
- 이런 장면도 협상이라고 생각해 본 적 있습니까? 그렇다면 이미 여러분은 협상에 대해 상당한 이해를 하고 있는 것입니다.

왜 중요한가?

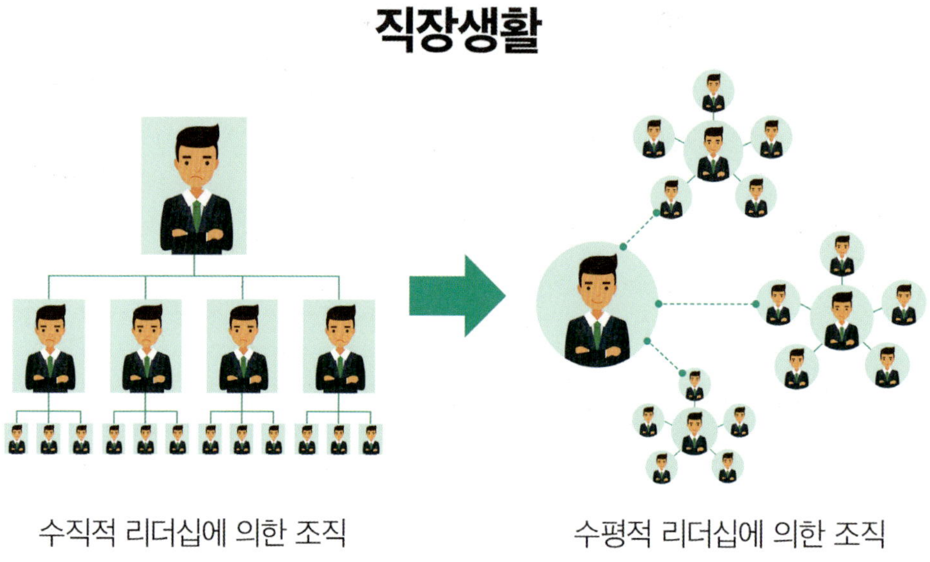

- 세계의 질서는 정보와 디지털혁명에 의해 수직에서 수평으로 변하고 있습니다. 많은 전문가들은 수평적 질서에 적응하지 못하는 기업이나 정부는 살아남지 못할 것임을 지적하고 있습니다. 현대는 개인 브랜드 시대라고 합니다. 정리해고나 명예퇴직 등의 경우에서 볼 수 있는 바와 같이 어떤 회사나 조직이 소속 구성원을 평생 책임져주고 보호해주는 시대는 가고 개인 스스로가 자신의 책임하에 스스로를 운영해가는 독립적인 계약자가 되는 시대입니다.

- 직장생활과 같은 조직생활에서도 마찬가지입니다. 돈이나 권력 등으로 사람을 부리던 시대는 이미 종언을 고한 지 오래입니다. 조직 체계만 보더라도 수직적인 리더십에 의한 조직보다는 수평적 리더십에 의해 조직이 운영되고 있습니다. 또한 조직에서 효율적인 관리라는 명목하에 업무를 지정하고 통제하던 시대는 지나가고 독립적인 개인 계약자에 의해 자율적으로 업무가 수행되는 네트워크형 조직으로 급격하게 변모하고 있습니다. 이러한 경우에 업무 협조를 받으려면 단순한 명령이나 위계질서에 의해서는 어렵습니다. 다른 독립적인 계약자와 얼마나 팀워크를 만들어 낼 수 있느냐 하는 협상능력이 필수적입니다.

- 수평적 리더십은 강압적인 힘이 아닌 보살피고 배려하는 부드러운 힘을 바탕으로 조직을 이끌어가는 것입니다.

- 이와 같은 경우에 있어 조직 구성원간의 커뮤니케이션을 극대화할 수 있는 협상의 방식이 적용되어야 한다는 것은 당연하다 할 것입니다.

왜 중요한가?

SAMSUNG VS

영원한 친구도 없고 영원한 적도 없다.
오로지 우리의 영원한 이해관계만 있을 뿐이다

"We have no eternal allies, and we have no perpetual enemies.

Our interests are eternal and perpetual, and those interests it is our duty to follow"

- Speech to the House of Commons (1 March 1848)

19세기 영국의 수상, 파머슨 경(Lord Palmerston, 1784-1865)

- 애플과 삼성전자는 스마트폰 1위 자리를 두고 치열하게 경쟁하는 라이벌 관계입니다. 그러면서도 둘은 동업자입니다.
  지난 2011년 애플은 삼성전자가 자신의 특허를 침해하였다면서 미국 법원에 제소한 것을 시작으로 영국, 프랑스, 일본, 한국 등에서 삼성을 상대로 소송을 제기합니다.

- 이 소송과는 별개로 삼성은 애플의 스마트폰에 들어가는 메모리, 프로세서 등의 부품을 공급하고 있습니다. 이처럼 삼성에겐 애플이 비즈니스상 중요한 고객이기도 합니다. 또한 애플은 자신들의 플랫폼을 개방하는데, 상호협력하는 대상이 삼성입니다.

- 이처럼 기업들 간에도 남는 것은 주고 부족한 것은 채워 상생을 모색하는 등 협상의 원리가 적용되고 있습니다.
  경쟁사와 소모전은 피하고 오히려 협력하는 방식으로 컨소시엄을 구성하여 대단위 프로젝트를 공동 수주하는 일이 기업 비즈니스에서는 흔히 있습니다. 이럴 때 유효한 커뮤니케이션 수단이 바로 협상입니다.

- "영원한 친구도 없고 영원한 적도 없다. 오로지 우리의 영원한 이해관계만 있을 뿐이다."라는 19세기 영국의 정치가 파머슨 경의 말은 글로벌 기업들에게 무척이나 잘 어울리는 말 같습니다.

왜 중요한가?

자연의 공생관계

말미잘과 흰동가리

- 공룡과 곤충
- 악어와 악어새
- 개미와 진딧물
- 말미잘과 흰동가리
- 소나무와 송이버섯 등등

• 우주는 단 한순간의 멈춤도 없이 조화로운 운동을 계속하고 있다고 합니다. 어느 날 갑자기 해가 서쪽에서 뜨거나, 달이 궤도를 벗어나거나 혹은 영화에서 나올 법한, 혜성이 지구와 충돌한다면 어찌 되겠습니까? 단순한 가정에 지나지 않을 확률이 높지만 만약 우주의 운동이 불규칙적이며 조화가 깨지고 모순된다면 우주는 이루어지지 않을 것입니다. 생물도 조화를 유지하여야만 합니다. 그 조화의 방식이 바로 공생(共生)입니다.

• 악어와 악어새, 개미와 진딧물, 말미잘과 새우, 샛별돔, 소나무와 송이버섯 등은 여러분이 잘 아는 바와 같이 공생관계에 있는 사례들입니다. 그 중에서 이종(異種)으로서 서로 돕고 사는 동물로 우리가 가장 잘 아는 것은 아마 개미와 진딧물일 것입니다. 개미는 진딧물이 안심하고 식물을 공격할 수 있도록 도와주고 진딧물은 그 대가로 식물에서 빨아들인 즙의 일부를 개미에게 나눠 줍니다. 개미와 진딧물 대표가 어느 날 갑자기 마주 앉아 서로 협조하기로 합의한 것은 물론 아닐 것입니다. 오랜 진화의 역사를 통해 많은 시행착오를 거치며 꾸준히 조율하여 얻어낸 일종의 계약입니다.

• 생물은 천적이 없어지면 결국 공멸하기 때문에 크게 봐서는 그 역시 공생관계라고 할 수 있습니다.
이와 같은 공생관계는 협상의 방식이라고 봐도 무방합니다. 서로에게 이익이 되는 교환관계인 공생이 곧 협상이기 때문입니다.

왜 중요한가?

협상은 바로 공존(共存)의 원리

• 인간은 개별적 존재로만 놓고 보면 그리 대단한 동물이 아닙니다. 사냥할 수 있는 발톱이나 송곳니를 가진 것도 아니고, 추위를 막아줄 두툼한 털가죽을 갖고 있지도 못합니다.
그런데도 인간이 오늘날 만물의 영장으로 존재할 수 있는 것은 바로 고도로 발달한 지능과 협동할 줄 아는 성향 덕분입니다. 지능과 협동정신 중에 인간의 소중한 가치는 협동정신입니다. 아무리 높은 지능을 지녔어도 협동할 줄 모르면 크게 성공하기 어렵기 때문입니다.

• 만일 모기들이 협동할 줄 안다면? 혹은 바퀴벌레들이 협동할 줄 안다면 어떻게 될까? 생각만 해도 끔찍합니다.
모기와 바퀴벌레는 당장 눈앞의 탐욕을 조금만 자제하면 훗날 모두 함께 잘 살 수 있다는 걸 터득할 만한 지혜가 없기 때문에 협동하는 동물이 되지 못합니다. 이처럼 협상은 우리 인류가 살아가는 공존의 원리입니다.

왜 중요한가?

❷ 갈등을 해결하는 최적의 수단

○ 인간의 삶은 근본적으로 다른 사람과의 관계를 전제하고 있기에 갈등이 필연적으로 발생

○ 사회적으로도 이질성과 다양성의 증대는 인간 사이, 혹은 집단간의 이해갈등 증폭

○ 서로가 가지고 있는 차이를 인정하고 상호 소통할 수 있는 협상이 필요

• 부부 사이에 갈등이 발생했다고 합시다. 그런데 싸움이 일어나면 대부분 갈등이 발생하게 된 원인에 주목합니다. 정작 문제를 해결할 수 있는 방안을 찾기보다는 '그래 너 잘났다', '그렇게 잘난 사람이 이렇게밖에 못하냐'라는 식으로 상대를 비난하거나 '당신이나 잘해'라는 식으로 무시하고 경멸하는 말들을 쏟아내는 경우가 많습니다. 이렇게 해서는 갈등이 해소될 리가 없습니다. 서로의 마음에 상처만 주고 앙금만 남게 마련입니다.

• 이러한 실익 없는 관계를 해소하려면 서로를 비난하는 데 몰두할 것이 아니라 상대방과의 차이를 먼저 알아내고 상호가 공감할 수 있는 방안을 찾는 것이 현명할 것입니다.

• 고대 병법서 중에 **「천시불여지리 지리불여인화(天時不如地利 地利不如人和)」**라는 말이 있습니다. 하늘의 때는 땅의 이득만 못하고 땅의 이득은 사람의 화합만 못하다는 뜻입니다. 그만큼 세상사에서 화합하는 마음이 얼마나 중요한가를 잘 설명해주고 있습니다. 화합하는 마음으로 갈 수 있는 현실적인 수단이 바로 협상입니다.

왜 중요한가?

협상이 왜 최적 수단인가?

○ 싸움, 재판, 조직폭력 등 어떤 갈등해결 방법보다 합리적이고 실천적, 경제적이다.

○ 협상은 공동이익을 창출할 수 있다.

○ Win-Win

○ 상대방의 요구를 들어주면서도 궁극적으로 나의 요구를 성취할 수 있다면 이보다 더 현명한 방법은 없다.

• 그렇다면 그런 갈등을 해결하는 데 왜 협상이 최적일까요?

• 갈등이나 분쟁을 해결하는 방법에는 싸워서 이기거나 안되면 법적인 재판 등을 통하여 해결하는 것이 일반적입니다. 극단적인 경우는 불법적으로 조직 폭력배를 동원하기도 합니다.

• 그렇게 해서 과연 갈등과 분쟁이 해결될 수 있겠습니까? 당장은 해소된다고 하여도 서로의 가슴속에는 아직도 잠재된 갈등이 잔존해 있기 때문에 언제 다시 터질지 모릅니다.

• 결국 갈등원인이 되고 있는 사안을 협상을 통해 서로가 원하는 것으로 만들어가는 것이 가장 현명한 방법입니다.

• 상대방의 요구를 들어주면서도 궁극적으로 나의 요구를 성취할 수 있다면 그보다 더 현명한 방법은 없다는 것입니다.

• 이처럼 협상은 갈등을 해결하는 데 최적의 방법이라고 할 것입니다. 협상이 그 어떠한 갈등해결 수단보다도 합리적이고 실천적이며 더욱이 경제적이라는 것입니다.
협상이 가지고 있는 장점은 개인 간 갈등뿐만 아니라 집단, 정부 그리고 국가 간의 갈등에서도 원활한 해결책이 됩니다.

왜 중요한가?

❸ 의사결정의 방법

○ 어떤 조직 내의 의사(정책)결정은 조직 구성원들 간의 협상과정을 통해 나오는 결과

○ 협상은 다수의 이해당사자들이 기꺼이 수용할 수 있는 특정 대안을 찾아가는 의사결정과정

○ 자신의 뜻이 조직의 의사결정에 반영되려면 다른 구성원과 끊임없는 협상이 필요

- 일반적으로 의사결정 혹은 정책결정이라고 함은 대부분 문제를 해결하기 위한 것입니다. 이때 어떠한 종류의 문제이든 의사결정을 통해 우리들에게 긍정적인 결과를 가져다주도록 만들어야 합니다.

- 그러나 현실은 그렇게 쉽지 않습니다. 인간은 불완전하고 복잡하기 때문입니다. 따라서 조직 내에서의 의사결정은 아무리 최고 경영자라고 하더라도 독단적으로 할 수 없습니다. 다른 조직구성원과 대립하고 투쟁하여 적절하게 문제를 해결하면서 조직의 통합을 이루어 가는 협상과정을 거쳐야 합니다.

- 조직에서의 의사결정과 행동은 곧 조직 내의 정치적 과정, 협상과정, 조직 내의 권력 다툼의 결과라고 보는 것입니다.

- 따라서 조직 내의 의사결정이 이러한 협상과정을 거치게 되는 이상 나의 뜻이나 의지가 조직의 의사결정에 반영될 수 있으려면 반드시 협상을 익히고 배워야합니다.

왜 중요한가?

❹ 한국사회의 병리적 문화를 극복할 수 있는 방법

운전 그렇게 하다가 사고나면 어쩌려고 그러십니까?

제가 뭘 잘못했는데요?

우회전 차선에서 그렇게 갑자기 좌회전 차선으로 끼어드시면 안되죠.

……

잘못한 것 맞으시죠?

야 근데 너 몇 살이야?

- 협상이 왜 중요한가의 마지막 이유는 협상이 한국사회의 병리현상 혹은 문화를 극복할 수 있는 방법이 될 수 있다는 사실입니다.

- 위 사례는 우리 주위에서 흔히 들을 수 있는 대화입니다. 의사소통이 단절되어 상대방의 입장을 이해하는 것부터 어긋남으로써 협상은 온데간데 없이 멱살 쥐고 목소리 큰 사람이 이긴다는 논리가 더 설득력을 얻게 됩니다.

- 서로 합리적으로 의견이 진행되는 듯하다가도 끝에 가서 잘 안되면 나오는 것이 바로 위의 사례처럼 서열을 따지는 나이 이야기입니다.

- "어디서 어른이 말씀하는데 애들이 끼어드냐."는 이야기와 같습니다. 이런 이야기는 여러분들도 자주 들어왔던 말이 아닙니까?

- 수직구조의 문화가 수평구조 문화보다 훨씬 발달한 우리나라에서 아이들이 어른들의 의견에 토를 달거나 "그건 아니에요." 라고 당당하게 자기 의견을 밝히는 일은 쉽지가 않습니다. 어른들은 옳고 그름을 떠나 나이도 어린 것이 토를 달고 어른들을 감히 무시한다는 느낌이 들어 화부터 낼 것이기 때문입니다.

왜 중요한가?

왜 우리는 협상이 잘 되지 않을까?

○ 권위주의적 문화

○ 이분법적 흑백논리

○ 동질적인 문화와 언어로 인한 획일주의

○ 효율성 제일주의의 폐해

- 우리나라가 협상이 잘 안 되는 것은 여러 가지 원인이 있겠지만 우리의 독특한 문화에서 비롯되는 경우가 많습니다. 특히 권위주의에서 비롯되는 폐해는 심각한 편입니다.

- 권위주의는 인간과의 관계를 수평적이 아닌 수직적인 위계질서로 생각하는 경향입니다. 이러한 권위주의적 문화가 가져다주는 가장 큰 폐해는 의사소통의 단절입니다.

- 두 번째 원인은 과도한 흑백논리입니다. 아군 아니면 적군이라는 사고방식은 협상을 하는 사람을 두고 아예 회색분자라고 부르거나 변절자로 부르기까지 합니다. 이러한 흑백논리는 협상이 제대로 발전하지 못한 이유 중의 하나입니다.

- 또한 다양성을 존중하지 않는 획일주의적 문화도 협상문화를 자리 잡지 못하게 하였습니다. 우리는 동질적인 문화와 언어를 가지고 있어 획일적 문화와 논리에 익숙해져 있습니다. 따라서 나와 다른 것은 틀린 것이라는 믿음 하에 다양성을 존중하는 협상을 할 이유가 없었습니다.

- 경제성장 제일주의는 능률성이나 생산성이 최고의 가치로 받아들여지게 하였고 그에 위배되거나 상충되는 가치들은 논의할 필요조차 없었습니다. 따라서 협상은 어떤 결정이나 합의에 있어서 시간만 오래 걸린다는 등 비효율성만 강조되는 가치 구조 때문에 설 자리가 없었습니다. 그 외에도 실리보다는 체면만 중시하는 태도, 조급한 태도와 준비부족, 온정주의와 연고주의도 협상을 방해하는 데 한몫을 하고 있습니다.

왜 중요한가?

한국사회의 협맹(協盲), 그 원인과 결과

↓

협상문화의 부재가 중요한 원인이며
이는 사회적 및 국가적 손실로 이어진다.

- 이와 같이 우리나라는 협상에 익숙치 못한 것이 사실입니다. 이를 두고 혹자는 글자를 해독하지 못하면 문맹이라고 하듯이 협상에 대해 전혀 모르는 것을 빗대어 협맹이라고 까지 말하고 있습니다.

- 이러한 협맹의 배경은 우리 사회에 협상문화가 형성되어 있지 못해서입니다. 이는 곧 사회의 손실로 이어지고 있어 하루 빨리 협상에 대한 올바른 이해와 협상마인드가 정착되어야 합니다.

- 여기서 한가지 덧붙이자면 지난 짧은 기간 동안의 불우한 역사로 인해 일시적으로 협상에 대해 미흡한 측면을 보이고 있는 것은 분명하나, 우리 한민족이 원래부터 협상에 대해 모른다고는 할 수 없습니다. 오히려 우리 한민족은 협상의 대가였습니다.

- 우리 민족이 오랫동안 강대국의 틈바구니 속에서도 삼국시대, 통일신라, 고려, 조선을 거쳐 오늘에 이르기까지 민족국가를 유지해올 수 있었던 것은 몸에 배어 있는 외교술과 협상 능력 때문입니다.

- 거란의 80만 대군을 물리치고 압록강 동쪽(강동)의 6주까지 얻어낸 서희의 외교담판, 조선 전기에 교린외교의 성과를 가져온 계해약조의 체결로 동아시아의 평화지대 구축을 성공적으로 이끌어 내었던 신숙주의 활약 등은 우리 민족이 협상에 얼마나 탁월한가를 잘 보여주고 있는 사례입니다.

잠깐만! 쉬어가는 협상코너

한국의 속담과 협상

- "가는 말이 고와야 오는 말이 곱다."라는 우리나라의 속담이 있다. 대화상대를 존중하며 자존심을 지켜줄 수 있을 때 나도 그에 상응한 대우를 받을 수 있다는 뜻이다. 그런데 대화의 상대가 사회성이 떨어져 저속한 언어나 막말과 폭언을 일삼는 경우라면 가는 말이 아무리 고와도 오는 말은 여전히 험할 수 있다. 또한 대화의 상대가 갑(甲)이라면 상대의 내지르는 막말에도 나는 고운 말을 할 수밖에 없는 상황도 있다. 더군다나 길을 가다가 시비가 붙어 상대가 지금 내 앞에서 소리를 마구 지르면서 위협을 가한다면 나도 고운 말만을 쓸 수는 없을 것이다. 이때는 정말 우스갯소리처럼 "가는 말이 고우면 얕본다"라는 말이 맞을 수도 있다.

- 그런데 협상에서 "가는 말이 고와야 오는 말이 곱다." 라는 말은 지켜야 할 원칙 중의 하나이다. 상대가 어떤 성격을 가진 누구이든 협상을 하게 되면 나의 입장과 의견은 대부분 말을 통해서 하게 마련인데 협상상대에게 어떻게 말을 할 것인가는 협상의 과정과 결과에 큰 영향을 미치기 때문이다. 실제 저속한 말들이 대화 중에 습관처럼 나오면 상대는 겉으로는 말하지 않지만 속으로는 이미 가까이 하지 말아야 할 사람이라고 판정을 내렸을 수 있다. 그 뒤의 협상결과가 어떻게 될지는 충분히 짐작할 수 있다.

- "가는 말이 고와야 오는 말이 곱다."라는 속담처럼 협상은 사람과 사람 사이의 상호작용이다. 때문에 현대를 살아가는 우리들에게 '협상'은 항상 존재하는 것이고 협상이라는 단어는 널리, 자주 쓰이는 말이다. 실제 사람들에게 협상은 요람에서 무덤까지 일상다반사로 이루어지고 있다. 협상의 과정을 통해 가치가 구체적인 이익으로 이어지기 때문에 그 중요성은 두말할 나위가 없다.

Section 1

협상이란 무엇인가?

강의 2

개념·오해·범위와 유형

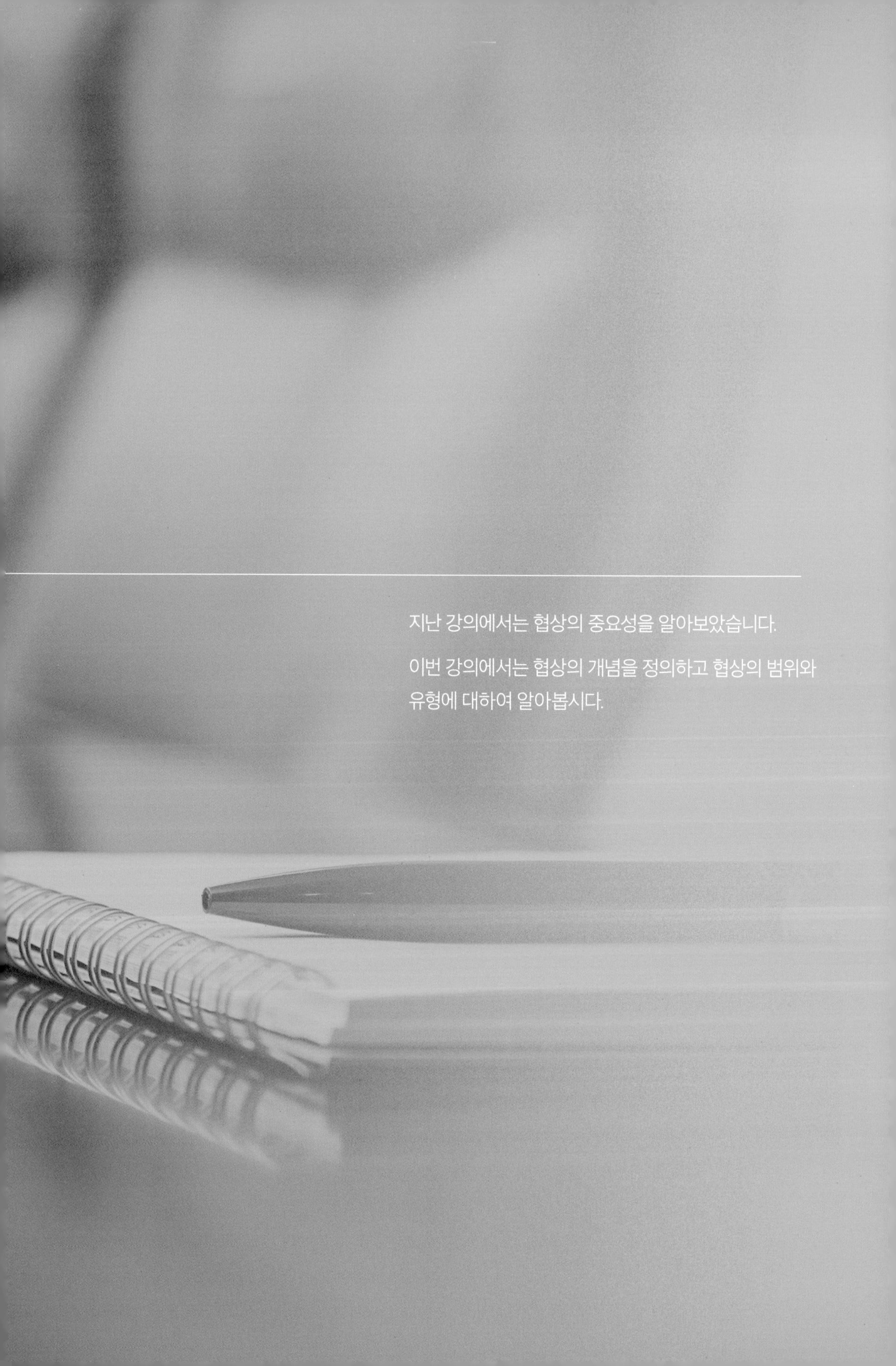

지난 강의에서는 협상의 중요성을 알아보았습니다.

이번 강의에서는 협상의 개념을 정의하고 협상의 범위와 유형에 대하여 알아봅시다.

협상의 개념

1. 협상의 개념

○ 서로 다른 욕구와 견해를 가진 두 사람(조직) 또는 그 이상의 당사자가 상호타결 의사를 가지고

○ 쌍방향의 의사소통을 통하여

○ 상호만족하는 합의에 이르는 과정

- 일상 생활 속에서 협상은 매우 빈번하게 일어납니다. 음식점에서 무엇을 주문할 것인가와 같은 사소한 일에서부터 주택을 보다 싸게 구입하기 위하여 치열한 협상을 하기도 합니다.

- 인질협상, 국제통상무역협상, 여당과 야당 간의 정치협상, 남북협상, 폐기물처리장이나 원자력발전소의 입지를 두고 벌어지는 환경분쟁, 노동자와 사용자 간의 협상에 이르기까지 협상은 매우 다양하게 나타납니다.

- 여러분은 어떻습니까? 이렇게 수많은 협상들에서 한번이라도 협상을 해보셨습니까? 아마도 대부분이 어떠한 방식으로든지 협상을 해봤다고 하리라 생각합니다.

- 협상을 한번이라도 해봤다는 것은 적어도 협상이 무엇인지 개념적으로는 알고 있다는 이야기입니다.

- 그렇다면 과연 협상은 무엇일까요? 상대방을 배려한다, 혹은 주고 받는다, 등 다양한 대답이 나올 것입니다.

- 가장 간단하게는 상대와 나 사이에 의견차이가 있을 때, 그차이를 좁혀가면서 합의된 의견을 도출하는 것이 협상이라고 할 수 있습니다.

- 좀 더 명확하게 이야기하면 서로 다른 욕구와 견해, 타결의사를 가진 두 사람 또는 그 이상의 당사자가 쌍방향 의사소통을 통해 상호 만족할만한 수준으로의 합의에 이르는 과정이라고 할 수 있습니다.

- 이런 부분을 나누어서 살펴보도록 하겠습니다.

협상의 개념

○ 이견(異見)의 존재

○ 상이(相異)한 이해(利害)를 타결할 의사

"한 치도 물러설 수 없다."?

"양보란 있을 수 없다."?

- 먼저 협상은 둘 이상의 당사자가 존재하여야 합니다. 그런데 둘 혹은 그 이상의 당사자 사이에서는 크든 작든 이해관계의 갈등이 존재하게 마련입니다. 내가 원하는 것과 상대가 원하는 것이 같지 않기 때문입니다. 즉, 이견이 존재합니다.

- 당사자들은 그 갈등을 해결하고자 하는 의지를 갖거나 이러한 상이한 이해관계를 타결할 의사를 가지고 있어야 합니다. 어느 한 쪽이 협상을 진행하긴 하지만 타결할 의사가 전혀 없을 경우, 그것을 협상이라고 볼 수 없습니다. 가령, 협상참여자가 종교적 혹은 이념적으로 상대방과 완전히 차원을 달리하고 있거나 반대를 위한 반대에 집착하고 있어 자신이 주장하는 바가 아니면 안 된다고 하는 경우가 그러한 예입니다. 그 의사를 바탕으로 당사자들은 갈등을 해결할 수 있는 방법을 찾아내야 합니다.
- 이를 통해 양 당사자는 더 좋은 결과를 기대합니다. 더 좋은 결과를 기대하지 않는다면 협상할 필요가 없기 때문입니다.

- 협상장에 나타나서 협상하지 않는다는 사람들이 있습니다. 그 사람들은 진정으로 양보할 수 없다고 하는 것일까요? 정말 한 치도 물러설 수 없다는 것이 진심인가 하는 것입니다.
  그러나 한 치도 물러설 수 없다는 사람이 협상장에 나올 리 없습니다. 협상의 전략적인 관점에서 본다면 그 사람이 물러설 수 없다고 할때 그 말이 진심인지를 그리고 무엇을 실제로 원하고 있는지 살펴보는 것도 매우 중요합니다.

협상의 개념

- 협상의 다양한 형태 중에서 가장 극단적이고 위험한 사례는 인질협상입니다. 인질사건이 발생하면 인질의 안전이 제일 먼저 중요하게 다루어져야 합니다.

- 그러나 인질범은 자신이 요구하는 걸 들어주기 이전에는 아무것도 보장할 수 없다고 소리칩니다. 특히 데드라인(dead line)을 정해주고 그 시간 안에 자신이 요구하는 것을 가져오라고 하면서 그렇지 않으면 인질이 다칠 것이라고 협박합니다. 이때, 인질범이 인질을 다치게 하겠다는 협박은 정말일까요? 다치게 하겠다는 협박을 믿고 요구하는 것을 모두 가져다 주어야 할까요?

- 많은 전문가들은 인질범의 말을 완전히 무시하면 안 되지만 일정 부분은 무시해도 된다고 합니다. 오히려 불리하고 위험한 협상환경은 인질범이 인질을 잡고 있음에도 아무 연락이 없거나 의도적으로 연락을 계속 지연시키는 경우입니다. 인질범이 자신의 요구사항을 관철하려면 인질을 함부로 죽이거나 다치게 하지 않을 것입니다. 물론 인질을 정말로 다치게 할 수도 있습니다. 그렇게 되면 인질범과 대치하는 협상자도 막을 수 있는 방법이 없습니다. 그럼에도 그 말을 순수하게 믿고 인질범이 요구하는 것을 들어주면 협상자는 그때부터 인질범의 의도에 휘말리게 됩니다. 따라서 인질범의 협박을 무시하는 편이 오히려 협상에 유리하다고 할 수 있습니다. 인질의 교환가치는 협상자가 아니라 인질범에게 있다는 상황을 이용하여 오히려 논리적인 반박을 하거나 감정적인 동요를 일으킬 수 있도록 해야 합니다. 가령 인질범이 과도한 요구를 하는 경우 전화를 그냥 끊는 방법도 쓸 수 있습니다.

협상의 개념

쌍방향의 의사소통

↓

이익의 주고받기

- 양 당사자가 타결할 의사를 가지고 협상과정이 진행되면 그것은 쌍방향의 의사소통이 되어야 합니다. 협상의 기본은 '주고 받기 (Give and Take)' 입니다.

- 앞서 보았던 인질과의 협상 사례가 주고받기 (Give and Take) 협상을 가장 잘 나타나는 사례이기도 합니다.

- 인질을 잡고 있는 시간이 늘어날수록 인질범은 음식, 물, 애인과의 대면, 형량 감면 등을 추가 요구합니다. 때로는 협상하는 과정에서 욕설을 하거나 흥분함으로써 자신이 무슨 일을 저지를지 모르는 사람임을 과시하여 협상력을 키우려 합니다.

- 인질범이 광분한다 하여 민감하게 반응할 필요는 없습니다. 대신에 범인에게 '공짜'는 없다는 것을 인식시켜 주어야 합니다.

- "배고프다. 빵과 우유를 달라."(범인)
  "좋다. 빵과 우유를 주겠다. 대신 인질에게도 빵과 우유를 줘라. 그래야 더 이야기할 수 있지 않겠냐."(협상가)
  이런 식입니다.

- 이와 같이 협상은 일반적으로 쌍방향의 의사소통을 통해서 이익을 주고 받게 됩니다. 이렇게 본다면 협상은 레슬링이 아니라 댄스와 같다고 할 수 있습니다.

협상의 개념

협상은 레슬링이 아닌 댄스이다.

협상은 양자가 만나 주고받는 과정을 통해 승패를 결정 지우는 것이 아니라 양자가 만나 서로 원하는 것을 극대화시켜 나가는 과정이다.

- 협상은 의견 혹은 이익의 주고받기가 이루어져야 하는데 양방향의 의사소통이 이루어지지 않는다면 어느 한쪽만의 이야기가 상대방에게 강요되어 협상이 성립될 수 없습니다.

- 그림에서 알 수 있듯이 레슬링은 상대방을 끌어당기거나 상대방의 힘을 이용하여 내가 승리하는 게임입니다. 상대를 만나 무조건 내가 이겨야 합니다.
  그러나 댄스는 다릅니다. 춤을 출 때 상대가 끌어당기면 자연스럽게 끌려가고 내가 당길 때는 상대도 자연스럽게 끌려와야 아름다운 춤이 됩니다.
  이처럼 협상 참여자들이 춤을 추듯이 각자 상대에게 요구를 제시하고 이에 적절한 양보과정을 통하여 서로 원하는 것을 극대화시켜서 공동의 이익을 만들어 낼 수 있는 것이 바로 협상입니다.

- 레슬링에서의 상대방은 경쟁자, 댄스에서의 상대방은 파트너입니다. 따라서 협상에서의 상대방은 경쟁자가 아니라 파트너, 즉 동반자입니다.

협상의 개념

협상력이 불균형하더라도 협상은 가능?

• 두 사람의 협상당사자가 친구관계 등과 같이 서로 대등한 관계이면 좋겠지만 대부분은 힘의 불균형에 놓여있는 경우가 많습니다. 사장과 사원, 갑과 을의 영업관계, 선생과 제자, 부모와 자식 등이 그러합니다. 그렇다면 힘의 불균형 상태에서 양방향의 의사소통이 어떻게 이루어질 수 있을까요?
그 열쇠는 아무리 강자라고 하여도 찾아보면 약점은 있게 마련이고 아무리 약자라 하여도 찾아보면 강점은 있다는 사실에 있습니다. 이를 통해서 힘의 균형을 맞추어야 합니다. 상대방도 알고 나도 아는 지피지기(知彼知己)가 필요한 것입니다.

• 이익의 주고받기가 의미하듯이 이해관계로 인한 갈등을 해결할 수 있는 기존의 규칙이나 절차가 없을 때 협상을 하게 됩니다. 이익의 주고받기가 가능할 때 협상이 가능해집니다.

• 그러나 주고받기에 대해 다시 한번 생각해 봅시다. 협상이 진행되면 자신이 원하는 것을 요구한다고 해도 상대의 입장을 고려해서 자신의 입장을 수정하게 됩니다. 즉, 주고 받기가 이루어집니다. 그러나 이때 단순히 주고 받는 것 보다는 양쪽이 파이의 크기를 키운 뒤에 배분하는 것처럼 정해놓은 목적을 충족시켜줄 수 있는 해결책을 함께 생각하는 것이 필요합니다.

• 창의적 협상이 필요합니다. 유형의 문제뿐만 아니라 무형의 문제까지 협상합니다. 성공적인 협상이란 가격이나 합의조건과 같이 눈에 보이는 유형의 문제들을 풀어가는 것이지만 무형의 문제들도 관리하는 것을 의미합니다. 이것을 알게 된다면 힘의 불균형이 있어도 협상은 충분히 가능할 것인데 이것이 바로 협상의 매력입니다.

협상의 개념

합의는 상호 만족할 수 있는 것

그러나 완전 손해를 볼 경우?

- 협상을 통해 서로가 합의 한다면 그 합의는 상호 만족할 수 있는 것이어야 합니다. 상호만족이란 협상참여자 각자의 요구사항이 협상을 통해 받아들여지는 것을 의미합니다.

- 그렇다면 우리가 시장에서 상인과 중간가격에서 서로 합의하였을 때 그것은 협상일까요? 아닐까요? 크게 보아서는 협상이라고도 할 수 있겠으나 이는 협상이 아니라 타협 내지 흥정에 지나지 않습니다. 주인은 손해를 보고 판다고 생각하고 나는 다른 데보다 더 비싸게 샀다고 생각하면 두 사람 사이에 불만이 남아있게 됩니다.

- 그러나 손해를 보는 경우에도 만족은 존재할 수 있습니다. 유명호텔에 와인을 납품하는 경우를 생각해봅시다. 유명호텔 지배인은 납품가격을 낮춰달라고 합니다. 그러나 납품하는 입장에서는 납품 가격을 낮추게 되면 수지가 맞지 않습니다. 이럴 경우 가격에만 관심을 둔다면 Win/Lose가 될 수밖에 없습니다.

- 협상에는 가격만 있는 것이 아닙니다. 가격 외에도 납품량, 납품기일 등 얼마든지 다른 조건이 있을 수 있습니다. 가격은 양보하는 대신에 다른 조건들에서 나의 이익을 찾을 수 있다면 그로 인해 Win/Win을 만들어낼 수 있습니다. 성공적인 협상이란 가격이나 합의조건과 같이 눈에 보이는 유형의 문제들을 풀어가는 것이지만 무형의 문제들도 관리하는 것임을 유념해야 합니다.

협상의 개념

협상의 만족감은 어디서 오는가?

이 시계가 참 마음에 드네요.
제가 이 근처 살거든요. 좀 깎아주세요.

저희들은 정찰제입니다. 딴 데 가보세요. ^^

제 가족들도 시계사러 여기 올게요.
좀 깎아주세요. ㅎㅎ (끝없이 할인부탁)

손님이 하도 말씀하시니 2만 원 할인해 50만 원을
48만 원에 드릴게요. 더 이상은 안됩니다.

더 깎아주시면 좋겠지만
그 정도라도 배려해주셔서 감사합니다.

- 동네 앞의 시계가게에서 평소 사고 싶었던 시계가 전시되어 있습니다. 그 모델은 한정판이어서 구하기도 힘든 시계인지라 인터넷에서도 잘 구할 수 없습니다. 계속 벼르다가 월급 탄 날에 시계를 사야겠다는 마음으로 가게의 문을 열고 들어갑니다.

- 깎아달라는 말에 주인 역시 가격이 정찰제라면서 매몰차게 거절합니다. 그래도 자신이 이 동네에 살고 있으며 가족들도 시계를 사러 올 거라면서 자신이 우수한 고객이 될 수 있음을 강조해봅니다. 결국 주인으로부터 2만 원 정도만 할인해주겠다는 답변을 듣습니다.

- 가게 주인으로부터 여러 가지 핀잔도 들었지만 그래도 목표로 한 시계를 살 수 있어서 기분은 좋습니다. 특히 가게 주인이 정찰제라면서 안 깎아준다는 것을 깎았으니 그 기쁨은 배가 됩니다.

협상의 개념

협상의 만족감은 어디서 오는가?

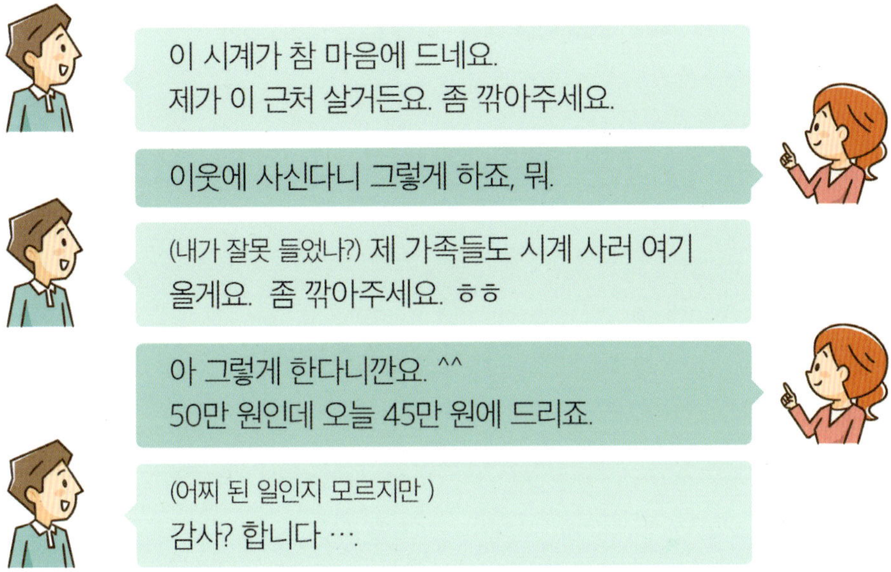

- 앞의 협상은 완전히 잊어버리고 한번 더 같은 상황에서 협상해봅시다.

- 나는 동네 근처의 시계점에 들러 마음에 드는 손목시계를 사려고 합니다. 이웃이니까 좀 할인해 달라고 하였는데 말도 끝나기 전에 주인은 그러자면서 할인해줍니다. 결국 50만 원짜리를 45만 원에 샀습니다.

- 두 가지의 상황을 결과적으로 따진다면 50만 원짜리 손목시계를 45만 원에 살 수 있었던 것은 경제적 이득이 됩니다.
  여러분이 이 상황이라면 어떤 사례가 나에게 더 믿음과 만족을 주는지 한번 생각해 보죠.
  내가 열심히 주인과 흥정을 하고 설득하여 2만 원을 할인하여 산 48만 원짜리 시계가 좋은가요?
  아니면 주인이 흔쾌히 할인해주어 산 45만 원짜리 손목시계가 더 믿음이 가는가요?

- 아마도 내가 설득하여 얻어낸 48만 원짜리 시계가 더 믿음이 가고 애착이 가는 경우가 많겠죠?
  45만 원에 산 손목시계는 할인의 폭은 더 크지만 왠지 더 깎을 수 있었는데 너무 일찍 협상이 종료된 것은 아닌지? 혹은 너무 쉽게 할인해주어 혹시 가짜는 아닌지? 아니면 어딘가 결함이 있는 것은 아닌지 등의 생각으로 왠지 찜찜한 기분이 들 수도 있습니다.

- 이처럼 협상은 무조건 가격이 낮다고 하여 만족감이 생기는 것은 아닙니다. 오히려 협상의 과정을 통하여 상대방으로 하여금 성취하였다는 느낌이 들도록 하는 것이 가격은 좀 더 높아도 협상에 대한 만족감은 더 큽니다.

협상에 대한 오해

2. 협상에 대한 오해

❶ 협상은 좋은 것이거나 나쁜 것?

↓

협상은 가치중립적이다.

협상에서 속임수를 쓴다면…?

• 협상에 대한 개념을 알아가는 과정에서 통상적인 상식과 다르거나 오해할 수 있는 부분이 있을 수 있습니다. 먼저 협상이 좋은 것인지 혹은 나쁜 것인지 알아봅시다.

• 협상의 목적이 상대방으로부터 나의 이익을 확보하는 것이라고 보면 협상에는 이익을 확보하기 위해 속임수를 쓰거나 거짓정보를 흘리는 것과 같이 수단과 방법을 가리지 않는 측면도 있습니다.

• 따라서 협상을 좋은 것 혹은 나쁜 것이라고 말할 수 있지만 근본적으로 협상은 가치중립적입니다. 내가 협상을 하는 궁극적인 목적이 이익을 획득하는 데 있다면 상대방도 역시 자신의 이익을 얻는 데 협상의 궁극적인 목적이 있기 때문입니다. 또한 협상에서 상대방을 친절히 배려하거나 아니면 반대로 속임수를 쓰는 것은 어디까지나 나의 책임영역이며 상대방도 협상에 어떠한 전략과 전술을 가지고 임할지는 그의 영역이기 때문입니다.

• 칼을 잘 쓰는 사람이 착한 사람이면 요리를 맛있게 하여 많은 사람들을 행복하게 할 수 있으나 나쁜 사람이라면 칼은 순식간에 흉기로 돌변할 수 있는 것과 마찬가지입니다. 협상은 어디까지나 가치중립적인 수단이어야 합니다.

• 협상은 윤리적으로 혹은 규범적으로 좋은 개념이기 때문에 협상을 하여야 한다거나, 협상은 온갖 사술이 난무하기 때문에 일체 사용하지 말아야 한다는 이분법에 빠지면 안 됩니다. 협상은 내가 얻고자 하는 이익을 획득하는 데 적절한 수단에 지나지 않는 가치중립적인 개념입니다. 따라서 협상에 대한 도덕적·규범적 평가는 별개의 문제입니다.

협상에 대한 오해

❷ 협상은 제로섬(Zero-Sum) 게임?

↓

협상은 윈 윈(Win-Win) 게임이다.

케이크를 두고 싸우는 철이와 영희 남매….

- 협상에 대해 많이 오해하는 부분입니다. 제로섬 게임이란 다 합해도 Zero라는 이야기인데, 고정되어 있는 하나의 파이를 두고 여러 사람이 다투는 형세를 말합니다. 가령, 경쟁업체가 돈을 벌면 나는 망하는 것이라는 사고방식입니다. 협상이 제로섬 게임이라고 인식하는 이상 협상은 전쟁과 다를 바가 없을 것입니다.

- 협상에서 합의가 이루어졌다고 하는 것은 나와 상대방이 각각 얻고자 하는 것을 얻었다는 것입니다. 이러한 합의는 Win-Win입니다. 그런데 내가 얻고자 하는 것을 얻지도 못하고 합의가 되었다면 Win/Lose가 됩니다. Win-Win이 되기 위해서는 철저한 Give and Take가 되어야 합니다. 얻기 위해서는 주어야 합니다. 얻고자 하는 것을 못 얻었다면 얻을 때까지 계속 협상해야 합니다.

- 만약 그것이 불가능하면 그만두고 다른 파트너를 찾든지 아니면 결렬시키든지 해야 할까요? 어쩔 수 없는 경우도 있겠지만 무조건 그렇게 해서는 곤란합니다.

- 협상은 고정된 파이를 두고 누가 더 많이 차지할 것인지 싸우는 과정이 아니라 파이의 크기를 더 늘리거나 파이의 배분방법을 달리함으로써 얼마든지 협상참여자 모두가 만족할 수 있는 윈-윈의 게임이기 때문입니다.

- 협상은 Zero-Sum 게임이 아니라 상호가 만족할 수 있는 Win-Win 게임입니다.

협상에 대한 오해

엄마가 사다준 케이크를 어떻게 잘 먹어야 할지 고민하는 철이와 영희 남매

- 철이와 영희 남매의 크림케이크 사례입니다.

- 이 사례에서 제로섬 게임이 아닌 윈-윈 게임으로 되려면 어떤 해결방법이 있는지 한번 생각해 보죠. 다음의 4지선다형에서 정답은 무엇일까요?
  ① 엄마는 일단 철이와 영희의 이야기를 들어보았다. 철이는 배가 고파 케이크의 빵이 먹고 싶었고 영희는 부드러운 크림이 더 먹고 싶었다. 결국 엄마는 빵을 공평하게 나누되 크림은 영희가 더 먹고 빵은 철이가 더 먹게 나누도록 하였다.
  ② 엄마는 한 사람이 케이크를 반으로 자르되 자른 케이크를 먼저 선택하는 권리는 다른 사람에게 있도록 하였다. 결국 케이크를 자르는 한 사람은 공평하게 반으로 자를 수밖에 없었다.
  ③ 엄마는 케이크를 나누어 먹되 이번에 적게 먹은 사람에 대해서는 다음 번에 케이크를 먹게 될 경우 더 많이 먹을 권리를 가지도록 하였다.
  ④ 엄마는 케이크를 나누어 먹되 이번에 적게 먹은 사람에 대해서는 엄마가 시장에 갈 때 같이 가서 떡볶이 1인분을 사주는 것으로 약속하였다.

- 모두 다 정답이 될 수 있습니다. 어떠한 대안이든 간에 서로의 요구를 충족시킬 수 있으며 고정된 케이크에 집착하는 것이 아니라 케이크의 크기를 늘리거나 배분방법을 달리 했기 때문입니다. 이와 같이 협상은 고정된 파이를 두고 누가 더 많이 차지할 것인지 싸우는 과정이 아니라 파이의 크기를 더 늘리거나 파이의 배분방법을 달리함으로써 협상참여자 모두가 만족할 수 있는 윈-윈의 게임입니다.

협상에 대한 오해

❸ 협상은 우월한 지위에 있는 사람이 유리?

아니기 때문에 협상을 한다.

다윗과 골리앗…

• 또 하나의 협상에 대한 오해가 협상은 우월한 지위에 있는 사람이 유리하다고 믿는 것입니다. 실제로 그렇기도 합니다. 그러나 완전히 그렇다고만은 할 수 없습니다.

• 협상에서는 꼭 우월한 지위에 있는 사람이 이기는 것은 아닙니다. 아니기 때문에 협상을 하는 것입니다. 만일 우월한 지위에 있는 사람이 늘 이기기만 한다면 처음부터 협상을 할 필요가 없습니다.

• 다윗과 골리앗의 싸움에서도 잘 나타납니다. 누가 봐도 힘없어 보이는 다윗이 힘센 골리앗을 이긴 이유는 무엇입니까? 누구나 골리앗이 이긴다고 생각했지만 결과는 다릅니다. 즉, 상대가 크면 나는 작다. 나는 노출되지 않지만 상대는 노출되어 있다. 상대는 느리지만 나는 기민하다는 것이 다윗의 장점이고 그것을 이용하였기 때문에 다윗이 이긴 것입니다.

• 힘이 누구에게 더 많이 있느냐가 협상의 결과를 좌우한다고 하는 사람은 북한과 남한, 북한과 미국의 협상결과를 보면 잘못된 인식이라는 것을 금방 알 수 있습니다. 물론 힘이 중요하기는 하지만 이것이 협상성공에 가장 큰 영향을 미치는 것이 아니기 때문입니다. 협상의 최종결과를 좌우하는 것은 힘의 크기가 아니라 힘을 활용하기 위해 얼마나 치밀하게 준비했느냐에 달려있습니다.

협상에 대한 오해

❹ 협상은 순간적인 기지가 절대적?

↓

협상의 성공은 준비와 경험에서 나온다.

故 정주영 회장의 일화…

- 여기서는 순간적인 기지라고 하였으나 이것 말고도 이러한 종류의 비슷한 오해들은 무수히 많습니다. 협상을 잘하는 최상의 방법은 "배짱으로 밀고 들어가야 돼.", "협상에는 인간관계를 잘 활용하는 것이 최고다." 등입니다.

- 이와 같이 협상을 함에 있어 순발력 하나 믿고 배짱으로 인간관계만 믿고 무조건 밀고 들어가는 협상방법을 택함으로써 사전준비도 없이 성공적인 결과를 만들어냈다는 이야기를 자주 듣곤 합니다.

- 그러나 협상에 일정한 법칙이나 규칙 같은 것이 없습니다. 협상참여자가 처한 상황에 따라 협상의 과정과 결과들은 얼마든지 달라질 수 있기 때문입니다.

- 세계를 향하여 수출전선을 누비던 우리나라 상사맨이 바이어와 약속도 하지 않고 무조건 쳐들어가서 거래를 성사시켰다는 무용담과 흡사한 이야기들입니다.

- 그런데 이상하게도 그들 바이어는 무례한 한국인 상사맨을 보고 화를 내기는커녕 오히려 그 의지에 감동한다는 것이 대부분의 스토리입니다. 과연 그럴까요? 무용담이 사실일 수도 있습니다. 그러나 이와 같은 무용담 뒤에는 준비 없이 배짱만 믿고 막무가내로 협상을 진행했다가 준비만 잘 했더라면 성공할 수 있었던 협상을 결국 실패로 만들어낸 수많은 협상이 있었음을 알아야 합니다.

- 협상의 성공은 철저한 준비와 많은 경험을 통해서만 기대할 수 있습니다.

협상에 대한 오해

- 조선업에 처음 진출한 현대의 정주영은 조선소를 짓기 위한 막대한 금액의 차관이 필요했습니다. 조선소 사업계획서와 울산의 백사장 사진 1장만을 가지고 영국의 은행들을 찾아다녔습니다. 다행히 영국의 바클레이즈은행을 설득하는 데 성공하게 됩니다. 이어 그는 조선소도 없이 선박을 수주하러 그리스로 건너갑니다. 그리스에서 만난 선주가 "우리는 배를 만든 지 적어도 200년이 되어야 일을 맡길 수 있다."고 하자 정주영은 마침 거북선이 그려진 500원 지폐를 호주머니에서 꺼내어 "우리는 500년 전에 이미 거북선을 만든 나라"라고 말하면서 결국 선박을 수주하게 됩니다.

- 이 사례를 듣고 있자면 기적이다 싶을 정도입니다. 과연 그가 실제로 외국은행과의 차관협상, 선박수주 협상 등에서 기적적인 일들을 해내었는지도 모릅니다. 역사적으로 위인들의 일화가 대부분 시대적 요구('하면 된다. 안 되면 되게 하라')를 반영하기 위해 과장되는 경우가 있음을 참조할 필요가 있겠죠.

- 그러나 위의 사례가 사실이든 아니든 여기서 중요한 것은 실제 협상에서는 전혀 그렇지 못하다는 사실입니다. 협상의 성공은 철저한 준비가 있어야만 가능합니다. 철저한 준비가 없는 협상은 십중팔구 실패로 연결될 수밖에 없습니다.

협상에 대한 오해

❺ 협상은 일단 양보해야 좋은 결과를 기대?

↓

양보가 아니라 협상결과가 만족을 준다.

지적 재산권 타결에 따른 미국과 중국의 손익….

- 협상을 조금씩 알게 되면 협상은 주고받기(Give and Take)임을 알게 됩니다. 때문에 협상을 성공적으로 이끌어 가고 싶은 마음에 내가 양보하면 상대방도 양보하여야 하고 상대방이 양보하면 나도 양보하는 것이 협상의 정도라고 생각하게 됩니다.

- 협상을 하기 전부터 협상은 주고받기이므로 뭔가를 양보해야 한다고 걱정하는 사람들이 있습니다.

- 이것은 잘못된 생각입니다. 다시 말하지만 협상은 어디까지나 나의 목표를 달성할 수 있는 투쟁이고 쟁취의 과정임을 인식하여야 합니다. 양보는 어디까지나 그 투쟁 과정에 목표를 이루기 위한 하나의 수단에 불과할 뿐입니다.

- 그리고 Win-Win 하려면 다소 손해가 있어도 상대방을 배려해야 한다는 것도 맞지 않습니다. 내 입장을 살피고 내 이익을 챙기는 것은 나의 책임입니다. 내가 상대방의 이익까지 생각할 필요는 없습니다. 그건 어디까지나 상대방의 책임이기 때문입니다.

- 지난 1995년 중국과 미국 간에 지적재산권 협상이 있었을 때입니다. 합의 내용을 보면 주고받기가 아니라 미국 측의 일방적 승리로 해석되었지만 중국 측도 일단 환영한다고 평가하였습니다. 왜 그랬을까요? 중국은 눈에 보이지 않는 이익을 챙기는 데 더 큰 목표를 달성하였다고 보았습니다. 대미 무역흑자를 계속 유지하기 위해서였습니다. 협상은 미국의 일방적 승리였지만 내면으로는 중국의 명분이 있어 성공적이었던 협상이었습니다. 이런 일은 최근에도 일어났습니다.

협상에 대한 오해

© White house

- 미국과 중국의 무역전쟁이 18개월여 만에 부분적 합의를 본 2020년 1월 15일 미국의 트럼프 대통령과 중국의 류허 부총리가 무역합의에 서명하고 기념촬영을 하였습니다. 트럼프 대통령은 세간의 다양한 비평에도 불구하고 대중 무역전쟁 승리를 선언하면서 활짝 웃는 모습인데 비하여 중국의 류허 부총리는 그렇게 표정이 좋아 보이지는 않습니다. 미국으로서는 이번 합의로 중국의 2천억 달러의 추가 구매 약속을 받아냈다는 것이 주요한 성과입니다.

- 이번 무역전쟁에서 일견 패배자로 보이는듯한 중국은 오히려 미국 금융시장과 자동차시장에 대한 접근이 수월해졌다는 점 등을 성과로 보고 있습니다. 때문에 BBC는 미국과 중국의 무역전쟁 승자로 트럼프 미국 대통령과 시진핑 중국 국가주석을 나란히 꼽았습니다.

- 따라서 이 협상은 겉으로 미국의 승리로 보이지만 내면을 들여다보면 미국의 입장에서는 실리를, 중국의 입장에서는 명분을 유지할 수 있었다고 볼 수 있습니다. 협상에서의 양보만이 협상의 만족을 가져다주지는 않습니다. 협상의 결과와 협상의 과정을 통하여 상대방에게 만족을 줄 수 있어야 합니다.

- 양보에 있어서 주의해야 할 점은 설사 협상과정에서 선의로 양보를 한다고 하더라도 단순한 양보는 옳지 않다는 것입니다. 내가 양보를 한다고 해서 상대방도 나에게 반드시 그에 상응한 만큼의 이익을 주지는 않습니다. 어디까지나 양보는 상대방으로부터 충분한 신뢰를 쌓기 위한 홍보전략의 일환으로 사용되어야 합니다. 양보의 효과를 극대화하려는 노력 없이 일방적인 양보만 하면 다음에 어떤 양보를 해줘도 상대방은 내가 어쩔 수 없이 하는 것으로 인식하게 될 것이기 때문입니다.

협상에 대한 오해

❻ 협상은 1대 1의 게임?

↓

협상은 다자협상의 속성을 띄게 된다.

협상결과는 당사자에게만? 그리고 제3자 개입…?

- 협상은 1대 1로 진행한다고 생각하는 경우가 많습니다. 이 역시 잘못된 이해입니다. 요즘과 같은 세계화 시대 혹은 네트워크 사회에서의 1:1 협상은 표면적으로는 1:1인지는 몰라도 속을 들여다보면 다자 간 협상의 성격을 지니고 있는 경우가 대부분입니다.

- 협상한다고 하여도 여러 가지 원인으로 협상이 해결의 가닥을 잡지 못하고 교착상태에 빠지게 될 수 있습니다. 이러한 경우 협상의 진전이 가능하도록 보완적인 조치가 필요하게 되는데 이른바 조정과 중재가 그것입니다.

- 조정(調整, Mediation)이란 갈등 혹은 분쟁을 해결하려는 당사자들이 제3자인 조정자의 도움으로 자신들이 가지고 있는 차이점을 모색하고 합의에 이르는 과정을 말합니다. 이때 조정자가 해결책을 양 당사자에게 강요할 권한은 없습니다. 조정자는 협상에 참여한 당사자들로 하여금 자신들이 가지고 있는 차이점을 인식하게 하고 협상을 원만하게 진행될 수 있도록 당사자들을 지원하게 됩니다.

- 중재(仲裁, Arbitration)란 협상참여자들이 제3자인 중재인에게 그 해결을 맡기고 중재인의 결정에 복종할 것을 약정하고 그에 따라 행해지는 협상과정을 말합니다.

- 이와 같이 협상, 조정, 중재의 방법을 한데 묶어서 갈등해결에 이용하고 있는 경우가 많은데 실제로 미국과 유럽의 경우 대안적 분쟁해결방안(ADR, Alternative Dispute Resolution)으로 많이 알려져 있습니다.

협상의 범위와 유형

3. 협상의 범위와 유형

❶ 협상의 범위

○ 좁은 의미의 협상 : 구체적인 제안의 교환

○ 넓은 의미의 협상 : 협상의 협상, 사전협상 포함

• 협상의 범위를 나누어보면 좁은 의미에서의 협상과 넓은 의미에서의 협상으로 나누어 볼 수 있습니다.

• 좁은 의미에서의 협상은 상호 충돌되는 이익이 있는 상황에서 공통되는 이익을 배분하기 위하여 명시적으로 구체적인 제안을 교환하는 과정을 말합니다.

• 이에 반해 넓은 의미의 협상은 이러한 협상의 우회적인 조치나 움직임도 포함하게 됩니다.

• 공식적인 협상 테이블에 앉기 이전에 일어나는 협상의 협상(Negotiation on Negotiation)과 사전협상(Prenegotiation)도 넓은 의미의 협상에 해당하는 활동입니다.

• 협상을 합의도출을 위한 상호작용과정이라고 볼 때 협상의 개념은 상호 의견을 활발하게 개진하는 명시적인 상호작용뿐만 아니라 그 전후 활동까지 포함하는 넓은 의미의 협상개념으로 해석되어야 합니다

협상의 범위와 유형

❷ 협상의 유형

○ 입장협상 (立場協商, Positioned Negotiation)

- 자신의 주장에 따를 때 최상의 협상결과 도출 가능

↕

○ 원칙협상 (原則協商, Principled Negotiation)

- 객관적이고 이슈 중심의 이해관계에 초점

- 인간의 삶 자체가 협상의 연속이니 만큼 협상의 유형은 무수하게 나타날 수 있습니다. 먼저 협상참여자가 협상에 임하는 마음가짐에 따라 입장협상과 원칙협상으로 나누어 볼 수 있습니다.

- 입장협상(Positioned Negotiation)은 협상에서 각 당사자의 입장만을 생각하여 자신이 속한 처지를 상대에게 이해시키려 하고, 자신의 주장이 정의로운 해결법이므로 그에 따를 때 최선의 협상이 가능하다고 믿는 방식을 말합니다.

- 이러한 경우는 대부분 상대방과 나 사이에 관계설정이 일회성으로 설정되었을 경우입니다. 이번 문제만 해결되면 다시 만날 이유도 없고 기회도 없는 경우입니다. 또한 모든 상황이 나에게 유리하게 전개되고 있고 얻을 수 있는 이익이 명확한 경우는 입장협상입니다.

- 그에 비해 원칙에 입각한 협상 즉, 원칙협상(Principled Negotiation)은 일방적·주관적·인간적인 '입장'으로부터 탈피하여 객관적이고 이슈 중심적인 이해관계에 초점을 맞추어 협상을 진행하는 방식을 말합니다.

- 나와 상대방 사이에 서로에게 필요한 것이 있을 경우 그 필요한 것을 장기적으로 얻을 수 있을 때 해나가는 협상방식인 경우가 많습니다. 관계설정이 장기적이기 때문에 두 사람은 신의와 성실로써 협상을 해나가게 됩니다.

- 어느 협상방식을 따를 것인가 하는 것은 자신의 선택에 달려 있는 일이겠지만 입장협상을 하는 경우가 그리 많지 않습니다. 특히 나만의 이익을 위해 비윤리적인 수단까지 불사한다면 사회의 법과 제도를 통해 제재되어야 하고 사회적으로도 큰 손실을 감수해야 합니다.

협상의 범위와 유형

입장협상 (Positioned Negotiation)		원칙협상 (Principled Negotiation)
연성협상	경성협상	
참여자는 친구이다.	참여자는 적이다.	참여자는 문제해결자
관계증진 위한 양보	양보는 관계증진의 전제조건	문제와 사람의 분리
입장을 쉽게 바꾼다.	입장의 철저한 고수	입장 아닌 이해관계 주목
합의를 위해 손실도 감수	합의 대가로 일방적 이득만	상호이득 되는 옵션개발
합의에 이르는 데 집착	나의 입장만 고집	객관적 기준 사용
압력에 굴복한다.	압력을 사용한다.	압력 아닌 원칙에 양보

• 입장협상은 다시 연성협상(Soft Negotiation)과 경성협상(Hard Negotiation)으로 나누어 볼 수 있습니다. 협상에 같이 참여하는 참여자는 적으로 보는 것이 일반적인 입장협상의 경우라고 볼 수 있으나 참여자는 나의 친구라고 보는 것도 역시 입장협상의 다른 모습입니다.

• 그에 비해 원칙협상은 참여자를 친구도 적도 아닌 문제해결자로 인식합니다. 협상 참여자들은 서로를 같이 가지고 있는 문제에 대해 공동으로 해결할 수 있는 파트너로 인식한다는 것입니다.

• 관계를 돈독히하기 위해 양보한다고 생각하는 연성협상이나 양보는 관계를 담보로 맺고 그를 유지해나가기 위한 전제조건이라고 생각하는 경성협상과는 달리 원칙협상은 문제와 사람을 분리할 것을 이야기하고 있습니다.

• 입장을 쉽게 바꾸거나 입장을 철저히 고수하는 입장협상과는 달리 원칙협상은 입장이 아닌 이해관계에 주목합니다.

• 특히 입장협상의 경성협상은 노사협상에서 파업, 직장폐쇄 등으로 당자자의 관계를 악화시킬 뿐만 아니라 효율적인 이익의 배분도 더 어렵습니다. 어느 한 쪽이 이러한 입장협상 전략을 고수하는 한 상대방도 꼭 같은 생각을 할 것은 분명하므로 충돌을 피할 수 없으며 바람직한 협상결과를 기대하기도 어렵게 됩니다.

협상의 범위와 유형

○ 배분적 협상(配分的 協商, Distributive Negotiation)

• Zero-Sum Game으로 인식하여 승자와 패자로 나뉘어지는 협상의 결과

○ 통합적 협상(統合的 協商, Integrative Negotiation)

•새로운 이익을 창출하여 상호만족할 수 있는 Win-Win의 협상결과

• 협상이 가지고 있는 특성에 따라 분류한다면 배분적 협상과 통합적 협상으로 나누어 볼 수 있습니다.

• 배분적 협상(Distributive Negotiation)이란 협상을 Zero-Sum의 입장에서 서로 더 많이 가지려고 다투는 상호경쟁적인 유형을 말합니다. 즉, 배분적 협상은 협상을 일방의 획득이 반드시 그와 동일한 상대방의 손실을 의미하는 상황에서 밀고 당기는 과정으로 생각하는 것으로 상호 경쟁적이며, 상대방에 대한 불신과 의심이 팽배해지고, 협상의 결과가 승자와 패자로 나뉘어지는 승패흥정(Win-Lose Bargaining)이 될 경우가 많습니다.

• 이에 비하여 통합적 협상(Integrative Negotiation)은 협상참여자 모두가 승리하는 협상의 유형으로 공동의 이익을 증진시키고 협상 당사자들이 서로 개방적이며 친화적인 관계를 유지하는 경우가 많습니다. 즉, 통합적 협상은 협상에 있어서 이해당사자 간의 서로 다른 우선순위를 충분히 인식한다면 상호만족적인 협상결과를 가져올 수 있다고 생각하는 것으로 승리/승리협상(Win-Win Negotiation)이 가능하다고 봅니다. 양자의 협조에 의해 얼마든지 새로운 가치가 창출될 수 있다고 보기 때문입니다.

• 통합적 협상이 가능한데도 불구하고 협상당사자들이 배분적인 상황으로 잘못 인식하여 배분적 협상의 자세로 협상에 임하는 경우가 있습니다. 이는 협상에 대한 이해도 문제지만 무엇보다 기존의 파이만 가지고 보려는 근시안적인 마인드에 문제가 있는 것입니다. 생각하기에 따라 파이의 크기는 얼마든지 달라질 수 있습니다.

• 통합적 협상과 배분적 협상의 특징을 살펴보면 다음과 같습니다.

협상의 범위와 유형

배분적 협상	통합적 협상
고정된 가치의 분배	협력으로 새로운 가치의 창출
자신의 이익만을 극대화하는 전략과 전술 동원	자신의 이익을 중시하나 상대를 포함한 공통이익에 관심

- 배분적 협상이 고정된 가치를 분배하려는 상황을 전제하고 있는데 반해, 통합적 협상은 가치가 고정되어 있지 않고 양자의 협력에 의해 가치가 창출될 수 있다는 점을 전제로 합니다. 따라서 전자의 유형에는 당사자들이 자신의 이익만을 극대화시키려는 전략과 전술을 동원하는데 비해, 후자의 유형에서는 자신의 이익을 1차적으로 중시하지만 상대방의 이익까지 포함한 공통이익에 관심을 갖게 됩니다.

- 원래 이 두 가지 유형은 협상이 놓인 상황조건을 중시하여 분류한 방식이지만, 협상의 스타일이나 전략과 밀접히 관련되어 있기 때문에 협상전략 유형으로 보아도 무방합니다.

- 그렇다면 통합적 협상이 될 수 있으려면 어떠한 조건이 필요할까요?

첫째, 상대를 협상의 파트너로서 인정하여야 합니다. 상대와의 협상을 통해 서로가 이루고자 하는 이해관계 혹은 목표를 실현시킬 수 있음을 인식하여야 합니다.
둘째, 당사자들은 자신의 입장을 강조하기보다는 서로가 가지고 있는 공통된 기반 위에서 무엇을 할 수 있는지가 자유롭게 논의할 수 있어야 합니다.
셋째, 상호신뢰가 있어야 합니다. 신뢰가 존재하지 않는다면 그 협상은 배분적인 협상으로 전락되기 쉽습니다.
넷째, 명확한 의사소통이 이루어져야 합니다. 상대가 무엇을 원하고 있는지 정확하게 이해해야만 통합적인 협상이 진행될 수 있는 기초가 마련될 수 있기 때문입니다.

협상의 범위와 유형

○ 양자 간 협상과 다자 간 협상
○ 단일 의제 협상과 다수 의제 협상
○ 1회적 협상, 반복적 협상, 순차적 협상
○ 국내협상과 국제협상

• 이 외에도 협상참여자의 수에 따라 양자 간 협상과 다자 간 협상으로, 협상에서 다루어질 의제(議題, Issues or Agenda)의 수에 따라 단일 의제 협상(One Issue Negotiation)과 다수 의제 협상(Many Issues Negotiation)으로 나누어 볼 수 있습니다.

• 협상의 대상이 되는 갈등과 분쟁의 특성에 따라 1회적 협상, 반복적 협상, 순차적 협상 등으로도 나누어 볼 수 있습니다.

• 또한 협상이 어떠한 문화를 배경으로 하느냐에 따라 국내협상과 국제협상으로 구분할 수 있습니다. 국내협상(Mono Cultural Negotiation)은 단일문화 내에서 전개되는 협상을 의미하고 국제협상(Cross-Cultural Negotiation)은 둘 이상의 문화권에 속한 당사자들이 협상을 벌이는 경우를 말합니다.

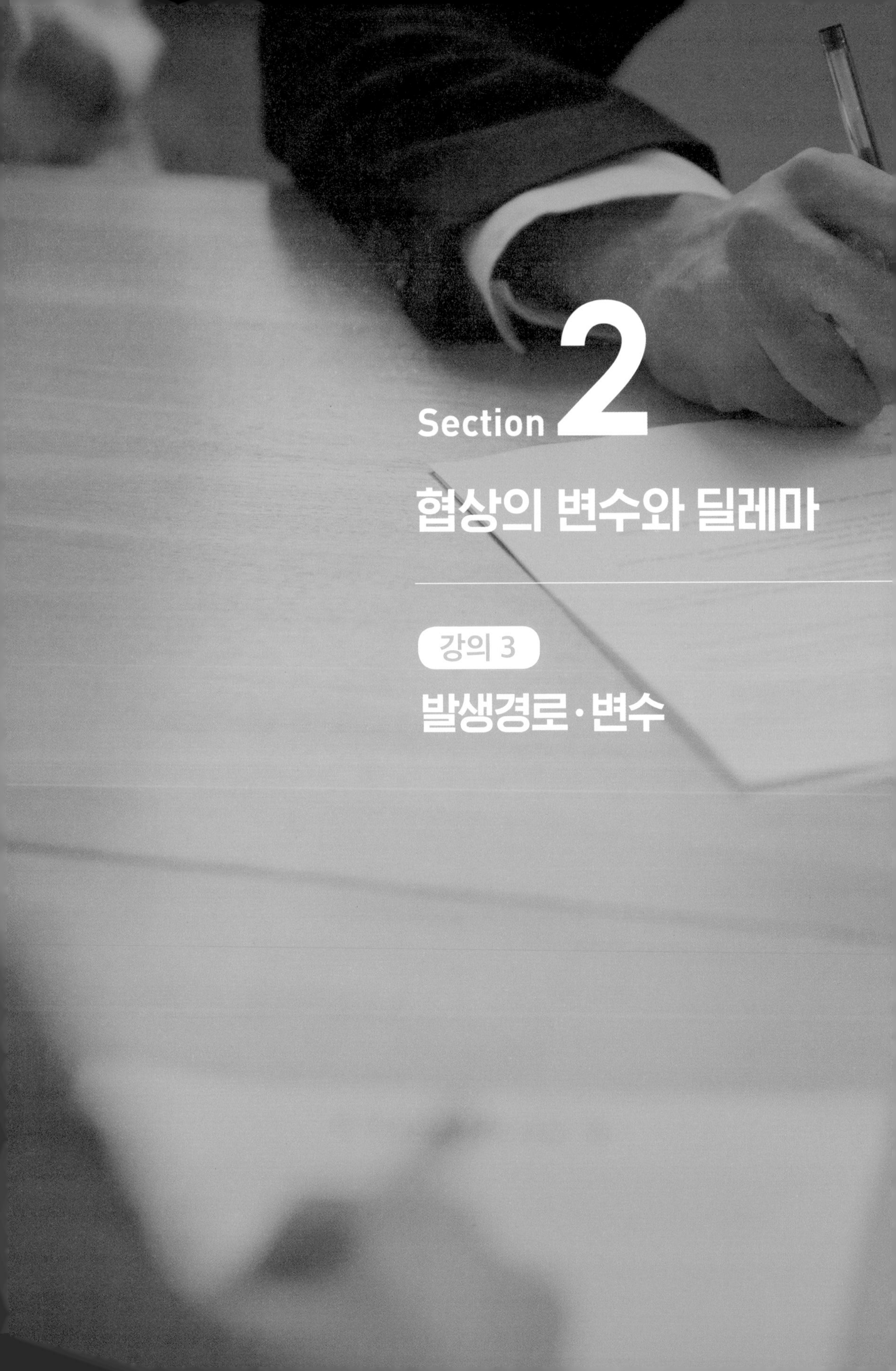

Section 2

협상의 변수와 딜레마

강의 3

발생경로·변수

Section2 에서는 협상의 변수와 딜레마라는
주제로 협상의 발생경로, 변수, 딜레마,
협상사례 분석 등을 차례대로 살펴보고자 합니다.
이번 강의는 협상의 발생경로와 변수에 대하여
알아보겠습니다.

협상의 발생경로

1. 협상의 발생경로

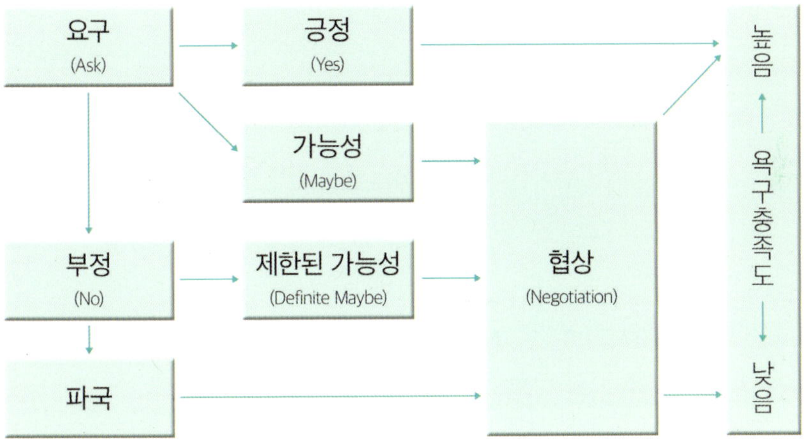

출처: Schatzki(1981), 「*Negotiation*」 29쪽

- 협상은 언제 어떤 경우에 필요하고 발생할까요? 먼저 협상이 발생하기 위해서는 두 가지 조건이 필요합니다.

- 첫째로, 협상을 통해 자신이 원하는 바 혹은 이루고자 하는 욕구가 무엇인지 규명되어야 합니다. 자신의 욕구나 필요가 무엇인지도 모르는 상태에서는 협상이 필요없을 것입니다.

- 둘째로는 그 욕구를 충족시켜줄 수 있는 상대방이 누구인지 알아야 합니다. 그 상대방은 쉽게 나타나기도 하나 협상 상대방이 누구인지 모르는 경우도 많습니다.

- 이러한 요건들이 충족되면 협상이 시작될 수 있는데, 제안이나 제의, 요구와 같은 질문(Ask)에서부터 시작됩니다. 그에 대한 대답이 긍정이면 욕구가 충족되었으므로 협상은 더 이상 필요 없습니다.
그렇지만 가능성 있는 대답(Maybe)만 얻었을 경우에는 본격적인 협상을 해야 합니다.

- 부정의 경우에 있어서도 협상은 가능한데, 그것은 '제한된 가능성'(Definite Maybe)이 있기 때문입니다. 부정의 대답은 협상의 끝이 아니라 오히려 협상의 출발점입니다.

- 협상은 No라는 말을 들었을 때부터 시작됩니다. 협상은 No라는 말을 듣고 나서 시작되어 서로가 Yes라고 말할 수 있는 조건에 이르기까지의 Process입니다.

- 파국의 상황에서도 자신이 쟁취해야 하는 목표가 상대에게서 획득될 수 있다면 어렵더라도 협상이 진행되도록 해야 합니다.

협상의 변수

2. 협상의 변수

1) 시간
2) 정보
3) 힘
4) 전략

• 협상은 서로 다른 입장과 요구를 가진 사람들이 만나 합의를 만들어내는 것이므로 합의의 단계까지는 필연적으로 많은 요인들이 개입됩니다.

• 우리는 일관되게 협상의 과정과 결과에 영향을 미칠 수 있는 것들을 협상의 변수라고 부릅니다. 협상 과정에서 협상의 변수를 이해하는 것이 반 이상을 차지한다고 해도 과언이 아닙니다.

• 협상 과정을 이해하거나 협상전략을 구사함에 있어 협상의 변수를 이해하는 것이 큰 도움이 되기 때문입니다.

• 협상의 변수는 여러 학자들에 의해 많은 것들이 제시되고 있는데 일반적으로 시간, 정보, 힘이 있습니다. 여기서는 세 가지 변수 이외에 시간, 정보, 힘을 한데 묶어 협상에서의 시너지효과를 불러올 수 있는 전략(Strategy)까지 포함시켜 모두 네 가지 변수에 대해 알아보겠습니다.

협상의 변수

❶ 시간

○ 시간을 내 것으로 만들어야 협상의 우위를 가질 수 있다.

○ 협상에는 시간적 한계(Deadline)가 있게 마련이지만 나의 시간에 Deadline이 있음을 알려주면 협상에 불리하다.

○ 시간으로부터 자유로운 협상은 없다.

- 협상은 일정한 시간적 틀이 있게 마련입니다. 시간적 틀이란 바로 시간적 한계 즉, 시한입니다. 따라서 협상을 성공적으로 이끌어가기 위해서는 협상 참여자 간에 공통적으로 부족하다고 인식되는 시간적 틀을 잘 이용해야만 합니다. 협상자는 자신이 시간에 쫓기지 않고 있음을 상대에게 보여주어야 합니다.

- 시장이 파장할 무렵까지 다 팔지 못하고 재고를 쌓아 놓고 있는 생선가게 상인의 마음속에는 '밑지더라도 팔아 치우는 것이 낫다'는 생각이 자리 잡고 있을 것입니다. 이에 비해 몇 년이 지나도 괜찮은 통조림을 파는 상인은 파장할 시간이 되었다고 해서 값을 깎아 주지는 않을 것입니다.

- 협상에서는 시간을 잘 활용하면 내가 바라는 바를 쉽게 얻을 수도 있습니다.

- 시간이 지남에 따라 모든 상황은 변화할 수 있습니다. 시간이 지나면 우세가 열세가 될 수도 있습니다.

- '호랑이 새끼를 키웠구나' 라는 말은 약한 자에게 힘을 키울 시간을 주었다는 말입니다. 협상에서도 마찬가지입니다. 상대에게 시간을 주면 나는 불리해질 수밖에 없습니다. 따라서 나는 상대로부터 무조건 시간을 받아 내야 협상에 유리합니다.

- 따라서 무슨 협상을 하더라도 시간은 매우 중요한 전략적 요소입니다. 협상에서의 시간은 곧 돈이고 자원입니다.

협상의 변수

미국과 북한의 하노이 정상회담

- 미·북 정상회담을 앞두고 도널드 트럼프는 "속도는 나에게 중요하지 않다. 서두르지 않을 것이다. 옳은 Deal을 원할 뿐이다.(Speed's not that important to me. No rush. We just want to do the right deal)"고 강조합니다. 이후에도 트럼프는 회담 전후로 계속 시간을 강조합니다.

- 그러나 평양에서부터 하노이까지 총 4500㎞에 달하는 거리를 시속 60, 70 km의 기차로 60시간이 넘는 대장정을 감행한 김정은 위원장은 입장이 다를 수밖에 없습니다. 회담 준비과정에서부터 회담이 이루어지기까지 김정은 위원장이 얼마나 많은 시간을 들였을지 단번에 알 수 있습니다. 과연 이러한 상황에서 누가 더 협상에 유리할까요? 김정은 위원장은 평양까지 빈손으로 되돌아갈 수도 있다는 것을 감안한다면 스스로 시간이 부족함을 상대방 측에 알려준 셈입니다.

협상의 변수

미국과 베트남의 정전협상

우리는 지금까지 전쟁을 627년 동안이나 치러왔다. 앞으로 우리가 몇백 년을 더 싸운들 아무 문제가 없다.

나의 마감시간(Deadline)을 상대방에게 노출하지 않으면서 상대의 마감시간을 활용하는 것이 필요하다.

- 시간에 바탕한 협상전략은 나의 마감시간을 상대방에게 알려줘서는 안 된다는 것입니다. 시간의 덫은 협상가에게 치명적이기 때문입니다.

- 실제 일본인들은 바이어가 공항에 도착하면 첫 질문으로 언제 돌아갈 것인지를 먼저 묻는다고 합니다. 돌아가는 비행기 티켓을 끊어주거나 호텔 예약을 해주려고 그럴까요? 아닙니다. 일본인들은 언제 협상을 진행하면 가장 좋을지를 계산하려면 상대의 귀국일자를 아는 것이 중요하다고 생각하기 때문입니다. 그리고는 일본에 온 김에 마음껏 관광하라고 권유하는 등 이런저런 이유를 만들어 협상의 기일을 늦춘다고 합니다.

- 그렇게 귀국일자를 얼마 남겨놓지 않고서야 협상이 시작됩니다. 상대방은 협상 시한에 쫓기게 되고 귀국하게 되면 뭐라도 보고해야 한다는 강박감에 불리한 협상결과라도 수용할 경우가 많다는 것입니다.

- 미국과 베트남이 1972년 프랑스 파리에서 정전협상을 할 때입니다. 미국 측은 베트남을 협상 테이블로 끌어 들이려 많은 노력을 기울였습니다. 그러나 베트남은 “우리는 지금까지 전쟁을 627년 동안이나 치러왔다. 앞으로 우리가 몇백 년을 더 싸운다 한들 무슨 문제가 있겠는가?”라면서 계속 협상을 기피하였습니다. 그러다가 미국 대통령 선거 직전에야 협상장에 나타났습니다. 미국은 파리 중심부의 호텔에 묵으며 일주일 단위로 방을 얻었습니다. 반면 베트남 측은 파리 외곽에 있는 빌라를 2년 반 동안 계약했습니다. -Herb Cohen(1989)

- 물론 이 협상결과는 베트남 측의 압승으로 끝이 나 버렸습니다.

협상의 변수

사모님~,
소문 들으셨는지 모르겠지만 이 아파트 사모님들 모두 짜~악 구입하셨구요.

그리고 이번 일주일 특판기간만 30% 할인판매하는 정말 아까운 기회 놓치지마세요 !!

상대방의 마감시간을 모를 경우 의도적으로 상대로 하여금 시간제약을 가지도록 만드는 전략이 가능하다.

- 김알뜰 여사는 오늘도 시장이 파할 무렵에 동네 가까운 시장에 갑니다. 그 즈음에는 시장 상인들이 장사를 마감할 무렵이어서 떨이를 많이 하기 때문입니다. 김 여사는 상대방의 시간적인 제약을 활용하는 것입니다. 과연 시장은 파할 무렵이었고 상인들은 "자, 떨이입니다. 무조건 1,000원"이라는 소리가 들립니다. 김알뜰 여사는 오늘도 싼값에 찬거리를 많이 살 수 있다는 생각에 미소를 짓습니다.

- 그러나 김알뜰 여사가 먹고 싶은 상추를 파는 한 상인은 달랐습니다. "아주머니, 내일 비 내리면 상추 값은 2,000원으로 올라갑니다. 자 자, 빨리 사가세요." 결국 김 여사는 "마치는 시간이니까 좀 싸게 해 주세요." 라는 말도 못하고 원래의 가격대로 상추를 살 수밖에 없었습니다. 그러나 그 다음날 비는 오지 않았습니다.
이 사례는 시간적인 제약을 가진 상인이 오히려 소비자에게 시간적인 제약을 줌으로써 가격할인을 하지도 않고 원래 가격을 받을 수 있었던 사례입니다.

- 선착순이란 말이 있습니다. 선착순은 가장 대표적인 시간제한 전략입니다.
방문판매 영업사원은 자신이 방문했을 때 사라고 권유합니다. "이번 기회를 놓치면 후회한다." "시중에 나가면 이보다 배는 더 주고 사야 한다." 그러면 물건이 좋든 나쁘든 경쟁심리에 의해 덜컥 구입을 결정하게 되는 경우가 많습니다.

협상의 변수

오늘 아니면 '다시 오지 않는' 그리고 '내일이면 늦으리'

- 흔히 볼수있는 세일 전단지입니다. 이 광고에서는 상대인 소비 고객들에게 시간적 제약을 주고 있음을 발견할 수 있습니다. '오늘 아니면 다시 오지 않는' 이라는 표현이 구매자를 자극합니다. 그러나 정말 다시 오지 않을 거라고 믿는 소비자는 별로 없을 것 같습니다. 그런데 더 흔들리게 하는 말이 바로 밑의 '내일이면 너무 늦다'라는 말입니다. 이 말은 소비자로 하여금 빨리 사지 않으면 손해를 본다는 생각을 들게 만듭니다. 그러다 보면 상품이 별로 없다는 집착에 사로잡혀 별로 필요하지도 않은 상품을 구매하게 됩니다. 잘못 샀다는 생각이 일부 있지만 이때 아니면 언제 살 수 있겠어라는 말로 자신을 위로할 뿐입니다.

- 그러나 만약 입장을 바꾸어 내가 판매자라면 무슨 목적으로 이런 광고를 냈을까요? 오늘 아니면 '다시 오지 않는'이라는 표현이 곧 재고의 마지막 상품이기 때문에 그럴 수 있고, 선착순 고객에게 특별사은품까지 끼워준다면 할인해서 팔기에 자신들의 상품이 가지고 있는 이미지가 떨어질 수 있다는 염려 때문일 수도 있습니다.

- 마찬가지로 협상에서도 이 세일 전단지처럼 자신의 협상시한을 노출하지 않는 것이 중요합니다. 그렇다면 협상장에서는 어떤 말로 상대에게 협상시한으로 압박하는 것이 될까요?

협상의 변수

이번 거래협상은 앞으로 3일 안에 마무리하면 좋겠군요.
만일 그게 곤란하다면 저희도 다른 거래선을 찾아보는 수밖에 없습니다.

- 백화점이 구매 고객들에게 보이지 않는 시한을 주고 구매를 자극하듯이 협상에서도 상대방에게 협상시한을 인위적으로 부여하여 상대의 본심이 무엇인지 알아볼 필요가 있습니다. 3일 안에 마무리하자는 나의 말에 상대는 협상 시한에 대한 압박을 느끼기 시작할 것입니다. 그렇지만 만약 상대가 더 협상력이 크다면 빨리 마무리하자는 나의 말은 상대로 하여금 내가 조급하다는 인상을 줄 수도 있으므로 협상시한을 먼저 말하는 것은 신중을 기해야 합니다.

협상의 변수

납치범과 협상에서 침착한 대응

○ 상대방이 서두른다고 나도 서둘러야할 이유는 전혀없다. 상대방의 독촉이 아무리 심하여도 나의 결정이 완전해질 때까지는 대화의 진행속도를 늦추는 시간지연이 필요하다.

○ 가장 경계해야 할 것은 상대가 아닌 나의 조급한 결정이다. 내가 시간에 쫓기고 있다는 인상을 주는 순간 협상력은 약해진다.

뭐라고 이야기했나, 요즘 귀가 아파 잘 안들린다.

이사 온 지 얼마되지 않아 돈 빌릴 데도 없다.

- 일부 노회한 협상가들은 이러한 법칙들을 악용하여 자신들이 유리한 위치에 있을 때, 시간을 지키지 않음으로써 유리한 방향으로 협상을 유도하기도 합니다. 예를 들어, 협상 시간에 지각을 한다든지 협상 마감시간까지 구체적인 제안을 하지 않는다든지 하는 경우입니다.

- 시간을 이미 알려주었거나 상대방이 의도적으로 나의 시간을 제약할 경우 나의 최대 방어 전략은 시간을 지연시키는 것입니다.

- 협상 준비단계를 통해 사전에 수집한 정보를 바탕으로 자신의 이익을 최대한 요구할 수 있도록 협상시간을 별도로 정하는 것이 필요합니다.

- 상대방이 협상에서 서두른다고 하여 나도 덩달아 서둘러야 할 이유는 전혀 없습니다.

협상의 변수

- 납치범이 나의 아들을 인질로 잡고 있습니다. 범인은 마음이 급해 빨리 인질극을 성공적으로 종료하고 싶어지게 됩니다. 그러나 내가 인질범이 원하는 대로 공감하고 같이 보조를 맞추어 줄 이유는 없습니다. 오히려 나는 최대한 시간을 지연시키는 것이 유리합니다.

- 범인은 자신의 요구사항을 인질을 통해 성사시키려 합니다. 그러나 범인은 살인을 쉽게 생각하는 사이코패스가 아닌 이상 내심으로는 자신의 위협이 요구사항으로 관철될 수 있기를 바랍니다. 위협이 실현된다면 결국 자신도 파멸의 길로 빠져들 수밖에 없기 때문입니다. 따라서 범인의 위협이 실현되는 순간까지는 협상의 최종시한까지 지연시키면서 상황의 해결책을 찾는 것이 바람직합니다. 범인도 자꾸 시간이 지나면서 자신의 범죄행위를 후회할 수도 있어 의외로 상황은 쉽게 종료될 수도 있습니다.

- 또한 범인이 자신의 요구사항이 관철되지 않아 위협을 실현하기 직전에 범인이 받아들일 수 있는 최저 한계를 제시하면 범인은 파국으로 치닫기보다는 최저 한계를 수용할 수밖에 없을 것이기 때문입니다.

- 이러한 인질극 상황은 다른 협상에서도 그대로 통용될 수 있습니다.

협상의 변수

- 부동산 거래를 할 때 주인이 집이나 땅 같은 부동산을 왜 시장에 내놨는지 파악하는 것이 중요합니다. 집을 팔아 당장 급한 일에 쓰려고 할 수 있을 것이고, 새 아파트를 분양 받아 더 좋은 동네로 이사를 가고 싶어 할 수도 있습니다.

- 모든 집주인에게는 그 집을 내놓는 분명한 이유가 있고 그 이유를 파악하면 부동산 거래협상에 도움이 되는 것은 두말할 나위가 없습니다. 매수자보다 마음이 더 급한 쪽은 시간이 없는 매도자이기 때문입니다. 만일 부동산의 주인이 급하게 이사를 가야 하거나 집을 처분해야 하는 상황이라면 가격을 조금 더 내린다 하여도 주인은 계약을 빨리 성사시키고 싶을 것입니다.

- 마찬가지로 매수자도 부동산 거래에서 왜 집이나 땅을 빨리 구해야 하는지 이유를 알리지 않는 것이 좋습니다. 시간이 누구에게 더 유리한가 하는 것은 협상의 주요한 관건이 됩니다.

협상의 변수

❷ 정보

○ 협상 상대방과 내용에 대한 정보를 많이 알수록 유리한 결과를 만들 수 있다.

○ 어떤 고가의 물건을 사고자 할 때 사전에 그에 관한 정보를 수집하는 것이 필요한 것과 마찬가지로 협상에서도 협상과 관련된 정보는 물론이고 협상 상대방에 대한 사전정보가 반드시 필요하다.

○ 정보를 더 많이 가진 협상가가 유리한 입장이라는 것은 협상의 기본이다.

• 무한경쟁 시대에서 상대방의 정보 훔치기는 흔히 총성 없는 전쟁으로 비유됩니다. 상대방에 관한 정보는 현금과 같다고 합니다. 협상의 전략 전술을 제대로 세우는 데 기초가 되기 때문입니다. 정보가 협상에 미치는 영향력을 과소평가하는 일부 협상가는 정보를 습득하려 하기보다는 자신의 경험과 판단을 믿고 추측을 바탕으로 협상을 진행하기도 합니다.

• 그러나 협상 전문가들은 협상과정에서 예측의 정확성을 높여주는 힘은 경험과 지식의 많고 적음이 아니라 얼마나 많은 객관적 정보를 보유하고 있느냐에 달려 있다고 말합니다. 협상성공의 기본이 상대방에 대한 적절한 평가와 이에 따른 대응책을 마련하는 것인 이상, 상대방에 대한 적절한 평가는 그에 대한 객관적 정보를 얼마나 수집할 수 있느냐에 달려있습니다.

• 협상 상대방에 대한 정확한 정보는 협상 성공의 가능성을 더 높여줍니다.

• 무엇보다 협상은 정보전입니다. 상대의 협상 목적, 약점과 강점을 파악해야 합니다. 전략과 대안은 무엇인지, 내부 이해자 간에는 어떤 갈등이 있는지, 시간에 쫓기지는 않는지, 협상 대표는 개인적으로 어떤 상황에 처해 있는지를 아는 것도 협상의 키포인트가 됩니다.

• 협상과정이 시작되기 전 타인의 정보를 수집하려는 시도와 자신의 비밀을 지키려는 노력은 정보가 곧 힘이라는 것을 보여 줍니다. 상대방의 약점을 알고 협상에 임하면 유리하게 협상을 끝마칠 수 있을 것입니다. 나의 약점을 상대방이 알지 못하면 상대방은 내가 주장하고 요구하는 것에 대하여 정확하게 판단할 수 없을 것입니다. 정확한 정보를 수집하고 나의 약점을 지키는 노력은 협상가들이 가져야 할 첫 번째 덕목입니다.

협상의 변수

정부의 협상력을 약화시키는 요인

세계일보 2007년 2월 5일자 발췌

- 자유무역협정(FTA)와 같은 대외협상이 잇따랐던 2007년경에 어느 일간지에서 정부의 협상담당자들을 대상으로 한 설문조사 결과를 보면 흥미로운 대목이 있습니다. "정부의 협상력을 약화시키는 가장 큰 요인이 무엇인가?" 라는 질문에 정부의 협상담당자들은 시민단체 반대운동과 더불어 협상 상대에 대한 정보부재를 들었다는 것입니다. 어떠한 종류의 협상이건 협상에서 정보가 차지하는 비중은 매우 크다는 것을 단적으로 말해주고 있습니다.

- 이에 대한 예로 서희의 협상을 들 수 있습니다.
  고려 성종 때 만주에서 세력을 키운 거란의 소손녕이 대군을 이끌고 고려를 침략합니다. 조정은 강경파와 화친파로 나뉘어 싸움을 하는데, 이때 서희 장군이 달랑 수행원 몇 명만을 이끌고 협상 차 소손녕을 방문합니다. 사람들은 별 기대를 하지 않았습니다. 하지만 거란은 자진 철군하고 오히려 고구려 옛 땅이었던 압록강 변 강동 6주까지 되돌려 받는 일이 일어나게 됩니다.

- 어떻게 이 같은 일이 가능했을까요? 서희는 상대가 뭘 요구하고 있는지 그들의 니즈(Needs)를 정확히 읽었기 때문입니다. 거란의 목표는 고려가 아닌 송나라였습니다. 송나라와 친한 고려가 뒤통수를 칠까 두려웠던 것입니다.

- 이를 눈치챈 서희는 "송나라와 동맹관계를 단절하겠다."는 카드를 꺼내 문제를 해결합니다. 서희는 협상을 끝내고 나오기 직전 이렇게 얘기합니다. "지금 이대로 돌아가면 나는 맞아 죽을지도 모른다. 국내에 워낙 친송파가 많기 때문이다."

- 당황한 소손녕은 어떻게 하면 좋겠냐고 묻고 이에 서희는 "강동 6주를 돌려 주시오. 그러면 조정에서도 별 말이 없을 것이오." 라고 답합니다. 하나를 주고, 하나를 얻은 셈입니다. 그야말로 한국 최고의 협상이었던 것입니다.

협상의 변수

• 중고자동차를 사러 간 경우 자동차의 사양, 장점과 단점 그리고 시세정보를 알고 가는 것은 기본입니다. 그러한 정보없이 중고차를 구매하러 간다면 실패할 공산이 큽니다. 만약 시세보다 터무니없이 싼 차량을 보면 피하는 것이 상책입니다. 멀쩡하고 좋은 차를 싼 가격에 시장에 내놓을 경우는 잘 없기 때문입니다.

• 국토교통부는 아예 2018년 1월부터 신차구입·운행, 중고차매매, 폐차 등 자동차 생애 전주기별로 종합정보를 제공하는 '자동차365'를 운영하고 있습니다.

• 유가정보, 교통정보 등과의 연계를 추진하고 차량의 제작결함 확인기능, 부실검사 신고센터, 중고차 시가표준액 조회 등 다양한 서비스 항목을 추가하는 개선사업을 펼쳐나갈 계획이라고 합니다.

• 이러한 정보사례를 통해 협상에 임하기 전에 자신의 정보력을 강화시키면 협상력이 증대된다는 것을 알 수 있습니다.

협상의 변수

NCND

- 미국 메이저리그에서 뛰는 한국인 투수 류현진의 장점 중의 하나는 선천적으로 가지고 있는 포커페이스입니다. 삼진을 잡을 때는 물론이거니와 홈런을 맞아도 변함없는 투수의 포커페이스는 경기를 유리하게 이끌어갈 수 있는 토대가 됩니다. 투수의 포커페이스는 상대 타자의 기를 누르고 같은 팀 동료에게는 편안함을 줍니다.

- 만약 긴장하고 있다는 표시로 투수의 얼굴 표정이 굳어지거나 스트레스를 받는 모습이 역력하다면 같은 팀의 선수들은 불안할 수밖에 없습니다.

- 한국 야구 역대 최고의 마무리 투수로 평가받는 오승환에게 돌부처라는 별칭이 생긴 것도 그러한 연유입니다. 이 포커페이스를 긍정도 아니고 부정도 아닌 NCND(Neither Confirm Nor Deny)라 부릅니다.

- 국가적으로는 핵무기 보유, 국가 중요정책, 국책사업지 선정, 기업의 입장에서는 주요 거래사항 등 대외적으로 기밀을 유지하고자 할때 'NCND 정책'이라 부릅니다. 특히 한반도는 핵무기가 존재하는지의 여부에 대해 시인도 부인도 하지 않는 미국 핵정책을 이 정책으로 부르기도 합니다.

- 자신들의 기밀을 유지하면서도 상대에게 심리적 압박과 위협을 가하는 데 그 목적이 있습니다. 모호함이 상대의 판단을 어렵게 만들고 아군에게 더 많은 경우의 수를 열어주기 때문입니다. 그러나 상대에게 어설프게 정보를 노출하면 아군의 상황과 전략을 고스란히 알리는 꼴이 될 수 있음을 잊지 말아야 합니다.

협상의 변수

○ 변수 '정보'에 바탕한 협상전략

- 정보의 통제
- 정보의 역이용 등

○ 모든 협상가들은 상대방에게서 나오는 정보를 바탕으로 자신의 협상전략과 전술을 구사하게 된다. 따라서 나는 상대방에게 줄 수 있는 정보를 통제하거나 역이용하는 등 다양한 전략전술이 가능하다.

• 그렇다면 협상의 변수인 정보에 바탕 한 협상전략은 어떤 것을 들 수 있겠습니까?
정보의 통제 혹은 정보의 역이용 등을 들 수 있습니다. 협상은 상대가 의도적이든 비의도적이든 간에 지속적으로 내보내고 있는 정보를 참조하여 나의 협상전략과 전술을 만들어 나가게 합니다. 그럴 경우에 상대가 현명하다면 자신에게 유리한 쪽으로 방향을 통제하거나 역이용할 수 있을 것입니다.

협상의 변수

• 조선의 거상 임상옥은 엄청난 물량의 최상품 인삼을 가지고 청나라에 들어갑니다. 그런데 청나라 상인들이 조선 인삼을 헐값에 구입하기 위해 '불매동맹'을 맺습니다. 인삼을 팔지도 못하고 돌아가면 큰 손해를 입는 조선 상인들은 전전긍긍할 수밖에 없었습니다. 임상옥은 청나라 상인들도 초조해진다는 것은 마찬가지라는 것을 알았습니다. 만약 인삼거래가 이루어지지 않는다면 청나라 상인들도 한 해 사업을 망치게 되고 파산에 몰릴 수도 있었기 때문이었습니다.

• 임상옥은 청나라 상인들에게 못 파는 인삼을 모두 불태워 버리겠다는 말을 퍼뜨립니다. 이 말은 결국 청나라 상인들의 불매동맹을 약화시키게 됩니다. 임상옥은 정말로 쌓아 둔 인삼을 불태우기 시작했습니다. 임상옥의 말이 거짓말이 아니라고 판단한 청나라 상인들은 그제서야 임상옥을 만류합니다. 그들은 불매동맹을 깨고 종전대로 거래를 하자고 제의합니다. 임상옥은 한발 더 나가 제시한 가격대로 인삼을 사지 않는다면 인삼을 모두 불태워 버리겠다고 위협합니다. 결국 청나라 상인들은 임상옥이 내세운 조건을 수용할 수밖에 없었습니다. 임상옥은 종전 가격보다 더 비싼 가격으로 인삼을 모두 처분한 것입니다.

협상의 변수

그렇다면 협상에 필요한 정보의 수집은 어떻게 할 것인가?

○ 정보를 수집한다는 것은 자신에 대한 정보와 상대에 대한 정보이다.

○ 자신에 대한 정보는 자신의 객관적 근거를 확보하는 것이고 상대에 대한 정보는 협상을 유리하게 이끌어가는 열쇠이다.

○ 정보의 수집이라 해서 스파이 활동을 연상할 필요는 없다. 정보의 수집은 협상자체에 대한 정보는 물론 상대방의 특성이나 취미, 기호 등까지도 필요한 경우가 많다.

- 일반적으로 정보를 많이 가지고 있는 사람은 결정적인 힘을 가지게 됩니다. 그렇다면 상대방이 절대 알려주지 않는 정보를 어떻게 알아낼 수 있을까요? 발로 뛰라는 말이 가장 정답에 가깝습니다.

- 솔직하게 상대에게 물어보거나 상대방의 입장에서 협상에 임하는 이유와 목표를 생각해보아야 합니다. 관련성 있는 제3자에게 물어보는 것도 도움이 될 것입니다. 바보소리를 들어도 상관없습니다. 오히려 아무것도 하지 않는 것이 가장 바보 같은 짓입니다. 정보가 없으면 나의 협상전략 전술을 만들 수 없습니다.

- 이때의 정보는 문서나 영상 등 직접적이고 공식적인 정보도 있지만 상대와 얼굴을 마주보면서 잠깐 이야기하더라도 간접적으로 알아내는 정보도 있습니다. 상대와 이야기하면 할수록 그리고 상대와 가까이 있을수록 의도치 않게 알 수 있는 정보들이 있습니다.

협상의 변수

❸ 힘

○ 힘이란 어떤 일이나 특정한 상황 혹은 자신에 대해 스스로 제재를 가할 수 있는 재능이나 능력으로서 가치중립적 개념이다.

○ 힘은 인식(認識: Perception)의 문제로 하나의 기준으로만 생각하는 고정관념을 탈피할 필요가 있다.

- 우리는 넓은 의미에서 자신이 원하는 결과를 얻을 수 있는 능력 혹은 원하는 조건으로 일을 성사시키는 능력을 가진 사람에게 힘이 있다고 말합니다. 이런 경우, 영향력이 있다, 설득력이 있다, 혹은 지도자라고 말하기도 합니다.

- 힘의 형태가 무엇이든 힘을 가지고 있는 사람은 협상과정에 있어서 일단 유리하다고 볼 수 있습니다

- 그런데 이 힘은 내가 그 힘을 어떻게 보느냐에 따라 얼마든지 더 강할 수도 더 약할 수도 있습니다. 힘은 대부분 마음에서 나옵니다. 즉 인식의 문제(A Matter of Perception)입니다.

- 협상에서의 힘은 협상 상대방에게 가지는 협상력의 우위를 말합니다. 힘의 우열에는 실제「힘」이 아니라 각 당사자가 가지는 힘에 대한 인식이 더 중요하게 작용합니다. 협상 상황에서 상대방에 대해 가지는 상대적인 힘은 보상적 힘(Reward Power), 강제적 힘(Coercive Power), 합법적 힘(Legitimate Power), 정보의 힘(Information Power), 전문성의 힘(Expert Power), 개인적 힘(Personal Power)의 여섯 가지로 구분할 수 있습니다.

협상의 변수

❶ 보상적 힘(Reward Power)

○ 상대방에게 일정한 보상을 줄 수 있거나

○ 보상할 수 있는 자원을 가지고 있을 경우

- 대부분의 부모님들이 아이를 설득할 때 가장 효과적으로 사용할 수 있는 수단은 사탕, 장난감, 용돈 등입니다. 선생님들은 장학금 혹은 상장을 매개로 학생들이 공부를 열심히 하도록 유인합니다. 최고경영자는 더 높은 임금, 상여금 등을 매개로 직원들이 더 열심히 일을 하도록 할 수 있습니다. 이와 같이 일정한 보상을 상대방에게 줄 수 있는 경우 누구나 보상적 힘을 가지고 있다고 볼 수 있습니다.

- 이때 보상적 힘은 반드시 물질적 보상에 한정된 것은 아닙니다. 사람들은 자신을 칭찬해주거나 인정해주는 사람을 좋아하게 마련입니다. 그렇다면 상대방을 높이 평가해주는 것도 자신의 보상적 힘을 늘릴 수 있는 방법이 될 수 있을 것입니다.

- 그러나 이 보상적 힘을 많이 사용하는 협상가는 협상 상대를 물리적으로 장악하고자 하는 욕구가 매우 큰 경향이 있어 입장협상의 태도를 취하는 경우가 많습니다.

- 따라서 보상적 힘을 가진 사람과 협상하게 되는 상대방은 그에게 겸손하고 약한 모습을 보일수록 더욱 자기 마음대로 협상을 이끌어 가려는 경향을 보이므로 매우 불리합니다.

- 이때는 내가 가진 파워를 상대에게 보여주거나 상대의 보상을 탐탁치 않게 생각하는 것이 대책이 될 수 있을 것입니다.

- 또한 상대가 쉽게 보상적 힘에 의존한다고 함은 그만큼 단기 결과에 집착하며 참을성도 약하다는 반증이므로 거꾸로 이를 협상에 이용할 수도 있습니다.

협상의 변수

- 지난 2017년 8월에 UFC의 대표 흥행 파이터 코너 맥그리거와 무패의 복서 플로이드 메이웨더는 세기의 복싱 대결을 벌였습니다.
  결과는 메이웨더의 10회 TKO승이었지만 경기는 싱겁다거나 기대 이하라는 평이 많습니다. 이들의 대결은 성사 가능성이 제로에 가깝다는 반응도 많았지만 매치가 성사된다면 두 사람 다 엄청난 돈을 벌 수 있을 것이라 보았습니다. 불가능에 가까운 대결을 할 수 있도록 양측의 협상이 움직인 것은 결국 엄청난 돈이라는 보상이었습니다.

- 이들의 대결은 달리 본다면 전 세계 사람들과의 협상인 셈입니다. 단순히 두 사람의 대결이 아니라 말 그대로 돈이 되는 싸움을 만들기 위해 두 사람이 시나리오라도 짠 것처럼 바이럴 마케팅을 벌인 것입니다. 바이럴 마케팅(Viral Marketing)은 바이러스가 퍼지는 것과 같이 입소문이 나는 것을 활용하는 방식으로서, 이메일이나 다른 전파 가능한 매체를 통해 자발적으로 어떤 기업이나 기업의 제품을 홍보할 수 있도록 널리 퍼뜨리는 마케팅 기법을 말합니다.

- 이를 통해 두 사람은 자신들의 싸움이 시청자들이 기꺼이 내는 시청료에 대한 보상이 될 수 있다고 보았고 두 사람은 일종의 Showtime을 펼친 것입니다.

협상의 변수

❷ 강제적 힘(Coercive Power)

○ 보상적 힘의 반대

○ 제재 혹은 벌을 과할 수 있거나 빼앗아 갈 수 있는 경우

• 이는 보상적 힘의 반대로, 사람을 움직이게 할 때 사용하는 당근과 채찍 중에서 채찍에 해당합니다. 좋은 보상을 마다한다면 처벌, 제재 등과 같은 강제적 힘으로 대체될 수도 있습니다.

• 강제적 힘은 상대방의 두려움에 바탕을 둔 힘입니다. 어떤 사람의 의사에 따르지 않으면 원하지 않는 결과를 가져올 수 있다는 두려움이 힘의 바탕입니다. 우리 사회를 움직이는 법도 알고 보면 경찰력과 군사력 같은 강제적 힘이 있기 때문에 그 효과를 발휘하게 됩니다.

• 그러나 이 강제적 힘을 사용하여 상대방을 설득하거나 협상한다고 하는 것은 그만큼 자신도 갈등 상황에 지쳐 있으며 참을성이 없다는 것을 간접적으로 나타내는 것입니다. 협상가의 자세로서는 매우 저급한 수준입니다.

• 물론 협상의 상대방이 믿을만한 강제적 요소를 갖고 있다고 할 경우 상대방의 협상력이 높아지는 것도 사실입니다. 강제적 힘을 사용할 경우 단기적으로는 소기의 성과를 거둘 수도 있으나 중장기적으로 봐서는 오히려 나쁜 결과를 초래할 수도 있습니다.

• 강제적 힘을 사용할 때는 그것을 사용하였을 경우 장기적으로 어떤 결과가 되어 다시 돌아올 것인가를 생각해야 합니다. 강제적 힘은 당사자의 관계를 쉽게 해칠 수 있기 때문입니다.

협상의 변수

Franklin D. Roosevelt
32nd President of the United States
1933-1945

"말은 부드럽게 해라. 하지만 큰 몽둥이도 들고 가라!"

"Speak Softly and Carry a Big Stick!"

© US Embassy Seoul

- 위 사례는 강제적 힘의 대표적인 경우입니다.

- 미국의 제26대 대통령을 역임한 시어도어 루스벨트는 하버드대학을 나온 뉴욕 명문가 출신이었습니다. 러시아와 일본이 전쟁을 끝내는 포츠머스 협상을 성공적으로 중재한 공로로 노벨평화상을 받기도 했습니다. 그가 강한 대통령이 될 수 있었던 밑바탕은 '힘으로 밀어붙이되, 유연하게 대응'하는 그의 외교적 특징 때문이었다고 합니다. 루스벨트가 좋아하던 격언에 따른 것이었습니다. 말은 부드럽게 하지만 큰 몽둥이도 들고 가야한다는 것입니다.

- 특히 외교에서 평화는 힘이 있어야 가능하고, 필요하면 언제든지 이 힘을 사용할 의지가 있어야 나라를 지킬 수 있다고 굳게 믿었습니다. 이런 힘과 의지가 없으면 전쟁을 초래할 수도 있기 때문에, 그는 힘이 있는 자만이 정의를 구현하고, 다른 나라로부터 존대를 받을 수 있다고 생각했습니다.

협상의 변수

❸ 합법적 힘(Legitimate Power)

○ 한 사람이 다른 이의 행동을 지배할 권리가 있고 그 다른 사람이 복종의 의무가 있을 경우

○ 상징(象徵: Symbol)이 있을 경우 더욱 강해진다.

• 합법적 힘이란 어느 한 사람이 상대방의 행동을 지배할 권리가 있고 상대방 또한 그에 대해 복종의 의무가 있다고 느낄 때 발생합니다.

• 일반적으로 경찰, 판사, 사장 등과 같은 사람들은 합법적 힘을 갖고 있다고 할 수 있습니다. 우리는 어떤 사람에게 직함을 주고, 그에 따르는 사무실과 일정한 역할을 주게 될 때 그들은 합법적 권력을 가졌다고 할 수 있습니다. 가령, 영국 여왕은 강제적인 권력은 없겠지만 여전히 합법적인 권력을 보유하고 있습니다. 군인들은 상관의 명령에 아무런 이의 없이 따릅니다. 그렇게 훈련을 받았으며 또한 그렇게 하는 것이 합법적이기 때문입니다. 이때 직함을 가진 사람이 자신의 지위를 나타내는 예복이나 어떤 상징(象徵,Symbol)을 갖고 있을 경우에는 합법적 힘이 더 강해집니다.

• 합법적 힘은 일반적으로 조직의 지위나 직책에서 비롯되는 힘입니다. 강제적 힘과 보상적 힘을 포함한 개념으로 직책이나 지위에서 보장된 강제적인 힘과 보상을 줄 수 있는 능력에서 비롯되는 힘이라고 할 수 있습니다.

• 특히 상대가 사회에 잘 순응하는 타입이거나 모범생과 같은 성향일 경우 합법성과 규정을 내세우면 설득하기가 매우 쉽습니다. '회사 규정상 환불은 안됩니다.' 라고 하면 상대는 그 규정을 누가 만들었는지 따지지도 않고 쉽게 수용합니다. 규정이 글로 깨끗하게 정리되어 있으면 더욱 설득력이 있습니다.

협상의 변수

- 호텔에 들어가면 로비에서 호텔리어를 만나게 됩니다. 제복을 단정하게 입은 호텔리어들과 방값이나 사용에 대한 협상을 하게 되면 일단 밀리는 느낌이 들게 마련입니다. 그 심리적 저항을 이겨냈다고 하더라도 또 부딪히는 것이 호텔의 이런저런 사용규칙들입니다.

- 호텔은 많은 고객을 상대하다 보니 자신들에게 유리한 입실시간과 퇴실시간, 용품의 주문과 사용 등에 이르기까지 규칙들이 다양합니다.

- 이와 같이 어떤 종류이든 서류나 인쇄물 등을 준비한다면 협상에서 심리적 우위를 차지하게 되는 것은 분명합니다. 일단 어떠한 형태로든 형식이 존재하면 그 상대방은 자신의 제안을 추가하거나 요구하기가 어려워지기 때문입니다.

- 인쇄된 서류나 형식을 통제하는 쪽이 합법적 힘을 가지고 있다고 할 수 있으며 그로 인해 협상의 주도권을 잡을 수 있습니다.

협상의 변수

❹ 정보의 힘(Information Power)

○ 협상과정의 최고 중심

○ 상대방과 정보교환을 통해 협상진행

- 정보의 힘은 협상과정의 중심에 있습니다.
  가장 간단한 협상의 경우에서도, 양 당사자들은 어떤 하나의 입장을 취하고 다음에는 자신의 입장을 보완할 수 있는 사실, 논의, 데이터, 그리고 다른 정보들을 제시합니다. 그런 다음 양측은 상호 만족할 수 있는 합의안이 나올 때까지 서로 상대방의 정보를 이용하여 그들의 입장을 수정하게 됩니다.
- 정보를 많이 가지면 가질수록 협상의 힘은 더 커집니다.

협상의 변수

❺ 전문성의 힘(Expert Power)

○ Information Power 의 특수한 형태

○ 전문성은 설득력을 높일 수 있다.

- 전문성의 힘이란 정보의 힘 중에서 특수한 형태로 특정기술이나, 높은 전문지식에서 비롯되는 힘을 말합니다. 의사가 수술이 필요하다고 하면 대개의 경우 환자들은 이의를 제기하지 않고 의사에게 몸을 맡깁니다. 회계사나 변호사, 또는 자동차 정비사의 말도 마찬가지입니다.

- 이러한 전문성은 설득력을 높일 수 있습니다. 가짜 건강약품을 판매하는 이도 의사 가운을 입고 판매한다면 왠지 가짜가 진짜같이 보이게 되는 예를 통해 알 수 있습니다.

- 상대방이 만약 전문성이 매우 높다고 할 경우 이에 대한 대처방안은 무엇일까요? 이 역시 열심히 그리고 철저히 하는 것 외에는 다른 방법이 없습니다. 전문지식을 가질 수 있도록 더욱 노력해야 할 것입니다.

협상의 변수

후광효과를 극대화한 제복 효과

• 보통 TV나 신문 광고에 등장하는 모델은 연예인을 비롯한 유명인(Celebrity)을 쓰는 경우가 대부분이지만 일반 소비자(Consumer)인 전문가(Expert)를 모델로 쓰는 경우도 적지 않습니다. 실제 많은 소비자들은 자신이 어느 정도 알고 있는 전문가가 모델로 나오는 광고를 선호하는 경향이 높습니다. 이와 같은 전문가 모델의 가장 큰 장점은 광고주가 소비자들에게 이성적 설득을 하는 데 유리하게 작용한다는 것입니다.

• 우리나라의 광고 중에서 「기능성 발효유 헬리코박터 프로젝트 윌」이라는 광고는 전문가 모델의 대표적인 성공사례입니다. 특히 이 광고에 출연한 배리 마셜 박사는 광고에 출연한 이후 실제 노벨의학상까지 수상하였고 제품 광고는 그야말로 상한가를 치게 되었습니다. 이때부터 생소하고 낯선 단어인 헬리코박터가 널리 퍼지기 시작하였습니다.

• 이를 후광효과(Halo Effect)라고 부릅니다. 후광효과는 특정 대상에 대해 가지는 일반적인 견해가 그 대상의 구체적인 특성들에 대한 평가에 영향을 미친다는 것으로, 쉽게 말해 잘생겨 보이는 사람이 실제 일도 잘할 것이라는 심리효과를 말합니다. 후광효과를 더 극대화하는 것이 바로 제복효과(Uniform Effect)입니다. 입고 있는 옷에 따라 그 사람의 행동이나 심리에 엄청난 영향력을 행사하기 때문입니다.

• 축구의 심판에서부터 공장근로자, 운전사, 스튜어디스, 선원, 경비원, 의사, 과학자, 박사, 판사, 군인, 경찰관, 소방관 등 많은 이들이 제복을 입는 것도 바로 이런 이유때문입니다.

협상의 변수

❻ 개인적 힘(Personal Power)

○ 타인에게 영향을 미칠 수 있는 퍼스낼러티

○ 개인적 힘의 증대 방법은 관계기술의 습득

Relationship Building Skill

- 우리는 주위에서 모두 같은 조건임에도 불구하고 유달리 두각을 나타내는 사람들을 보게 됩니다. 가령, 자동차영업사원, 보험판매원 등을 모두 같은 팜플렛을 쓰고 고객에게 보내는 편지 내용도 대동소이한데도 유독 판매실적이 좋은 영업사원이 있게 마련입니다. 이 경우는 대부분 그 사람이 가진 특수한 퍼스낼러티가 고객에게 전해졌기 때문이라고 할 수 있습니다. 다른 사람에게 영향을 미칠 수 있는 퍼스낼러티를 개인적인 힘(Personal Power)이라고 부릅니다.

- 이는 한 개인의 특징에서 비롯되는 권력으로 타인에게 영향을 미칠 수 있는 퍼스낼러티를 의미합니다. 카리스마와 유사한 것입니다.

- 이와 같이 다른 사람으로부터 존경을 받거나 그 사람의 판단 기준에 쉽게 다른 사람들이 영향을 받으며 그를 모방하거나 따라 하려는 사람들이 있다면 그 사람은 개인적인 힘을 가졌다고 할 수 있습니다.

- 유명 연예인이 초고가의 CF 출연료를 받는 것은 그가 소비자의 구매 행위에 개인적 힘을 발휘할 수 있기 때문입니다.

- 협상에서도 친밀함, 인간적인 매력, 미소, 좋은 이미지 그리고 오랜 인간관계, 평소에 도움을 주고 받는 관계, 이런 것들을 두루 갖춘 사람과 협상을 한다면 상대의 마음이 약해질 수밖에 없을 것입니다.

- 인간적인 매력이 지닌 힘이 두려워 타인의 친절과 친밀함을 잘 받아들이지 못하는 사람도 많지만, 사람이란 감정을 가진 사람인 이상, 이런 부분에 설득되지 않을 수 없습니다.

협상의 변수

적은 인원이라도 강한 유대감의 관계?
or
유대감이 약해도 다양한 사람과의 관계?

과연 어느 유형의 대인관계가 더 성공할 가능성이 높은가?

↓

정답은 약한 유대관계의 힘
The Strength of Weak Ties

- 미국의 사회학자 그라노베터(Granovetter) 스탠포드 대학교 교수는 1973년 발표한 논문에서 재미있는 연구결과를 이야기합니다. 취업자들에게 직업을 구한 경로를 조사한 결과 70%는 친밀하지 않은 약한 유대관계의 사람들로부터 도움을 받았다는 것입니다. 얼핏 생각하기에는 친한 사람, 즉 강한 유대관계(Strong Ties)가 자신에게 더 좋은 정보나 혜택을 줄 것으로 여겨집니다. 하지만 실험 결과 취업 등의 성공에 도움이 된 정보는 강한 유대관계가 아닌 약한 유대관계(Weak Ties)에서 나왔습니다.
- 이러한 경향은 인터넷이 발달한 지식 정보화 사회에서 그 가치가 더욱 커지고 있습니다. 약한 유대관계는 사람과 조직의 독창성에도 영향을 미칩니다. 새롭고 독창적인 지식을 창출하기 위해서는 다양한 정보를 접하는 것이 중요합니다. 독창성은 기업과 조직에 매우 중요한 혁신의 원천입니다. '그냥 아는 사이'가 개인과 조직에 중요한 자산이 될 수 있는 것입니다. 독창성을 원한다면 오늘부터 주변의 그냥 아는 사이들을 주목해 볼 필요가 있겠습니다.

협상의 변수

이것만은 명심하자.

협상의 힘을 하나의 기준만으로 생각지 말자.

동물의 왕은 무엇이라고 생각하는가?

- 여기서 짚고 넘어가야 할 것이 있습니다. 이처럼 힘은 여러 가지가 있을 수 있고 일반적으로 아무리 힘이 센 상대방이라고 하여도 상대방이 모든 협상의 힘을 소유하고 있을 수는 없다는 것입니다.

- 그렇다면 당연히 협상에 임하기 전 내가 가진 협상의 힘은 무엇인가를 먼저 발견하여야 합니다. 협상의 힘이 없다면 새로운 협상의 힘을 만들어 내야 합니다.

- 동물의 왕은 무엇일까요? 이 질문에 뭐라고 대답하겠습니까. 대부분의 사람들은 사자라고 이야기하거나 호랑이라고 생각합니다. 과연 그럴까요? 동물의 왕은 하나일 수가 없습니다. 달리기라면 치타, 이빨의 힘세기로는 악어가 동물의 왕일 것이며 덩치로는 코끼리가 왕일 것입니다. 이처럼 협상의 힘을 하나의 기준으로만 생각지 말아야 합니다. 자신이 가지고 있는 협상의 힘을 발견하는 것이 급선무입니다.

협상의 변수

❹ 전략

○ 전략(Strategy)이란 제한된 범위 내에서 한정된 목표를 달성하려는 계획을 말한다.

○ 응집력과 추진력, 자원할당의 추진과 어떠한 환경에서도 목표를 달성하려는 상황을 만들어가는 것이 중요한 특징이다.

- 전략이란 일련의 제한적 범위 내에서 한정된 목표를 달성하려는 계획으로 응집력과 추진력, 자원할당의 추진과 어떠한 환경에서도 목표를 달성하려는 상황으로 만들어가는 것을 중요한 특징으로 합니다.

- 협상의 전략은 하루아침에 마련될 수 있는 것이 아니기 때문에 많은 시간을 가지고 치밀하게 준비해야 합니다.

- 노련한 협상가들은 협상에 임하기 전에 협상의 목표를 세우고 목표를 달성하기 위한 대안의 마련, 우선순위의 설정, 양보한계의 수립 등을 체계적으로 준비합니다. 또 상대와 상황에 따라 취할 수 있는 협상전략을 치밀하게 마련합니다. 그리고 나서야 협상에 임합니다. 또한 내가 가용할 수 있는 자원이 무엇인지, 협상과정에서 동원할 수 있는 협상의 변수는 무엇인지 재확인하는 절차를 반드시 거칩니다.

- 치밀한 협상전략이 수립되지 않고서 협상의 성공을 기대하기 어렵기 때문입니다.

협상의 변수

○ 파나마와 미국의 운하협상

○ 북한의 벼랑 끝 전술로 북미 간 제네바합의 등

○ 협상에서는 목표를 염두에 둔 전략이 있고 없고의 여부에 따라 협상의 결과는 달라진다.

- 파나마와 미국의 운하협상, 북미 간의 제네바합의 등의 사례에서 알 수 있듯이 협상에서는 목표를 염두에 둔 전략이 있고 없고에 따라 결과가 달라집니다.

- 협상을 할 때, 나의 입장을 상대방에게 친절하게 설명하고 상대의 양심에 호소하며 너그러운 이해를 구하는 자세는 너무 순진하고 안이한 협상 태도입니다.

아무것도 모르던 시절에는 그런 것이 통할 수도 있겠으나 요즘 같으면 상대의 비웃음을 살 뿐입니다. 따라서 협상에서의 성공 여부는 나의 목표를 달성시킬 수 있으면서도 상대방이 선택할 수 있는 카드를 얼마나 적절히 구사할 수 있느냐 하는 협상전략에 의해 좌우됩니다.

협상의 변수

한미 FTA 협상

쌀 관세장벽을 WTO와 상관없이 대폭 낮춰줘야겠다.

그 문제는 이미 수입물량 유예합의하여 협상대상이 아니다.

아무튼 우리는 쌀에 대한 시장접근을 강화하겠다.

우리 국민 정서상 쌀 개방이 안 된다는 것을 알지 않느냐.

쇠고기에 대한 관세율도 무려 40%다.

- 한미 FTA 2차 협상이 진행되던 2006년 7월 당시, 미국은 우리가 쌀 시장개방이 어렵다는 것을 잘 알고 있었음에도 의도적으로 쌀 개방문제를 걸고 넘어집니다. 이는 미국의 의도된 파행입니다. 한국이 국민 정서상 절대 포기하지 못할 쌀을 공격수단으로 삼아 다른 농산물 개방이나 섬유 등 미국 측의 약점을 보호하려는 것이었습니다. 미국은 협상의 처음부터 전략적으로 움직이고 있었음을 알 수 있습니다.

- 실제 미국은 주저하고 있는 한국을 상대로 4대 선결조건을 요구하여, 협상하기도 전에 협상 의제의 골칫거리가 되던 문제를 해결하였습니다. 또한 무역촉진권한 만료시기가 3월 말이라는 시간압박 전술과 의회에 보고하고 협의하는 상위 권한 이용전략 등을 번갈아 가면서 충분히 활용했습니다. 반면 한국은 총체적으로 전략, 전술의 부재를 여실히 보여주어 협상의 관점에서 본다면 그렇게 높은 점수를 받지는 못했습니다.

협상의 변수

한미 쇠고기 추가협상

이 사진을 봐라, 미국산 쇠고기를 과학적으로 안전하다고 말할 수 없는 지경이다.

우리 입장은 변함없다. 품질관리를 높이면 해결될 문제다.

그러면 우리는 귀국하겠다. 쇠고기 협상결렬로 당신은 한미동맹 관계를 망치는 사람으로 기록될 것이다.

• 2008년 6월에 미국 워싱턴에 있었던 한미 쇠고기 추가협상에서 있었던 일입니다.
협상 첫날인 13일에 우리 한국 측은 지난 10일의 쇠고기협상을 반대하는 광화문 시위사진을 미국 측에 보여주었습니다. 그러면서 미국산 쇠고기가 과학적으로 안전하다는 미국 측의 설명이 한국 측에 통하지 않고 있다고 강조하였습니다.

• 촛불시위가 확대되면서 미국 측도 동요하기 시작하였습니다.
그때 우리 한국 측은 더욱 거세게 몰아붙였습니다. 한국의 협상 담당자는 쇠고기 문제가 한미동맹에 부정적 영향을 미칠 수 있고 그 책임자가 바로 당신이 될 수 있다며 협상장을 박차고 나오게 됩니다. 실제 귀국하기 위해 뉴욕으로 가는 기차에 올라탔을때, 백악관까지 나서서 만류했습니다. 그때부터 우리 측이 협상의 주도권을 쥐게 되었습니다.

• 이 협상은 오랫동안 국제통상협상을 해온 한국의 협상대표단이 오히려 미국의 협상대표단을 다양한 수단으로 압박하며 소기의 성과를 이끌어낸 것으로 평가받습니다.

잠깐만! 쉬어가는 협상코너

성격유형에 따른 협상

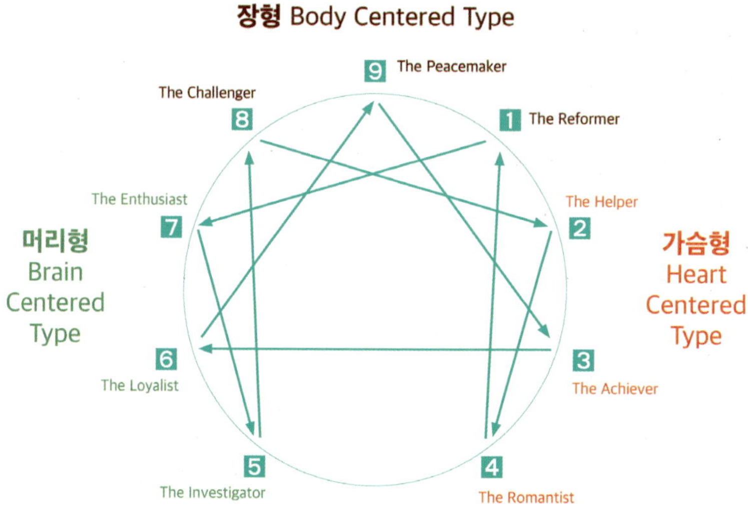

• 인간관계 사이의 갈등을 피하려면 성격유형을 파악하라는 말이 있다. 이러한 성격유형을 파악하는 방법 중 하나가 에니어그램(Enneagram)이다. 에니어그램에는 중요한 전제가 있다. 사람은 모두가 서로 다르다는 것이다. 또한 세계 인구 중에 똑같은 사람은 단 한 명도 없다고 본다. 얼굴, 체격, 피부색 등 외모뿐 아니라 적성, 강점, 약점, 가치관, 타인과 관계를 맺는 방법, 문제해결방법 등이 모두 다르다는 것이다.

• 에니어그램은 사람의 성격을 그림과 같이 3가지로 구분한다. 에너지를 쓰는 종류와 방식에 따라 나누는데 아랫배 부근의 에너지를 주로 쓰는 장형, 가슴의 감정에너지를 주로 쓰는 가슴형, 머리의 지식에너지를 주로 쓰는 머리형으로 나눌 수 있다. 그를 다시 잘게 나누어보면 8,9,1은 장(본능) 중심, 2,3,4는 가슴(감정)중심, 5,6,7은 머리(사고)중심이다. 이 기질의 성격은 타고나는 것으로 다시 세분하여 9개의 인간유형을 구분하는 뿌리가 된다.

• 각 인간 유형별로 간략히 설명하면 가슴형 인간은 사교적인 인간관계의 달인들이다. 장형인 사람들은 솔직 과감한 행동파들이다. 이들의 주요한 관심은 자신이 갖고 있는 힘이다. 머리형 인간은 이성적이고 논리적이며 학구파들이다. 주요 관심사는 상황과 정보이다.

Section 2

협상의 변수와 딜레마

강의 4

딜레마·협상사례분석

Section2에서는 협상의 변수와 딜레마라는 주제로 발생경로, 변수, 딜레마, 그리고 사례 분석 등을 차례대로 알아보겠습니다. 이번 강의에는 딜레마와 협상사례분석을 설명하겠습니다.

협상의 딜레마

1. 협상의 딜레마

협상의 딜레마는 상대방이 무엇을 생각하는지 모르는 불확실한 상황에서 중요한 결정을 해야 한다는 것으로부터 시작된다.

1) 상대방이 협상에 응하지 않으면?
2) 어디서부터 어떤 가격으로 시작할지?
3) 양보한다면 언제? 어디까지 양보해야 하는지?
4) 얼마나 오래 버텨야 하는지?
5) 윤리적 한계는 어디까지인지?

- 협상은 다른 환경, 배경, 생각을 가진 타인과 만나서 합의를 이루어가는 과정이므로 협상에 의한 합의가 도출되기까지는 많은 딜레마(진퇴양난)들이 있게 마련입니다.

- 그 중에서도 가장 큰 딜레마는 협상 참여자의 심리적인 요인에서 오는 경우가 많습니다.

- 협상은 사람이 어떤 고정되어 있는 기계를 상대하는 것이 아니라 마음대로 움직이고 생각하는 인간을 상대하는 것이기 때문에 협상 당사자는 도대체 협상을 어디서 어떻게 언제부터 해야 하는지에 대해 막연히 불안하기 마련입니다.

- 또한 시간이 갈수록 협상구조가 다면화되고 협상과정이 복잡해지면서 이러지도 못하고 저러지도 못하는 협상의 딜레마가 빈번하게 발생합니다.

- 이러한 현상이 발생하는 주된 이유는 정보화 등의 진전에 힘입어 협상 당사자의 역할과 권한이 축소되고 있는 반면에 협상에 실제로 참여하지 않지만 갈등과 분쟁의 해결에 이해관계를 가지고 있는 협상 객체와 모체의 영향력이 커지는 데 있습니다.

- 이러한 딜레마를 다섯 가지로 나누어 살펴봅시다.

협상의 딜레마

❶ 상대방이 협상에 응하지 않으면?

- 막무가내로 상대의 의견을 들으려 하지 않거니와 오히려 인신공격까지 하면서 자신의 입장에서 한 발도 뒤로 물러서지 않는 경우입니다.

- 이럴 때는 협상을 계속 진행해야 할지 말아야 할지에 대한 생각이 들게 마련입니다.

- 어떤 합리적 설득으로도 말이 통하지 않고 조금도 양보 없는 입장으로 일관하는 협상 상대를 도대체 언제까지 참아야 하는 것일까요?

- 언제까지 참아야 한다는 것은 없습니다. 나도 막무가내로 나오는 상대에게 시원하게 한방 날리고 싶습니다. 그렇지만 그보다 앞서야 할 것은 상대를 효과적으로 설득하여 협상에서 유리한 결과를 낳는 것입니다.

협상의 딜레마

그러면 어떻게 할 것인가?

첫째, 내가 상대를 아직 잘 모르는 상황일 수 있음을 인식!
그 후 상대에게 각자의 입장이 아닌 이해관계를 적시하고
문제 해결의 대안을 제시하고 객관적 기준을 설명

둘째, 눈앞의 협상 상대 외에 다른 상대가 있을 수 있음을 인식!
그 다음 상대의 입장에 동의하고 상대의 이해관계가 협상을
통해 얻어질 수 있다는 것을 설명하고 협상을 유도

셋째, 나와 상대를 바람직한 협상으로 이끌어 줄 조정자 내지는
중재자를 함께 모색

- 상대방이 협상에 응하지 않으면 그 대책은 크게 세 가지입니다. 첫째, 내가 상대를 잘 모르고 있음을 생각하여야 합니다. 말이 안 되는 상대의 행동에 무슨 이유가 있는지 알아야 합니다. 그 후에 협상의 원칙에 따라 문제를 해결하기 위해 상대방과의 이해관계에 집중하고 선택적 대안을 개발하며 객관적인 기준을 사용하여 협상을 시도하여야 합니다.

- 인신공격까지 할 경우에는 사람이 아닌 이슈 중심의 문제 해결 방식으로 전환할 수 있도록 해야 합니다. 즉, 사람에 대한 인신공격이나 협박 등을 통하여 일방적 양보를 받아내려는 방식은 협상을 극단적인 대립과 투쟁으로 연결시켜 서로에게 손실만을 가져옴을 인식시켜야 합니다.

- 혹여 나를 의도적으로 궁지로 몰기 위한 상대의 협상 전략이 아닌지 의심해봐야 합니다.

- 두 번째로는 눈앞의 상대가 다가 아닐 수 있음을 알아야 합니다. 이에 상대방의 입장에 동의해 주면서 상대방의 궁극적 관심을 협상의 이해관계로 돌려 상대방을 협상으로 유도하는 전략이 필요합니다.

- 세 번째 방법은 바람직한 협상으로 이끌어줄 조정자 내지는 중재자와 같은 제3자 협상을 시도하는 것입니다. 그를 통해 상대의 진짜 의도가 무엇인지 알아보고 협상을 추진하는 것도 고려되어야 합니다.

협상의 딜레마

❷ 어디서부터 어떤 가격으로 시작할 것인가?

• 협상에서는 숫자를 먼저 말하는 사람이 진다는 이야기가 있습니다. 가령, 면접을 볼 때 누군가 당신에게 희망 연봉을 물어봐서 대답을 하면 어떤 일이 벌어질까요? 묻는다고 해서 대답하기는 하지만 대체로 너무 높거나 너무 낮은 숫자를 말해, 후보자 명단에서 아예 제외되는 경우도 많습니다.

• 연봉에 대한 질문을 받았을 때, 숫자를 말하지 않는 법을 배워야 합니다. 처음부터 연봉을 먼저 제시하지 않도록 시도라도 해봐야 할 것입니다. "지난번 직장에서는 꽤 괜찮은 연봉을 받아왔습니다." 혹은 "좋은 질문이긴 하지만, 제가 이 일에 대해 확신을 갖게 될 때까지 잠시 그 문제를 보류할 수 있겠습니까?" 가능한 연봉에 대한 대화를 지연시키고, 회사 측에 가치가 있는 인력인지를 먼저 확인시키는 일이 중요합니다.

• 가격협상도 마찬가지입니다. 먼저 말하지 않는 것이 좋습니다. 괜히 상대에게 빌미를 줄 수 있기 때문입니다. 사례에서도 중고자동차의 딜러는 끝내 가격을 이야기하지 않습니다. 이러한 경우 가급적 먼저 가격을 이야기하지 않는 것이 여러모로 좋겠지만 나는 도대체 얼마를 불러야 할지 딜레마에 빠지게 됩니다.

협상의 딜레마

가격을 터무니없이 낮게 부르면 낮은 공(Low Ball)	➡	없던 것으로 합시다.
너무 높게 부르면 높은 공(High Ball)	➡	당장 계약합시다.

정확하게 가격을 모르는 이상, '너무 높게 부른 것은 아닌지, 너무 낮게 부른 것은 아닌지'라는 딜레마에 봉착하게 된다.

그러면 어떻게 할 것인가?

첫째, 해당분야에 대한 경험의 축적이 필요

둘째, 경험이 없다면 경험자의 노하우를 빌려와서라도 공유

셋째, 당해 협상에 대한 철저한 사전준비와 정보의 수집

- 그러나 문제는 내가 먼저 가격을 부르지 않으면 안 되는 상황에 처했을 때입니다.

- 이러한 딜레마는 세계적인 협상가뿐만 아니라 그 누구도 협상과정에서 피할 수 없다는 것을 명심하여야 합니다. 따라서 이에 관해 불안해 하는 것은 쓸데없는 것일 수 있습니다. 단, 해당 분야에 대한 경험이 많거나 해당 정보를 수집하고 사전 준비를 철저히 한다면 가격을 어디서부터 시작해야 할지에 관해 어느 정도는 도움을 받을 수 있습니다.

- 위와 같은 방안이 그나마 해답을 얻는데 도움이 될 수 있을 것입니다.
  그러나 어쩔 수 없을 때는 처음에 상대가 절대로 받아들일 것 같지 않은 가격을 제시하고 거절 당한 뒤에 재차 본래의 요구를 제시하는 방법을 쓰는 것이 유리할 수 있습니다.

협상의 딜레마

내가 먼저 가격을 제시해야만 할 때는
충격적인 가격을 제시하고 재차
본래 하고자 했던 요구를 하는 것이 유리

- 여기서 충격적인 가격이라고 하는 것은 상대가 절대로 받아들이지 않을 것 같은 가격을 제시하라는 것입니다.

- 살 때는 낮은 가격, 팔 때는 높은 가격을 불러 충격을 준 다음에 거래를 유리하게 이끌어 가는 것이 필요합니다. 처음 협상의 목표보다 공격적으로 가격을 시작하는 것이 중요합니다. 그래야만 협상할 수 있는 여지가 있습니다.

- 이처럼 협상과정에서 상대에게 내가 먼저 가격을 제시하거나 제안할때 조금이라도 내게 유리한 가격을 제안하면 됩니다. 협상을 시작하고 그를 기준으로 해서 상대를 따라오게 하는 편이 좋습니다.

- 그러나 협상 상대가 먼저 가격을 불렀다면 상대의 가격에 "오마이갓! 말도 안 된다."는 식의 모습으로 절대 받아들일 수 없음을 먼저 보여주어 상대의 기대치를 낮추도록 해야 합니다. 이를 플린치(Flinch, 움찔) 전술이라고 합니다. 상대가 가격을 철회할 수 없다고 강하게 나올 경우는 다른 보상책을 받아내도록 해야 합니다. 이를 니블링(Nibling, 뜯어먹기) 전술이라고 합니다. 협상의 기본골격은 바꾸지 않으면서 합의된 사항을 조금씩 갉아먹는 것입니다. 이때 상대가 줄 수 있는 여지에서 더 받아내는 것이기에 자격지심을 가질 필요는 없습니다.

협상의 딜레마

- 이러한 충격적인 가격부터 제시하는 요령은 백화점이나 쇼핑몰 배치에서도 나타납니다. 보통 유명백화점이나 고급 쇼핑몰의 1층에 들어서면 그곳에서 가장 비싼 물건들을 판매하는 명품가게들이 즐비합니다.

- 입구에 전시된 명품들은 그야말로 누가 살 수 있는가 할 정도로 엄청 비싼 가격을 자랑합니다. 이렇게 비싼 제품들을 굳이 사람들이 많이 드나드는 1층에 배치한 데에는 다 이유가 있습니다. 매장에 들어오는 고객들로 하여금 '높은 가격에 익숙해지게 만드는 것'입니다. 비싼 가격의 제품을 보고 난 뒤 7층의 이벤트 매장에 진열된 비교적 저렴한 제품을 보면 싸다고 생각하게 되는 심리를 이용하는 경우가 많습니다.

- 결국 매장의 입장에서는 1층에서 팔리면 제일 좋고 그게 아니더라도 상대적으로 가격이 낮고 대중적인 제품을 용이하게 판매할 수 있어 좋은 일종의 전략인 것입니다. 협상에서도 이와 같은 원리를 이용하면 더 좋은 조건을 얻을 수 있습니다.

협상의 딜레마

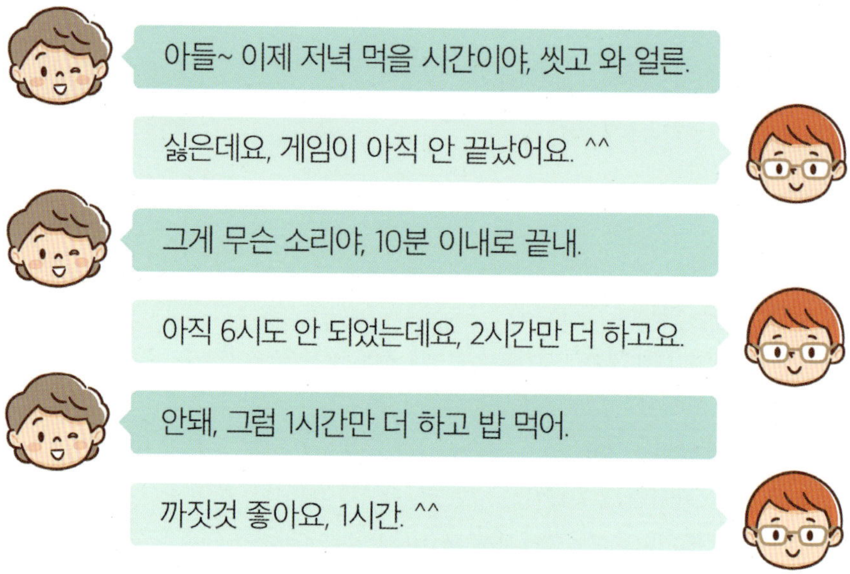

- 엄마와 아이가 협상을 하고 있습니다. 게임시간을 더 가지겠다는 아이에게 엄마는 안 된다고 빨리 끝내라고 말하지만 아이로부터 전혀 받아들일 수 없는 시간부터 들었던 엄마는 아이가 요구한 시간에서 반이나 줄이는 데 성공하였다고 생각합니다. 하지만 아이는 처음부터 2시간이 아니라 1시간이 목표였을 것입니다.

협상의 딜레마

❸ 언제, 어느 선까지 양보해야 하는가?

정도연 씨! 우리 영화사에서 의욕적으로 시작하는 작품이 있는데 꼭 출연해 주실 거죠? 이번 영화에 출연만 해주신다면 출연료로만 1억을 드리도록 하겠습니다. 한번 도와주십시오.

글쎄요. 작품만 좋다면야 출연료가 무슨 상관이겠어요.

출연료로 1억은 저희들에게도 큰 부담입니다. 출연을 결정해주시면 안 되겠습니까?

네. 그래야죠. 그런데 다른 작품도 스케줄이 짜악 밀려있어서.. ㅎㅎ

그러지 말고 확답을 좀 해주세요. 그래야 저희들도 촬영일정을 잡을 수 있습니다.

네. 아무래도 작품성이 어쩌고 저쩌고…….

아니. 정도연 씨, 출연료가 적어서 그러십니까?(아 정말 답답하군….)

- 어떤 제안을 상대방에게 했는데 상대방이 받아들이지 않을 때 문제가 생기게 됩니다.
- 합의를 얻어내기 위해 얼마나 오래 매달리고 버텨야 하는지가 문제입니다. 협상에 있어서 상대방이 제안을 거절하면 도대체 왜 그가 거절하는지 정확히 알지 못할 수가 있습니다.
- 더 많은 양보를 얻어내기 위해 터무니없는 값을 부르고 있는 것인지, 우리가 얼마나 버티는가를 떠보기 위해 그러는 것인지 알기가 어렵습니다.
- 만약 양보가 불가피하다고 판단하고 덜컥 양보를 할 경우 이 양보는 오히려 상대방을 자극해 그로 하여금 더 많은 양보를 요구하도록 만들 수도 있습니다. 또 양보를 안 하거나 너무 늦게 양보해 타이밍을 놓치면 협상은 교착상태에 빠질 수도 있습니다.

협상의 딜레마

상대가 수긍할 수 있는 제안을 했는데도

상대는 수용도 아니고 거절하는 것도 아니고…

↓

저렇게 거절하는 것은 날 떠보는 것일까?

양보를 한다면 얼마나 더 버티다가 해야 하는지?

양보를 너무 빨리 혹은 늦게 하는 것은 아닌지?

……

그러면 어떻게 할 것인가?

첫째, 그러나 상대방도 마찬가지라는 사실을 명심

둘째, 언제 어디까지 양보해야 한다는 법칙은 없다.

- 그런데 여기서 우리가 한가지 명심해야 할 것은 양보란 상대로 하여금 더 많은 양보를 요구하도록 자극한다는 사실입니다.

- 물론 때늦은 양보는 협상을 교착상태에 빠트릴 수도 있습니다. 그러나 상대의 양보를 얻어내기 위해서 절대 먼저 양보하여서는 안됩니다. 선의의 양보는 있을 수 없습니다. 양보란 상대의 호감을 사기보다는 약세의 표시로 해석되게 하여서 상대를 더욱 강경하게 만들기 때문입니다.

- 또한 대가 없는 양보도 절대 금물입니다. 상대의 양보 요구에 대해 항상 반대급부적 요구조건을 제시할 수 있어야 합니다. 양보를 하는 경우에도 가격은 고수하고 기타 거래조건이나 서비스 등에서 양보하는 것이 좋습니다. 가격은 최후에 거론될 마지막 보루입니다.

- 협상 전에 양보 한계의 설정은 필수적입니다. 초등학교 시절 짝꿍과의 책상에 금긋기와 같이 협상도 마찬가지로 내가 어디까지 양보할 수 있는가를 미리 설정해놓아야 협상의 시간을 절약할 수 있습니다.

- 가령, 가구점에서 가구를 살 때 나의 이익을 취한다고 판매원이 취할 수 있는 마진이 원가도 되지 않을 때 협상이 이루어질까요? 협상은 서로에게 이익이 될 때 이루어진다는 것을 명심하고 그것에 충족되지 않으면 No라고 말할 수 있어야 합니다.

협상의 딜레마

❹ 얼마나 오래 버틸 것인가?

콧대양 내일 시간 어때요? 나 시간 많은데…

호호 … 어쩌죠? 나 내일 선약이 있는데.

그럼 이번 일요일은 어때요? 마침 프로야구 입장권도 딱 두 장 있는데….

어머 또 어쩌죠? 이번 일요일은 동창회가 있는데...

그럼 도대체 언제 시간이 나신다는 거예요?

어머 왜 신경질을 내세요? 오버하시는거 아니세요?

차라리 싫다고 말을 해주세요.(깨끗하게 확 포기해버리까? 아냐. 날 싫어하지는 않는 것 같은데. 으…괴롭다 괴로워)

아니 제가 언제 싫다고 했어요? 시간이 없어서 그런건데 저보고 어떻게 하라는 건지?

그러면 어떻게 할 것인가? 딜레마를 인정하고 협상에 대한 철저한 사전준비가 관건

- 모든 협상은 보다 나은 거래를 위해서 다른 쪽을 찾아 볼 것인지, 아니면 지금 이 상대방을 좀 더 물고늘어지면서 버틸 때까지 버텨야 할 것인지 피할 수 없는 딜레마가 생깁니다.

- 우리는 이러한 딜레마에 대해 익숙해질 필요가 있습니다. 그러한 딜레마를 경감시킬 수 있는 방안이 무엇인지 고민하고 그것을 착실하게 준비한다면 뜬금없는 불안감에서 벗어날 수 있을 것입니다.

- 한 가지 유의해야 할 것은 버티지 못하는 경우가 있더라도 최후통첩 방식은 가급적 피하는 것이 좋다는 것입니다. 쥐도 막다른 골목에 다다르면 고양이에게 덤빕니다.

- 협상장에서는 오히려 우유부단하게 행동할 수 있어야 합니다. 상대방은 이미 어떤 사안에 대해 어떤 일이 있을 것인지 혹은 어떤 답변을 할 것인지 충분히 예상한 후에 협상을 하고 있을지 모릅니다.

- 때문에 나는 그에 대해서 아는 바가 없음을 인정하여야 합니다. 따라서 상대방이 제안했다고 해서 그때그때 결정하여 이야기할 필요는 없습니다. 생각을 좀 해봐야겠다고 해야 합니다.

- 협상장에서 결단력 있는 멋진 사람으로 보일 필요는 없습니다. 협상은 연애가 아닙니다. 내가 손해를 보면서까지 상대방 마음에 들 필요는 없습니다.

협상의 딜레마

❺ 윤리적 한계는 어디까지인가?

1994년 3월에 제8차 남북실무접촉에서
북측의 단장은 이런 요지의 발언을 한 적이 있다.

"여기서 서울은 멀지 않다.
서울은 **'불바다'**가 될 것이다.
대화에는 대화로, 전쟁에는
전쟁으로 맞서겠다."고
극언을 퍼부었다.

20년여를 남북군사회담 대표로서 그들과 대면하다 보면 익숙해지기 마련이다.

처음 만나면 상대가 무슨 생각을 하는지 왜 저런 행동을 하는지 종잡을 수 없다.

그렇지만 오래 대하다 보면 상호 민감한 현안에 상대가 어떻게 나올 것인지 예측이 가능해진다.

때문에 앞으로도 우리는 대북협상전문가를 꾸준히 양성해야 한다. 그래야 북한군 표정만 봐도 회담결과를 예측할 수 있을 만큼 남북협상에서 당당해질 수 있다.

- '불바다'? 참으로 섬뜩한 발언입니다. 북한 측은 자신의 의도하는 목적을 달성하기 위해 불바다 운운하면서 협상을 보다 유리하게 이끌어가려는 듯합니다
무서운 말을 이리 쉽게도 말하지만 자신의 뜻과는 다르게 몸은 본심을 말할 수 있습니다.

- 이러한 극단적인 상황에 놓일 경우 북한 측을 상대하는 협상가들은 어떤식으로 행동에 나서야 하는가가 문제입니다.
이와 관련하여 많은 전문가들은 아프가니스탄, 이라크 등 분쟁지역에서 활동하는 미군 장교들이 극단적인 협상상황을 어떻게 다루고 있는가를 참조해야 한다고 합니다.
이 지역의 극단적 상황에 처한 협상가들은 협상행동이 몸에 깊이 배여있는데 계획적이기보다는 본능적 반응을 보일 때가 많습니다. 특히 위험한 상황일 때 더욱 그러합니다.

- 남북군사회담을 효과적으로 대응하기 위해서는 협상전문가를 지속적으로 양성하고 훈련시켜나가는 것이 필요합니다. 그래야만 북한군 표정만 봐도 회담결과를 예측한다는 자신감이 나올 수 있습니다.

협상의 딜레마

협상전술은 때로는 비윤리적이기도 하다.

그러나 협상은 규범적, 윤리적 기준을 준수해야 한다.

단, 인질협상에서와 같이 급박한 협상에 비윤리적 협상전술이나 기술을 도외시할 필요는 없을 것이다.

- 나의 이익을 획득할 수 있는 합의를 이끌어내야만 하는 협상에서 사용될 수 있는 기술은 매우 다양합니다.

- 문제는 이때 협상의 기술이 때로는 사회에서 수용될 수 있는 윤리적 기준을 넘을 수도 있다는 점입니다.

- 협상은 어느 한 측면으로 봐서는 비윤리적이라는 비난을 피할 수 없다는 점이 또 하나의 딜레마입니다.

- 상대방과 내가 윤리적인 한계를 준수하면서 서로 합의에 도달하게 되기를 바라지만 나는 상대방이 윤리적 기준을 가지고 협상에 임하고 있음을 확신할 수 없습니다. 상대방도 내가 혹시 윤리적인 기준을 팽개치고 속임수를 쓰고 거짓정보를 흘리는 등의 전략을 쓰고 있는지의 여부를 알 수 없는 것은 마찬가지입니다.

- 또한 상대방이 윤리적 기준을 지키지 않는다고 하여 나도 비윤리적인 협상기술들을 마음대로 쓸 수 있는 허가를 받았는가 라는 문제도 생각해야 합니다. 최소한의 기준을 적용하여 협상의 기술이 실정법을 위반하지 않고 부합될 수 있는 것이라면 어떠한 전략과 전술이라도 그 정당성을 인정받을 수 있는지에 대한 문제입니다.

테이블 위의 죽은 개
Dead Dog on the Table

- 협상이 내 뜻대로 되게 하는 하나의 방법이 있는데 바로 '테이블 위의 죽은 개(Dead Dog On The Table)'입니다. 죽은 개는 사전적으로 더 이상 중요하지 않은 것을 의미합니다.

- '테이블 위의 죽은 개' 협상기술은 말 그대로 죽은 개를 협상테이블 위에 올린다는 것입니다. 진짜 죽은 개를 올리는 것이 아니라 내가 아는 범위에서 상대방이 절대 받아 들일 수 없는 터무니없는 조건의 제안을 먼저 하라는 말입니다.

- 한번 이 기술이 시작되면 제안이 성사되도록 상대와 치열하게 싸워야 합니다. 무조건 상대가 예스라고 말할 때까지 싸워야 합니다. 물론 상대가 나의 제안을 받아들이면 좋겠지만 끝까지 나의 제안을 받아들이지 않는 경우가 더 많습니다. 협상에 진전이 더 이상 이루어지기 힘들 때 협상테이블 위에 올려 두었던 죽은 개를 상대에게 쿨하게 양보합니다. 그리고 내가 실제로 목표하고있는 두번째 제안을 합니다. 그러면 상대방은 이전 제안과 새로운 제안을 비교한 뒤 두 번째 제안을 받아 들이기로 결정합니다.

- 이것과 같이 실질적으로 내가 상대방과 합의를 하고 싶었던 제안은 원래부터 두 번째 제안이었습니다. 그래서 첫 번째 제안은 아무런 의미가 없는 '테이블 위의 죽은개'와 같다는 것입니다.

- 지난 2007년 미국 측의 한미 FTA 협상에서 이같은 전술이 잘 나타납니다. 한미 FTA 농업분야 고위급 협상을 마무리하는 자리였지만 회의를 마치기 직전 미국 측 대표가 갑자기 쌀 문제를 꺼냅니다.

- 이는 미국이 한국에서 쌀이 가지는 중요성을 잘 알고 있기 때문에 이를 이용해 섬유나 자동차 등에서 미국의 요구안을 관철하려고 하는 의도였습니다.

협상의 딜레마

협상에서 비윤리적 전술을 사용하는 경우 어떻게 할 것인가?

첫째, 필수불가결하거나

둘째, 해악이 없거나

셋째, 부정적인 협상결과를 사전에 방지하거나

넷째, 보다 긍정적인 결과를 도모하거나

다섯째, 상황에 비추어 공정하고 절실하다고 판단되어야 한다

- 협상에 있어 상대방이 누구이며, 어떠한 문화적, 사회적 환경하에서 협상이 진전되는가에 따라 협상윤리의 기준이 약간의 신축성을 가질 수 있습니다. 현실적으로 그러한 비윤리적 전술을 사용하는 이유는 첫째, 필수불가결하며, 둘째, 해악이 없거나, 셋째, 부정적인 협상결과를 사전에 방지하기 위하여, 넷째, 오히려 보다 긍정적인 결과를 도모하거나, 다섯째, 전술이 상황에 비추어 볼 때 공정하고 절실하다고 판단될 때입니다.
- 한 가지 분명한 사실이 있습니다. 협상에서 윤리성이 없으면 우리는 그것을 사기라고 부른다는 것입니다.

협상의 변수와 딜레마 : 사례 분석

2. 사례 분석

Trade Facts

Office of the United States Trade Representative
June 2008
www.ustr.gov

FACT SHEET ON SOUTH KOREA BEEF PROTOCOL

The United States and South Korea concluded an agreement on April 18, 2008 to fully reopen South Korea's market to all U.S. beef and beef products consistent with international standards and the World Organization for Animal Health (OIE) guidelines. This protocol entered into force on June 26 with the publication of Korea's Import Health Requirements for U.S. Beef and Beef Products.

In response to significant public discussion in Korea regarding the resumption of U.S. beef imports, on June 20, Korean importers and U.S. exporters reached a commercial understanding that only U.S. beef from cattle under 30 months of age will be shipped to Korea, as a transitional measure, until Korean consumer confidence in U.S. beef improves. To facilitate this arrangement, the U.S. Department of Agriculture on June 26 announced the establishment of a Quality System Assessment (QSA) Program to verify that all beef shipped to Korea under the program is from cattle less than 30 months of age. We understand that if Korean inspection officials find any beef shipped to Korea during the transition period that is from cattle 30 months of age or over, they will return the beef to its owner.

The Korean market was closed to U.S. beef and beef products in December 2003 following the detection of a case of BSE in Washington State. Prior to that, Korea was the third-largest export market for U.S. beef and beef products with annual sales of $815 million in 2003, and sales had been expected to grow further.

- 한미 쇠고기 수입위생조건에 대한 협상이 2008년 4월 18일 타결되었습니다. 당시 협상 결과를 놓고 국민 건강에 대한 우려의 목소리와 소비자 권익 증대 효과에 대한 긍정적 목소리가 공존하였습니다. 따라서 협상타결된 내용과 그것이 국내에 미치는 영향 그리고 협상팀의 입장 등을 분석하는 것이 필요하다 할 것입니다. 이와 관련하여 미국 무역대표부(USTR)의 한미 쇠고기 협상 사실관계도 보고되었습니다.

- 이 협상으로 2003년 광우병 발생 이후 지금까지 수입이 금지됐던 LA 갈비 등 '뼈 있는' 미국산 쇠고기가 수입되었습니다. 검역주권을 포기한 협상으로 비판받았으며 미국은 4년 만에 뼈를 포함한 쇠고기까지 수출할 수 있는 실리를 챙겼습니다. 때문에 우리 정부가 미국과 타결한 쇠고기 협상은 거의 실패에 가까웠습니다. 당시 우리나라에서는 큰 불만이 터져 나오고 있었으며 재협상의 목소리가 높아지기도 하였습니다.

- **협상적 관점에서 보면 첫째, 시간싸움에서 졌습니다.**
쇠고기 협상 때 우리 정부는 스스로 시한에 얽매인 꼴이 되었습니다. 미국은 이미 1년 전부터 쇠고기 협상을 준비한 반면 한국은 새 대통령의 취임 이후 미국 방문 때까지 성과를 내야한다는 압박이 협상을 어렵게 만들었습니다.

- **둘째, 강력한 협상 대안을 준비하지 못했습니다.**
우리는 당시 이런저런 정치적 이유로 협상을 어렵게 진행할 수밖에 없는 처지였습니다. 협상결렬은 아예 생각도 못하는 협상이었습니다. 때문에 대안을 마련하기 더욱 어려웠습니다.

- **셋째, 협상대표단의 전문성이 없습니다.**
우리 측은 8명이었지만 미국 측은 13명으로, 수적으로 열세였고 수의·검역 전문가 중심으로 구성된 협상단은 사실상 미국 측의 국제경제·교역 등 전문가를 이기기 어려웠습니다.

Section 3

협상의 기본원칙과 전략·전술

강의 5

기본원칙

Section3에서는 협상의 기본원칙과 전략·전술을 살펴보고자 합니다. 5강에서는 기본원칙 14가지를 설명하겠습니다.

협상의 기본원칙

1. 협상의 기본원칙

○ 협상의 기본원칙이란 협상을 하게 될 때에 실제적으로 적용할 수 있는 원칙 14가지를 말한다.

○ 협상의 기본원칙

1) 목표에 도달하기 위한 밑그림을 먼저 그린다.
2) 배트나(BATNA)를 준비한다.
3) 결정권한이 있는 사람과 협상한다.
4) 입장이 아닌 이해관계에 바탕을 둔다.
5) 사람과 문제를 분리한다.
6) 상호이익이 되는 선택적 대안을 개발한다.
7) 객관적인 기준을 사용한다.
8) 주고 받는다.
9) 궁지로 몰지말고 체면과 명분을 세워준다.
10) 적극적으로 경청한다.
11) 맞불을 놓지 않는다.
12) 최고의 덕목은 인내이다.
13) 객관적 자료를 활용한다.
14) 유연성을 확보한다.

- 협상의 기본원칙이라고 함은 협상을 하게 될 때에 실제적으로 적용될 수 있는 원칙을 말하는데 이 원칙을 바탕으로 다양한 전략과 전술 등을 알아보고자 합니다.

- 협상의 전략과 전술이 다시 언급되겠지만 기본원칙도 얼마든지 전략이 될 수 있으며 전술이 하나의 전략이 될 수 있습니다. 또한 상호 보완하여 사용할 수도 있습니다. 어떤 단계에서 어떠한 원칙 혹은 전략 그리고 기술을 사용하느냐 하는 것은 언제나 협상 당사자의 몫입니다.

- 이번 강의에는 협상의 기본원칙에 대하여 차례대로 알아보겠습니다.

협상의 기본원칙

❶ 목표에 도달하기 위한 밑그림을 먼저 그린다.

○ 목표를 달성하기 위한 협상계획

○ 기본적인 협상준비
- 대안수립, 쟁점 및 우선순위, 양보한계 등

○ 협상 시나리오

○ 협상의 모의연습

→ 협상목표 달성

• 협상에서 이루고자 하는 목표가 정해졌다면 그 목표를 달성하기 위한 추진계획을 사전에 수립하는 것이 먼저 필요합니다.

• 그 다음으로 기본적인 협상준비를 해야 하는데, 대안의 수립, 쟁점 및 우선순위, 양보한계의 설정 등이 체계적으로 준비 되어야 합니다.

• 협상의 성공은 준비 90%, 노력 10%로 이루어진다는 말이 있듯이 협상에 대한 철저한 준비는 아무리 강조하여도 지나치지 않습니다. 사전 준비가 부족하다면 협상을 해서는 안 됩니다. 철저한 준비가 되지 않은 상태에서 협상에 나서면 반드시 실패하기 마련입니다. 준비가 협상 전과정의 90%를 차지한다고 할 수 있을 만큼 협상 결과는 얼마만큼 준비했느냐에 따라 결정됩니다. 준비가 충분하지 않다면 상대방을 만나 섣불리 말을 시작해서는 안 됩니다. 그럴 때는 상대방의 입장이나 주장을 들으면서 자신이 충분히 준비됐다고 판단될 때까지 시간을 벌어야 합니다.

• 계획을 실행하는 데 있어서 긍정적 요인과 부정적 요인은 무엇인지 모든 경우의 수를 나열하고 각각마다 어떻게 대처할 것인지의 협상 시나리오를 마련하여야 합니다.

• 상대방과 협상에 임하기 전 모의연습이나 훈련도 기대하는 협상의 결과를 얻어내는 데 큰 도움이 될 것입니다.

협상의 기본원칙

(1) 대안의 수립

협상의 밑그림을 그리는 중에서도
특히 대안의 수립은 아무리 강조해도 지나침이 없다.

↓

SWOT

Strengths, Weakness, Opportunities, Threats

- 협상을 할 때 항상 자신감에 넘치고 당당하게 보이는 사람이 있습니다.

- 흥분할만하기도 한데 차분함과 냉정함을 잃지 않습니다. 그렇게 되는 이유가 무엇이겠습니까? 항상 대안을 준비해놓기 때문입니다. 차선의 대안(second best)을 말합니다. 실패해도 돌아갈 곳이 있으면 사람은 도전을 더 즐기고 본인의 능력을 더 발휘할 수 있을 것입니다.

- 진행하고 있는 협상이 잘 되지 않더라도 대안이 있으니 늘 당당할 수 있는 여유와 안정을 가지게 됩니다. 따라서 협상결과도 바라는 대로 만들어 갈 가능성이 높습니다.

- 협상을 구체적으로 어떻게 준비할 것인가에 큰 도움이 되는 것으로 SWOT분석을 들 수 있습니다. SWOT분석은 전략을 수립하는 데 큰 유용성이 있습니다.

협상의 기본원칙

SWOT 분석과 도출전략

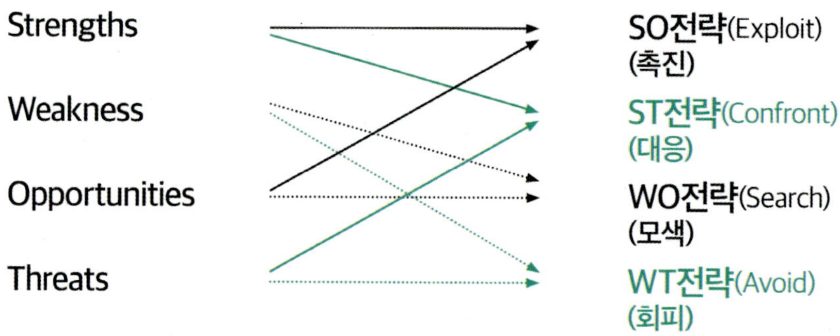

	S	W
T	대응전략(Confront)	회피전략(Avoid)
O	촉진전략(Exploit)	모색전략(Search)

- SWOT분석이란 나의 Strength(강점), Weakness(약점) 그리고 나를 제외한 상대방 혹은 외부환경 등 모든 것에 대한 Opportunities(기회), Threats(위협)을 찾아내어 당면한 문제를 분석하는 것을 말합니다. 이는 문제를 극복하기 위한 전략 수립의 필수적인 요소로 취급됩니다.

- SWOT분석에 의해 S.W.O.T가 명확하게 되면 다음과 같은 전략들을 도출할 수 있습니다.

- 강점을 가지고 기회를 활용하는 SO전략(촉진전략),

- 강점을 가지고 위협을 최소화하는 ST전략(대응전략),

- 약점을 보완하면서 기회를 살리는 WO전략(모색전략),

- 약점을 보완하면서 위협을 최소화하는 WT전략(회피전략) 등입니다.

- 따라서 SWOT분석을 통하여 자신에게 가장 적합한 전략을 선택할 수 있습니다.

협상의 기본원칙

CASE : 나는 대학 졸업 후에 대학원에 가고 싶다. 그러나 부모님은 시간이 걸려도 취직하라고 권유하신다. 이때 부모님을 협상대상으로 삼고 대학 졸업 후 취직해야 할지 아니면 대학원으로 진학해야 할지를 SWOT분석을 통해 알아보도록 하자.

강점, S
- 영어를 잘한다
- 학부성적이 우수
- 컴퓨터능력이 우수

약점, W
- 전공에 적합한 출신이 아니다.
- 가정형편의 여유가 없다.

기회요인, O
- 지식 산업시대의 도래
- 주요 대학원 입학미달
- 자매학교 유학기회 증대

위험요인, T
- 부모님은 취직을 강권하신다.
- 대학원 수료가 취직보장은 아니다.

- A군은 먼저 SO 전략(추진전략) : (영어실력+저렴한 비용의 외국유학기회)으로서 외국 대학원으로의 유학을 택할 수 있고
- ST(대응전략) : (영어실력+부모님의 취직권유)전략으로서 외국계 기업에 취업하여 외국회사의 지원으로 공부를 계속하는 전략을 택할 수도 있습니다.
- WO전략(모색전략) : (가정형편+지식산업의 시대)으로서 보다 능력위주의 인사제도를 가지고 있는 기업의 연구 개발직 등 노하우를 쌓을 수 있는 직종의 기업에 입사하여 공부를 계속해가는 방법도 있습니다.
- WT전략(회피전략) : (가정형편+부모님의 취직권유)으로 당분간 아르바이트를 하고 자신의 능력을 개발하면서 환경이 유리하게 될 때까지 설득하는 방안도 고려해 볼 수 있을 것입니다.
- 이상과 같이 자신이 선택할 수 있는 여러 전략들 중에서 자신의 목표달성 정도, 실행가능성, 환경적 요인 등을 고려하여 어떠한 전략을 최종적으로 선택할 것인가를 결정하고 부모님과 협상을 하게 된다면 부모님에 대한 설득력은 보다 높아질 것입니다.

협상의 기본원칙

(2) 이슈 및 우선순위의 결정

협상을 앞두고 논의될 이슈(쟁점)와 우선순위를 미리 준비한다.

- 대안의 수립이 이루어지고 난 후에는 그 다음의 준비단계로 협상에서 논의될 이슈 즉, 쟁점과 우선순위를 미리 준비하여야 합니다.

- 일단 모든 이슈를 나열합니다. 그 후 상대방의 입장에서 본 쟁점들을 다시 생각해보고 추가합니다.

- 나열된 쟁점에 대한 우리 측의 우선순위를 정합니다. 그 후에 상대방의 입장에서 우선순위를 결정합니다.

협상의 기본원칙

(3) 양보한계의 설정

양보한계란 Resistance Point (RP), 협상을 없던 것으로 하기보다는 그나마 받아들일 수 있게 하는 협상.

최악의 경우에 내가 어디까지 양보할 수 있는가를 미리 설정해놓아야 한다.

- 그 다음으로 준비해야 할 양보한계란 Resistance Point (RP), 협상을 없던 것으로 하기보다는 그나마 받아들일 수 있게 하는 협상입니다. 최악의 경우에 내가 어디까지 양보할 수 있는가를 미리 설정해 놓아야 합니다.

- 가령, 만약 판매자라면 팔 수 있는 최저가를, 만약 구매자라면 살 수 있는 최고가를 미리 설정할 수 있어야 합니다.

- 이러한 RP는 절대 비밀입니다.

<힌트>

연봉협상의 경우

◆ 희망하는 연봉의 가이드라인을 정한다 = 전략 없는 승부수는 없습니다. 성공적인 연봉협상을 위해서는 희망하는 연봉을 포함한 여러 가이드라인을 가지고 협상에 임하는 것이 좋습니다. 우선 절대 양보할 수 없는 마지노선을 정하고 희망연봉을 중심으로 위, 아래 수준의 연봉을 정한 후 테이블에 앉습니다. 즉 '양보가 가능하지만 희망하는 최고치의 연봉, 회사와 개인이 서로 양보하는 조건에서 합의할 수 있는 현실적인 연봉, 그리고 마지노선은 아니지만 연봉협상을 결렬시키느니 합의하는 것이 나은 수준의 연봉'으로 단계를 나누는 것입니다.

협상의 기본원칙

❷ 최상의 대안(BATNA)을 준비한다.

BATNA

= Best Alternative To a Negotiated Agreement

BATNA란, 협상이 결렬되었을 때 자신이 선택할 수 있는 최상의 대안이다.
협상을 하지 않고도 자신의 이익을 충족시켜줄 수 있는 것을 말한다.

○ 최상의 대안(BATNA)이 가지는 협상에서 의의?

○ 주택의 매매협상이 있을 경우 구매자와 집주인의 BATNA는?

- 협상에 대한 철저한 준비의 마지막은 최상의 대안 즉, 배트나(BATNA)의 마련이라고 할 수 있습니다.

- BATNA의 장점은 협상결과가 이익에 부합하는 것인지를 판단하게 해주는 기준이 되기 때문입니다. 나의 BATNA와 상대방과 합의하게 될 합의수준을 비교해 봄으로써 협상이 나의 이익을 만족시켜줄 수 있는지를 알 수 있습니다. 최종 결정이 BATNA보다 나쁘면 결정을 하지 않거나 협상을 포기하는 것이 좋습니다.

- 두 번째 장점은 BATNA를 많이 가질수록 협상력이 커질 수 있다는 점입니다. 강력한 BATNA가 있으면 상대에게 알 수 있도록 하는 것도 좋습니다. 어떻게 보면 협상의 핵심전략은 BATNA가 얼마나 강력한가입니다. 북한이 미국과 협상에 "핵무기"라는 강력한 대안을 마련해 두는 것과 같습니다. 대안을 가지지 못하면 협상을 주도하기보다는 협상에 끌려다니는 경향이 발생합니다.

- 주택을 살 때 점 찍은 주택 외에 다른 차선의 집을 찾아야 합니다. 대안이 있으면 협상결렬을 무서워하지 않고 공격적으로 협상할 수 있으며 주장을 더 강하게 내세울 수 있습니다. BATNA는 잘못 타결한 협상보다 더 많은 이익을 보장할 수 있습니다.

- 그렇다면 집주인의 BATNA는 무엇일까요?
구매자가 형편없는 가격을 제시한다면 집주인은 만약 집을 팔지 않았을 경우 어떻게 할 것인가를 고민해야 합니다.
무작정 부동산 중개시장에 놔둘 것인가? 건물을 부수고 주차장으로 만들 것인가? 등의 고민이 될 수 있을 것입니다. BATNA를 가지지 못하는 경우에는 상대가 한 행동을 똑같이 해서 힘의 균형을 맞추어야 합니다.

협상의 기본원칙

베트남 하노이에 소재한 탕릉(昇龍)왕궁에 있는 벙커로 Giap 장군이 사용하였다고 한다.

호찌민과 함께
베트남영웅으로 칭송받는
Giap장군은

주간 대신에 야간에,
평지 대신에 정글에서,
전면전 대신 게릴라전으로
대응한다 (3不 전략).

그의 베트남전쟁 승리
원동력은
"다르게 싸운다"는 것이다.

- 1954년 베트남을 식민지로 두었던 프랑스, 1975년 월남이 패망하기까지 미국과의 전쟁, 1979년 국경싸움을 벌인 중국 등 세계적인 강대국과의 전쟁을 이긴 베트남의 보구엔 지압(武元甲) 장군.

- 나폴레옹 이래의 전통적 군사전략을 무력화시킨 장본인입니다. 그를 승리로 이끈 3불지침은 "첫째, 적이 원하는 시간을 피하고 결정적 시기를 기다린다. 둘째, 적이 좋아하는 장소를 멀리하고 상대의 빈틈을 노린다. 셋째, 적이 생각하는 방법으로 싸우지 않는다."입니다.

- 강한 상대를 대상으로 협상전략을 구사할 때 얼마든지 차용될 수 있는 개념입니다. 협상에서 상대가 강하다고 하여 상대가 원하는 대로 움직이는 것이 아니라 내게 유리한 새로운 영역을 제안하며, 상대가 생각하지 못하는 새로운 대안으로 협상을 추진하는 방식 등으로 얼마든지 원용할 수 있을 것입니다.

협상의 기본원칙

❸ 결정권한이 있는 사람과 협상한다.

가능하다면 협상의 처음부터 협상결과에 직접 동의할 수 있는 책임자와 협상하는 것이 유리하다.

- 협상은 가능한 한 처음부터 합의된 결론에 직접 동의할 수 있는 책임자와 협상하는 것이 유리합니다.

- 협상의 당사자 측면에서도 협상 대표가 협상 모체로부터 의사결정에 관한 전권을 위임 받을 경우 대표단이 자신감 있게 다각도의 협상 전략을 세울 수 있기 때문에 기대하는 협상의 결과를 얻기가 한결 용이합니다.

- 그러나 의사 결정권자가 없거나 결정권자가 참여하지 않는 협상 대표단은 뚜렷한 전략을 세우지 못하고 협상에 임하여 협상의 주도권을 잡기에는 역부족인 경우가 많아지게 됩니다.
  또한 협상 대표단이 협상의 마무리에 들어갔음에도 불구하고 협상 결과의 중간보고를 받은 협상 모체가 협상 과정에서 전혀 논의되지 않았던 이슈를 제기하여 협상을 처음으로 다시 되돌려놓는 사례도 많습니다.

협상의 기본원칙

○ 그러나 반드시 결정 권한이 있는 사람과 협상하는 것만이 바람직한 것은 아니다.

○ 협상 상대방의 권한과 책임 범위를 확인하는 것이 필요하다.

- 그렇다고 하여 반드시 결정 권한이 있는 사람과 협상하는 것이 바람직하다고만 볼 수 없습니다. 실제 협상 과정에서는 협상 대표단이 상대방에게 협상 모체인 실질적 주체 즉, 결정권자가 별도로 있다는 것을 알림으로써 협상의 성급한 결정을 방지할 수 있기 때문입니다. 또한 시간의 완급을 조절할 수 있다는 측면도 무시할 수는 없습니다.

- 따라서 협상 테이블에 마주앉아 있는 상대방이 모든 결정 권한을 가지고 있는지 확인하고 협상에 임하는 것이 바람직합니다.

- 중고자동차 딜러와의 흥정이 어느 정도 마무리되고 이제 계약만 하면 되겠구나 하는 순간, 그 중고자동차 딜러는 이렇게 말합니다. "이 계약조건에 대해 저희 상무님에게 상의해봐야 합니다."

- 중고자동차 딜러와의 협상은 자동차 판매상들이 생각하는 최종선까지 가능한 한 끌어내리기 위한 수단일 뿐이고, 이번에는 중고자동차 판매회사의 상무와 두 번째 협상이 떡 버티고 있는 셈입니다.

협상의 기본원칙

TVN 드라마 「미스터 선샤인」 인물관계도로 알 수 있듯이 협상에서도 이해관계인의 분석은 매우 중요하다

드라마 미스터 선샤인의 두 주인공 유진 초이와 고애신이 '러브'를 시작한 경북 안동 길안면의 만휴정

- 사진은 드라마 「미스터션샤인」(2018)의 주요 촬영지 중 하나인 안동의 만휴정입니다. 이곳에서 두 주인공 유진초이와 고애신이 '러브'를 시작하게 됩니다. 드라마에서와 같이 유진초이(이병헌)가 조선사대부의 딸인 고애신과 결혼하려면 이해관계자가 몇이나 되겠는가 생각해봅시다.

- 결혼은 당사자의 문제이므로 미국에서 살다온 유진초이의 입장에서는 고애신을 결정권자로 생각하기 쉽습니다. 조선 사대부의 딸인 고애신이 결정 권한을 상당부분 갖고 있는 것은 사실이나 그의 조부를 비롯해 큰어머니까지, 공식적인 이해관계인은 물론이고 그녀에게 영향을 끼치는 숨은 이해관계인들이 즐비합니다.

- 협상에 있어서도 상대의 이해관계인은 물론 숨은 이해 관계인까지 파악해야 합니다. 그래야 협상이 원활하게 추진될 수 있습니다.

- 협상을 하면서 협상 상대는 물론 상대의 협상에 영향을 미치는 이해 관계인을 분리해서 생각하는 것도 필요합니다.

- 드라마와 같이 남자 주인공 유친초이가 여자 주인공 고애신과 결혼하려면 의사 결정권자인 그녀의 조부부터 의사결정에 영향을 주는 큰어머니, 협상에 우호적 혹은 적대적인 이해관계인, 그 외에 고애신이 가장 중요하게 생각하는 이해 관계인 등이 있을 것입니다.

협상의 기본원칙

제네바의 WTO본부에는 모두 21개의 회의실이 있으며 12명부터 580명에 이르기까지 다양하게 수용한다.
사진은 공식적인 회의를 마무리하는 시점에 대표자간 최종의견이 오가는 또 다른 Conference Room이다.

- 세계무역기구(WTO; World Trade Organization)는 무역 자유화로 전 세계의 경제 발전을 도모한다는 사명을 지닌 기구입니다. 1995년에 체결된 '관세 및 무역에 관한 일반 협정'인 가트(GATT: General Agreement on Tariffs and Trade)로부터 대체된 국제기구입니다.

- 2019년 현재 2016년부터 164개국의 회원으로 구성되어 있어 각국 대표단은 회의가 열릴 때마다 복잡하게 얽혀있는 이견들을 조정하기 위한 협상을 벌입니다. 보통은 각국 대표단이 개막과 함께 전체회의에서 순서에 따라 각국의 공식 입장을 밝히는 자리를 가집니다. IMF나 세계은행 등의 다른 국제기구와 달리 민주적 절차와 참여방식을 자랑합니다.

- 그렇지만 실질적인 협상은 실질적인 최종 결정 권한을 가진 30개국 정도의 대표가 참여하는 그린룸 회의를 통해 이뤄집니다. 그린룸은 스위스 제네바 WTO 사무총장실 바로 옆방으로 벽지가 초록색을 띠고 있어 그렇게 불립니다. '각국 대표의 막후접촉 장소'를 의미하는 그린룸은 극비리에 진행돼 참석한 대표가 아니면 어떤 내용이 논의됐는지 누가 참석했는지도 알 수 없습니다.
  민주적인 의사결정 절차를 자랑하는 WTO이지만 전체회의 뒤에서, 실제적인 결정권한을 가진 대표들이 밀실에 모여 막후협상을 진행하는 것은 협상의 속성이라고 볼 수 있습니다.

협상의 기본원칙

❹ 입장(Position)이 아닌 이해관계(Interest)에 초점을 둔다.

현명한 합의란 협상 당사자 모두의 이익을 확보하는 것이므로 지나친 자신의 입장에 대한 강조는 처음의 목적과는 전혀 다른 결과를 가져오게 된다.

이해관계에 초점을 둔다?

철수와 영희는 사과를 두고 서로 더 많이 차지하려고 싸우는 중이다. 그런데 나중에 알고 보니 철수는 배가 고파 사과 자체가 먹고 싶었고 영희는 사과껍질이 피부에 좋다하여 얼굴 마사지에 쓸려고 욕심을 냈다는 것이다. 그러면?

- 현명한 합의란 각자 요구하는 바가 가능한 한 충족되고, 상충되는 이해를 공평하게 조정하여 결과적으로는 관련된 모두의 이익으로 승화시키는 것이다. 따라서 지나칠 만큼 자신의 입장을 강조하면 애초의 목적과는 전혀 다른 결과를 가져올 수도 있습니다.
- 처음부터 입장을 분명히 하고 그것을 방어하면 할수록 더욱더 그 입장에 충실할 수밖에 없습니다. 나중에 입장을 바꾸는 것은 자존심을 꺾는 일로 변질되어 버릴 수도 있습니다. 그렇게 되면 애초의 목표마저도 손상시키는 결과를 가져오고 맙니다.

협상의 기본원칙

철수와 영희의 이해관계는?

○ 철수 : 배가 고프다.

○ 영희 : 얼굴 마사지 하고 싶다.

○ 철수와 영희는 사과를 누가 더 많이 차지하느냐라는 입장에 연연하여 그러한 말을 제시하게 된 근본적 이해관계에 관심을 기울이지 않았다.

해결책?

이해관계를 알았으므로 철수는 사과의 살을 더 많이 가지도록 하고 영희는 껍질을 가지도록 한다.

- 이 사례에서 각자의 입장 혹은 요구는 무엇일까요? 각자가 사과를 두고 더 많이 차지하려는 것입니다.

- 그렇다면 이해관계는? 철수는 배가 고파 사과 자체가 필요하고 영희는 피부에 좋은 사과 껍질이 탐난다는 것입니다.

- 철수와 영희는 사과를 더 많이 차지하겠다는 입장에만 골몰하였을 뿐이고 정작 자신들이 가진 이해관계에 관심을 가지지 않았습니다.

- 만약 철수와 영희가 서로 각자의 이해관계를 알려주었다면 어떻게 되었을까요?

- 상대의 입장이나 요구가 아니라 상대의 욕구, 혹은 이해관계를 더 중요시하여 본다면 양측 모두 만족할 수 있는 해결책을 찾기가 더욱 용이해질 수 있습니다.

협상의 기본원칙

○ 상대방이 어떤 입장을 나타내었을 때 상대방이 갖고 있는 이해관계가 무엇인지를 파악하는 것이 협상성공의 지름길이다.

○ 그러나 상대방이 가지고 있는 이해관계가 무엇인지를 알아내는 것은 그 사람의 마음속에 들어가 보지 않고서는 정말 어렵다는 것이 문제이다.

- 협상에 있어서 단순한 입장보다 당사자가 가지고 있는 이해관계를 조정하는 것이 더 효과적입니다.

- 모든 이해관계는 대개 그것을 충족시킬 수 있는 여러 가지 가능한 입장들을 가지고 있습니다. 사람들은 어리석게도 자신의 이해관계를 가장 잘 나타낼 수 있는 분명한 입장 하나만을 채택하고 거기에서 절대 물러나지 않으려고 합니다. 그래서 자주 싸움이 벌어지는 것입니다. 하지만 상반된 입장의 뒤에 놓여 있는 이해관계를 찾는다면 자신과 상대방의 이해관계도 충족시켜 줄 대안을 발견할 수 있을 것입니다.

협상의 기본원칙

그렇다면 상대방이 가지고 있는 이해관계를 파악할 수 있는 방법은 ?

첫째, 끊임없이 '왜', '무엇 때문에'를 물어본다.

둘째, 상대가 말할 수 있을 정도의 상호 간 신뢰구축

• 위의 두 가지 방법 외에도 일단 상대의 말을 방해하지 말고 들으려는 노력이 매우 중요합니다.

• 일반적으로 사람들은 듣기보다 말하기를 좋아합니다. 상대가 내 생각과 틀린 말을 하면 바로 잡아주고 싶은 마음이 강렬하게 들기 때문입니다. 하지만 만약 상대가 그냥 말을 하도록 놔두면 상대는 자신의 의도를 하나하나 털어놓을 가능성이 높아집니다. 방해받으면 방어를 하게 됩니다. 그리고는 자신의 비밀을 털어놓지 않습니다.

• 상대의 말에 구체적으로 관심을 보여주어야 합니다. 커뮤니케이션은 말하는 사람과 듣는 사람이 호흡을 맞출 때 상승작용을 일으키게 됩니다. 내가 하는 이야기를 열심히 들어주는 사람에게 말도 잘 됩니다. 관심은 적극적으로 표시합니다. 말에 맞장구를 쳐주거나 받아 적거나, 고개를 끄덕이는 등의 리액션이 필요합니다.

• 적어도 협상에서는 남을 잘 웃기는 사람보다는 잘 웃어주는 사람이 되어야 합니다.

협상의 기본원칙

❺ 사람과 문제를 분리한다.

협상은 의사소통 수단을 가진 사람만이 하는 행위이다.
그러나 각자 감정, 가치관 등이 다르다 보니 사람들은 사람과 문제를 동일시하는 오류를 범하게 되는 경우가 많다.

친한 친구 A와 B는 연필이 서로 자기 것이라 다툰다.

이때의 문제는 연필이 누구의 것인가이다. 그런데 "연필이 그리 탐이 나더냐. 처음부터 그럴 줄 알았다."라는 식의 말은 사람과 문제를 구분하지 않은 것이다.

- 협상이 이루어지는 다양한 상황에서 잊기 쉬운 협상의 기본 사실은 협상의 상대방 역시 본인만의 감정과 생각 그리고 가치관이 있으며 여러분과는 다른 배경과 견해를 가지고 있다는 것입니다. 그래서 그 사람의 행동은 예측하기 어렵고 더군다나 서로의 마음을 맞추어야 하는 협상이야말로 더더욱 어려울 수 밖에 없을 것입니다.

- 보통 협상에서 인간관계에 문제가 생기는 것은 실질적인 문제와 인간관계가 한데 엉키기 때문입니다. 그렇기 때문에 협상 문제의 해결에서 사람의 문제는 매우 중요한 이슈가 되기 마련입니다.

- 우리가 말과 행동을 주고 받는 동안 자신도 모르게 사람과 문제를 하나로 보기 쉽습니다. 나는 있는 사실을 이야기할 뿐인데 상대방은 자신에 대한 인신공격이라고 느끼는 경우도 그것입니다. 직장 동료가 "복도에서는 조용히 걷는 것이 좋겠다."고 말하면 "자기가 뭔데 나더러 조용히 걸어라 말아라 하는 거야?" 라며 기분이 나쁠 수도 있습니다.

- 하지만 동료의 말이 틀린 것은 아닙니다. 만약 이런 말을 들었을 때 기분이 나쁘다면 그 이유는 아마 문제와 사람을 하나로 보았기 때문일 것입니다.

- 다른 사례를 하나 더 봅시다.

협상의 기본원칙

김 부장님. 말씀드릴 게 좀 있습니다.

아. 그래? 뭔가?

왜 잡다한 일까지 저에게 맡겨 늘 야근하도록 만드십니까?
제가 뭘 그렇게 잘못했습니까?

아니. 이 사람이? 알았네.
앞으로는 절대 안 시키면
될 거 아냐.

아무리 상사이지만
사람이 그러시는 거 아닙니다.

- 사람은 그가 가진 출생배경, 가정, 교육환경 등에 의해 각자의 감정과 생각 혹은 가치관 등이 모두 다릅니다.

- 게다가 사람은 합리적인 것 같으나 동시에 쉽게 성을 내고 의기소침해지기도 하며 두려워하고 적의감을 품고 좌절하기도 하는 허약한 자아를 가지고 있는 경우가 대부분입니다.

- 그러다 보니 협상과정에서 단순한 사실을 이야기했을 뿐인데 상대방은 사실을 사실로서 받아들이지 않고 전혀 다른 사실로 인식하거나 문제와 사람을 동일시하는 오류를 범하게 됩니다.

- 사례에서 부하직원이 정말 진지한 대화, 협상을 원했다면 협상도 인간이 하는 것임을 알았어야 했습니다. 어떤 문제도 감정을 앞세우다 보면 해결보다는 대립과 갈등을 불러 일으킬 뿐입니다. 협상의 상대방 역시 본인만의 감정과 생각 그리고 가치관이 있으며 나와는 다른 배경과 견해를 가지고 있기 때문입니다.

- 협상도 사람이 하는 일!!!!! 임을 명심합시다.

협상의 기본원칙

그렇다면 사람과 문제를 어떻게 분리할 것인가?

첫째, 역지사지(易地思之)

둘째, 감정의 조절

셋째, 효과적인 의사소통

넷째, 실질적인 대안의 제시

- 첫째, 역지사지(易地思之)를 통해 상대방의 관점에서 문제를 보고 인식의 차이를 극복하려는 자세가 필요합니다. 인식의 차이는 우리 두뇌 속에 존재하는 것에 지나지 않기 때문에 다른 인지구조를 가진 상대방과 조화롭게 의견을 절충하는 기술이 필요합니다.

- 둘째, 감정을 조절할 수 있어야 합니다. 감정은 곧바로 협상을 교착 상태에 몰아넣거나 아니면 협상에 종지부를 찍을 수도 있습니다. 그러한 극단적인 일이 일어나지 않도록 상대방과의 협상 과정에서 감정을 조절하는 것이 중요합니다.

- 셋째, 효과적인 의사소통이 필요합니다. 협상은 말 그대로 서로의 의견을 조율하기 위한 활동을 말합니다. 그러다 보니 가장 중요한 것이 의사소통 기술입니다. 의사소통 기술에서 가장 중요한 것은 상대방의 이야기를 잘 듣고 자신의 의견을 상대방이 이해하기 쉽게 이야기하는 것입니다. 이런 일들이 상황에 따라서는 그렇게 쉬운 일만은 아니라는 것을 알고 되도록 필요한 말만 하는 것이 좋습니다.

- 넷째, 핵심적인 문제에 대한 실질적인 대안을 제시하려는 노력이 필요합니다. 식당에서 식사가 형편없으면 식사만 문제 삼으면 됩니다. 그렇지 않고 식당이 왜 이리 불결하냐, 종업원의 대응태도가 그게 무엇이냐 등의 문제를 따지거나 시끄럽게 굴어서는 오히려 역효과만 가져올 것입니다.

협상의 기본원칙

❻ 상호 이익이 되는 선택적 대안을 개발한다.

선택적 대안이란 사과를 두 사람이 나눈다고 할 경우와 같이 고정된 크기에만 한정하는 것이 아니라 창의력으로 사과의 크기를 늘리거나 사과의 배분 방법을 달리하는 것을 말한다.

선택적 대안 개발의 관건은 결국 창의성에 좌우된다. 기존의 일직선적인 사고에서 벗어나 창의적으로 선택적 대안을 개발하기만 하면 윈-윈(Win-Win) 하는 협상 결과를 도출할 수 있다.

그렇다면 창의성(創意性)이란

창의성은 개인은 물론 사회까지 발전시킬 수 있는 원동력이다.
협상에서도 창의성은 협상의 성공을 위한 필수적 요소이다.

- 윈-윈(Win-Win) 협상이 되기 위해서는 Zero-Sum에 함몰되어서는 안됩니다. 내가 얻는 만큼 상대방이 잃어버리는 것은 Win-Lose 승패 협상으로 끝날 수밖에 없습니다.

- 먼저 불평불만만 하지 말고 불평과 불만을 해소할 수 있는 대안을 생각하는 것이 우선입니다. 가령, 고정되어 있는 사과의 크기를 어떻게 늘릴 수 있을까요? 사과를 베어 먹고 싶은 사람, 사과씨가 필요한 사람, 껍질로 마사지하고 싶은 사람 등이 있는 것과 마찬가지로 한 입 베어 먹고 나면 그만인 사과에서 각자의 이해관계의 차이를 발견할 수만 있다면 그때부터는 사과의 크기가 커질 수 있습니다.
  각자가 가진 이익의 차이를 알 수 있고 상호보완할 수 있다면 협상으로 크기를 늘릴 수 있습니다.

- 협상 참여자 간에 선택적 대안을 개발하는 일이 필요합니다.

- 그렇다면 선택적 대안을 개발하기 위해서는 무엇이 필요할까요?

- 도저히 풀릴 수가 없을 것 같은 문제도 기존의 일직선적인 사고에서 벗어나 창조적이고 풍부한 선택적 대안을 개발하기만 한다면 윈-윈(Win-Win)이라는 성공적인 협상을 만들어 나갈 수 있습니다. 창의성이 주요한 관건입니다.

협상의 기본원칙

콜럼버스의 달걀(Egg of Columbus)

- 탁자 위의 달걀을 세우는 방법은?
- 콜럼버스가 했듯이 밑부분을 깨서 달걀을 세우면 됩니다. 달걀을 세울 것만 생각했지 룰(Rule)을 바꿀 생각을 안 한 것입니다.
- 이처럼 콜럼버스의 알은 보통 어떤 사실 뒤의 단순한 발견이나 쉽게 보는 기발한 생각을 가리키는 말입니다. 즉 어떤 일이든지 하고나면 쉽습니다. 다만 아무도 생각 못 하던 일을 누가 먼저 깨치느냐가 중요하다는 것입니다. 창의성을 이야기할때 많이 거론 되고 있습니다.
- 일반적으로 고정관념하에서 혹은 정해진 틀 속에서는 새로운 협상 대안을 생각해내기 쉽지 않습니다. 이러한 창의적 대안은 협상의 교착상태를 풀어내는데 큰 도움이 될 수 있습니다.
- 빨리 문제를 해결하겠다는 성급한 판단, 외길 인생같이 한 가지만을 생각하는 고정관념, 파이의 크기는 변하지 않는다는 고정적 전제 등이 창의적 대안을 가로막는 경우가 많습니다.

협상의 기본원칙

- 잘 삐치는 아빠가 아들에게 아빠가 좋아? 엄마가 좋아? 물었다 합시다. 그랬을 때 생각나는 대로 엄마라고 대답하면 어떻게 될까요?

- 분명 아빠는 내가 이렇게 아들과 많이 놀아 주었는데도 중요한 결정에 가서는 엄마에게 간다면서 삐칠 수도 있습니다. 그러면 섭섭한 나머지 용돈도 줄어들지 모를 일입니다.

- 이때는 룰을 깨트리는 방법을 생각해 볼 수 있습니다. 꼭 아빠 엄마 중에 양자택일해야 하는 건 아닙니다. 남자 중에는 아빠, 여자 중에는 엄마가 제일 좋다 이렇게 대답하면 그래도 협상을 할 줄 아는 사람의 대답이라고 할 것입니다.

협상의 기본원칙

싱가포르를 건설하는 데는 팀 플레이어와 이단아 모두 필요했다.

일본은 팀워크가 뛰어날지는 모르나 미국의 창의성을 이기지 못했다

미국이 황금시대를 구가하고 있는 것은 창의성 덕분이다.

LEE KUAN YEW (1923-2015)

- 위는 리콴유 총리에 대한 인터뷰 기사입니다. 규제가 많은 도시국가 싱가포르에서 발전을 위해서는 이단아가 필요하다는 내용입니다.

- 2015년 3월에 싱가포르 건국의 아버지 리콴유 전 총리가 타계했습니다. 그는 누구일까요? 서울 면적의 1.8배에 불과한 좁은 땅덩어리에, 자원도 인구도 보잘 것없는 작은 섬나라 싱가포르. 개인소득이 400달러에 불과했던 이 가난한 항구도시를 아시아 최고 수준인 5만 천 달러로 끌어올려 세계적 국가로 만든 사람입니다.

- 기사에서도 언급하듯이 리콴유 싱가포르 총리는 미국의 창의성을 높이 샀습니다. 그는 또 중국이 21세기 주도국가로서 미국을 넘어서지 못할 것이다라고 예언한 적 있는데 그는 그 이유를 창의성에서 찾았습니다. 미국은 외부세계에서 최고 인재를 끌어들여 창의력 높은 다양한 문화를 만들어내기 때문이라는 것입니다. 중국은 이런 걸 못 하는데, 그 원인은 중화사상에 있다고 봤습니다. 모든 걸 중국 중심으로 보는 시각이 오히려 발전과 혁신을 가로막고 있다는 것입니다.

협상의 기본원칙

미국 캘리포니아 실리콘 밸리 마운틴뷰(Mountain View)에 소재한 구글 본사 Googleplex 내부의 미끄럼틀

- 자유분방한 분위기때문인지 가장 일하고 싶은 회사로 손꼽히는 구글(Google). 그림처럼 사옥내부에 미끄럼틀이 있습니다. 이런 일들이 가능한 것은 회사를 일하는 곳이 아니라 새로운 idea가 넘치는 장소로 만드는 것을 표방하기 때문입니다.

- 구글의 고객은 전 세계 인터넷 사용자들입니다. 70개국 전세계 인터넷 사용자의 99%를 커버합니다. 때문에 구글의 다양성은 선택이 아니라 필수라고 하는 것입니다.

- 구글은 직원들이 낼 수 있는 최고의 아이디어는 책상에서가 아니라 카페에서의 동료와의 수다, 스카이라운지에서의 풍광을 보고 감탄할 때 탄생한다고 믿습니다. 어디에나 화이트보드가 설치되어 있는 이유입니다.

- 전통적인 방식을 고수하는 수직적 사고는 위험을 최소화할 수는 있겠지만 다양성에 기초한 상상력을 가질 수 없습니다. 때문에 창의성의 시대에는 수직적 사고(Vertical Thinking) 보다는 수평적 사고(Lateral Thinking)가 더 필요합니다.

협상의 기본원칙

그렇다면 협상에서 창의적 대안을 만들 수 있는 방법은?

첫째, **Brain Storming** 둘째, **Mind Map** 셋째, **Check List**

브레인스토밍(Brainstorming)

○ 단시간에 여러 사람의 아이디어를 얻어낼 수 있는 방법

○ 한 사람의 아이디어가 다른 사람의 아이디어를 촉발시킬 수 있는 계기

○ 협동작업으로 인한 성취감도 맛볼 수 있다.

- 브레인스토밍의 적용대상은 계획을 세울 때, 아이디어가 필요할 때, 문제에 대해 존재가능한 원인을 모두 찾으려고 할 때, 문제의 해결책을 찾고자 할 때 등입니다.

- 리더와 기록자를 선발하고 리더가 주제를 제시하여 아이디어가 나오면 모든 참여자들이 볼 수 있도록 아이디어를 분류하고 최종 아이디어를 결정하는 방식입니다.

- 브레인스토밍은 1941년 광고대리점 직원인 오스본(Allex F. Osborn)이 광고 아이디어를 얻기 위해 고안한 방법으로 알려져 있습니다.

- 브레인스토밍은 일반적으로 5~12명으로 구성되며 시작하기 전에 리더가 문제를 정리합니다.

- 브레인스토밍은 다음과 같은 규칙이 있습니다.
  ① 부정적인 감정이 사고를 저해하지 않도록 다른 사람의 의견을 비판하지 않는다. ② 허황되고 비현실적인 내용까지도 수용하는 자유분방한 분위기를 만든다. ③ 일정시간 동안 많은 아이디어를 산출하는 것이 목적이므로 질보다는 양에 치중한다. ④ 의견개진이 충분히 되면 의견에 대한 수정과 첨가를 한다.

협상의 기본원칙

마인드맵(Mind Map)

○ 마인드맵은 일명 『생각그물만들기』

○ 생각을 지도 그리듯이 핵심어를 이미지화하여 펼쳐 나가는 기법으로서 머릿속의 사고를 보다 체계적으로 정리하는 방법이다.

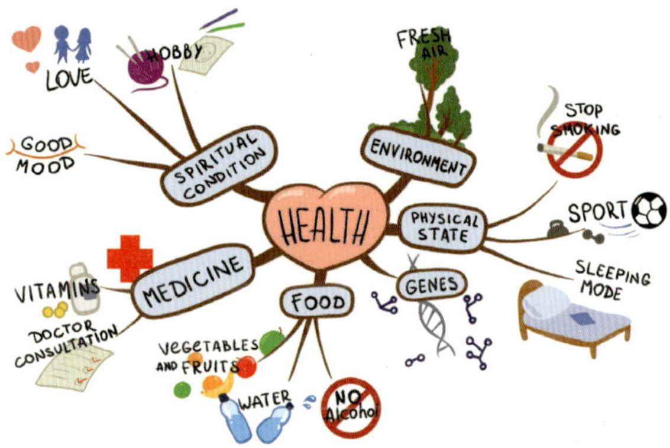

• 마인드맵은 어휘 연상을 이용하여 자신의 사고패턴에 대한 방향을 올바르게 설정하고 창출한 아이디어를 효과적으로 기록하게 해줍니다.

• 이에 대한 자세한 내용은 관련된 책을 찾아 그 개념과 방법 등을 숙지하기 바랍니다.

• 사실 이 방법이 우리나라에 처음 소개되었을 때는 기적의 암기방법으로 소개됐었고 지금도 효과적으로 공부하는 방법으로 알려져 있기 때문에 아이디어를 만들어내고 정리하는 데 도움이 됩니다.

• 그림은 Mind Map의 한 예시입니다. 건강실천 계획을 정리한 예시인데 정신건강, 약복용, 음식, 신체상태, 환경 등으로 분류하여 자칫 복잡할 수 있는 건강 실천 계획을 일목요연하게 정리하고 있습니다.

• 이처럼 마인드 맵은 기록과 정리에도 탁월하지만 방사사고(放射 思考, Radiat Thinking)의 원리에 따라 개인의 창의성을 극대화할 수 있다는 장점을 가지고 있습니다.

협상의 기본원칙

체크리스트(Check List)

체크리스트 기법은 사전에 기준을 세워놓고 그에 따라서 창의적인 생각을 만드는 방법이다.

- o 다른 용도로 쓴다면(Put to Other Use)?
- o 다른 아이디어를 적용하면(Adapt)?
- o 변경하면(Modify)?
- o 확대하면(Magnify)?
- o 축소하면(Minify)?
- o 대체하면(Substitute)?
- o 재정렬하면(Rearrange)?
- o 반전하면(Reverse)?
- o 결합하면(Combine)?

- 체크리스트 중 가장 많이 사용되는 것은 오스본의 체크리스트입니다. 그에 필요한 항목은 9가지로 이루어져 있습니다.

- 아이디어에 있어 실수가 없도록 미리 체크 항목을 명기하고 그것을 힌트로 하여 발상하도록 하는 방법입니다. 즉, Issue나 문제를 해결하기 위해 사전에 모든 항목을 설정한 후, 진행 시 하나 하나 항목을 체크하면서 아이디어를 내는 것입니다.

- 이는 브레인스토밍하고 반대되는 기법입니다. 브레인스토밍이 구성원 간에 자유롭게 이야기를 해나가는 것이라면 체크리스트 기법은 구성원 각자가 사전에 주어진 주제에 관해 기준에 따라 생각하고 아이디어를 만들어낸 후에 브레인스토밍처럼 아이디어를 교환해 나가는 것입니다.

협상의 기본원칙

❼ 객관적인 기준을 사용한다.

○ 만약 상대방과의 협상을 이기고 지는(Win-Lose) 전쟁으로 생각한다면 객관적인 기준은 필요 없다.

○ 그러나 협상을 서로 이기는 Win-Win협상이라고 생각한다면 상대를 설득할 수 있는 객관적 기준이 필요하다.

○ 객관적 기준을 사용하는 협상

- 교통사고
- 부동산 매매
- 보험금 지급 등등

○ 객관적 기준이 없을 경우 ?

• 협상 당사자들이 사용하는 기준이 다르다면 제대로 된 합의점을 찾아낼 수 없습니다. 명확하고 객관적인 기준을 어떻게 발굴하고 사용할 것인지는 협상과정에 있어 매우 중요한 문제입니다.

• 객관적인 기준을 사용하는 협상으로 교통사고, 부동산 매매, 보험금 지급협상 등을 들 수 있습니다. 교통사고의 경우 교통사고처리특례법 등의 객관적 기준을 갖고 협상에 임하기 때문에 원만한 합의가 이루어질 수 있습니다.

• 그런데 문제는 객관적 기준이 없을 경우입니다. 중고자동차 매매의 경우, 사는 사람 또는 파는 사람의 노력과 능력에 따라 중고자동차값은 거의 고무줄과 같이 변동이 심합니다. 따라서 차를 사거나 팔 때는 생활정보지나 인터넷에서 자기 차와 같은 모델, 사고 싶은 연식의 차들이 거래되는 가격을 사전에 충분히 조사해야 합니다. 이런 것들이 매매협상에 있어 객관적인 기준이 될 수 있습니다. 중고자동차 시세표도 그 기준이 될 수 있습니다. 일정한 주기마다 중고자동차 시세를 분석한 것인데 상대를 설득할 수 있는 아주 좋은 매개체가 될 수 있습니다.

• 차의 정비내역 등을 꼼꼼히 기록한 차계부가 있다면 매매협상이 한결 쉽게 이루어질 수 있을 것입니다.

• 그런데 차계부마저 없다면? 그때는 스스로 객관적인 기준을 만들어야 합니다. 가까운 정비공장을 방문하여 정비 및 점검내역서를 발급받아 활용하면 될 것입니다. 일정한 비용을 주면 사고유무, 주행거리 조작 여부, 차체 주요부위 진단결과 등을 알려줍니다.

협상의 기본원칙

이와 같이 협상에서 부딪히게 되는 갈등상황을 보다 쉽게 해결하기 위해서는 협상에서 사용될 명확하고 객관적인 기준을 찾아내야만 한다.

협상에 임하기 전에 미리 대안이 될만한 기준들을 개발하고 어떠한 경우에 이러한 기준들을 제시해야 하는가를 생각해 둔다면 보다 유리한 협상으로 이끌어갈 수 있다.

그렇다면 객관적인 기준의 요건은 무엇인가?

첫째, 객관적 기준은 최소한 양측의 의지와는 무관해야 한다.
둘째, 객관적 기준은 정당성이 있고 실용적이어야 한다.
셋째, 객관적 기준은 양측 모두에게 적용 되어야 한다.

- 일단 상대방과 자신의 갈등요소가 확인된다면 그러한 갈등요소의 표준이 될만한 객관적인 기준을 찾아보는 것이 현명합니다.

- 앞서 이야기한 중고자동차의 거래에서 누가 뭐라 해도 객관적인 자료는 중고자동차 시세표일 것입니다.

- 이러한 객관적인 기준을 활용하는 것은 상대방을 좀 더 효과적으로 설득할 수 있게 해줄 뿐만 아니라 의견에 대한 논리적 타당성도 부여하게 됩니다.

- 다양한 객관적 기준이 있을 경우 어느 것이 나에게 가장 유리한지 판단해야 합니다.

협상의 기본원칙

❽ 주고 받는다.

○ 협상과정에서 주고받기가 이루어지지 못한다면 양자가 모두 승리할 수 있는 협상의 조건과는 멀어지게 된다.

○ 따라서 협상이 시작되면 내가 반드시 지켜야 할 것은 무엇이며 상대방에게 무엇을 양보할 수 있는지 그리고 무엇을 받아내야 하는지에 대해서 미리 준비해야 한다.

○ 협상에서의 주고받기는 ZOPA(Zone of Possible Agreement) 안에서 이루어져야 한다.

• 협상과정이 진행되면서 협상은 협상 참여자 간에 자신이 가지고 있는 자원으로 '주고받기'(Give and Take)가 이루어져야 합니다.

• 협상이란 기본적으로 '주고받기'임은 당연합니다. 그러나 주고받기라 하여 아무런 원칙이나 기준도 없이 주고받아야 하는 것은 절대 아닙니다.

• 협상에서 반드시 내가 지켜야 할 것은 무엇이며 상대방에게 무엇을 양보할 수 있는지 그리고 무엇을 받아내야 하는지에 대해 사전에 조사하고 준비해두어야 합니다.

• 이는 협상의 준비과정에서 양보한계의 설정과 같은 의미이지만 주고 받을 때 우리가 반드시 염두에 두어야 할 것이 바로 협상가능 영역입니다.

• 협상가능 영역이라 함은 ZOPA(Zone of Possible Agreement) 입니다. ZOPA는 협상 당사자들을 모두 만족시키는 거래가 발생할 수 있는 즉, 타결될 수 있는 영역 또는 범위라고 정할 수 있습니다. 협상에서의 주고받기는 바로 ZOPA 안에서 각자의 우선순위에 따라 이루어지는 것이 바람직합니다.

협상의 기본원칙

상대와 충분한 협상 시간을 가졌고 협상의 마무리를 앞둔 시점이라면 어떤 각오로 협상에 임해야 좋을까?

내가 하나 양보하면 상대도 반드시 다른 하나를 양보해야 한다는 방식에 집착하지 말아야 한다.

이제는 '~하면 ~한다'는 식의 가정을 떼고 진짜 주고받기가 필요하다.

- FTA협상이 거의 마무리가 되어갈 시점에 당시 FTA 한국 협상단의 수석대표는 협상의 마무리는 결국 주고받기임을 다시 확인합니다.

- 상대가 바라는 걸 주지 않는다면 나도 원하는 걸 얻을 수 없습니다. 모든 것을 내가 가지고 주는 것은 전혀 없는 (All Take, No Give) 협상은 있을 수 없습니다.

- 이러한 주고받기를 통해 상대가 약속을 지킬 의지가 있는지, 또 그 대가로 무엇을 바라는지 정확히 알기 위해서라도 주고받는 협상이 필요합니다.

협상의 기본원칙

○ 협상이 성공적이기 위해서는 주고받기(Give and Take)가 반드시 필요하다.

○ 그러나 모든 협상이 주고받기가 이루어진다고 해서 항상 바람직한 협상결과를 만들어 낼 수 있는 것은 아니다.

- 대형마트나 시장에 시식하는 코너가 있습니다. 이는 판매자의 오래된 마케팅 전략입니다. 그림에서 소비자는 시음하지만 상당히 어색한 자세처럼 보입니다. 아마 마음속으로는 시식은 하지만 절대 안 살거야 라고 다짐하고 있을지 모릅니다.

- 물론 무료 샘플을 포함한 시식이나 시음은 일반 소비자가 먹으면 사야 한다는 구속을 시키는 것은 아닙니다. 그러나 이는 판매자가 이미 소비자에게 심리적으로 부담을 주게 되고 소비자가 시식만 하고 마음 편하게 자리를 떠나는 것이 쉽지만은 않은 것을 염두에 둔 것입니다.

- 논문 연구를 위해 설문지를 받고 싶은데 온전히 설문지만 부탁하는 것보다는 설문지를 작성하면 볼펜 하나라도 준다고 약속하면 설문지 회수율이 높아지는 것과 같습니다.

- 이를 '상호성의 법칙'이라고 부릅니다. 모든 작용에는 작용 반작용이 있다는 아이작 뉴턴(Isaac Newton)의 상호성의 법칙과 같습니다.

- 협상의 성공적인 결과가 있기 위해서는 주고받기가 이루어져야 합니다.

- 여기서 유의해야 할 것은 모든 협상이 주고받기가 이루어진다고 해서 바람직한 협상결과를 만들어낼 수 있는 것은 아니라는 사실입니다.

- 다음의 사례를 살펴봅시다.

협상의 기본원칙

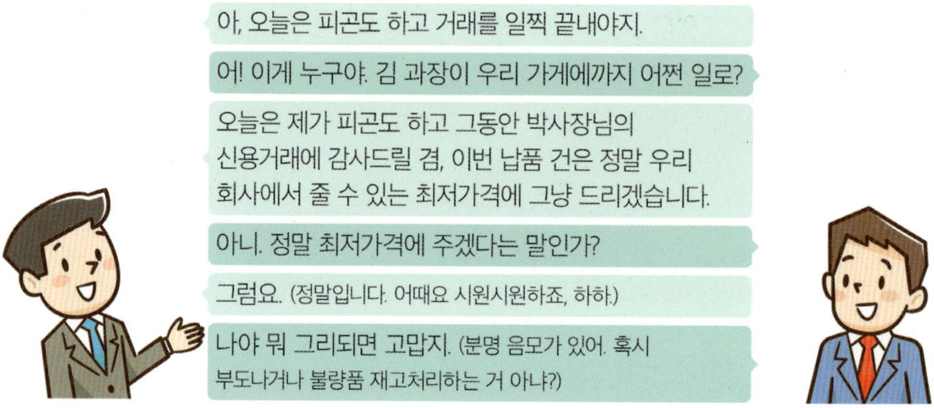

○ 협상에서 협상자가 만족감을 얻는다고 하는 것은 단순히 협상결과에만 있는 것이 아니라 주고받는 과정을 통해 만족을 줄 수 있어야 한다.

- 간단한 대화이지만 아주 많은 의미를 내포하고 있습니다. 김 과장은 정말로 박 사장에게 깨끗하게 가격을 낮추고 진심으로 가격을 제시하였습니다. 그리고 박 사장은 그동안 그렇게 염원하던 최저가격을 제시받았으나 흥정하지도 않고 선뜻 할인된 가격을 제시하는 김 과장을 오히려 의심하고 제품의 질까지도 의심하는 상황이 되어버렸습니다.

- 이러한 상황은 바로 Give and Take가 항상 가격에만 있지 않다는 것을 말해줍니다. 박 사장에게 정말 협상에 만족감을 줄 수 있으려면 김 과장은 어떻게 해야 했을까? 자신이 선의로 최저가격을 주고 싶었더라도 막연한 최저가격의 제시는 협상에 만족을 전혀 주지 못한다는 사실을 알아야 했습니다. 오히려 적당한 가격의 제안을 통해 박 사장이 원하는 가격으로 맞췄다면 박 사장은 훨씬 협상에 만족감이 커질 수 있었을 것입니다.

- 앞의 사례와 같이 협상의 결과도 만족을 주겠지만 주고받는 과정을 통해서도 만족을 줄 수 있습니다.

협상의 기본원칙

❾ 궁지로 몰지말고 체면과 명분을 세워준다.

○ 협상 파트너를 막다른 궁지로 몰 경우 협상은 극단적인 대립과 반목으로 비화하게 된다.

○ 협상에서는 내가 얻고자 하는 것을 얻으면 되기 때문에 상대방의 체면과 명분을 세워주면 오히려 협상 과정에 도움이 된다.

• 우리 한국인의 협상태도를 고쳐야 한다고 할 때, 가장 쉽게 지적될 수 있는 사항입니다. 우리들은 협상을 하면서 상대를 궁지로 몰면 협상을 잘했다고 생각하고, 상대의 체면과 명분을 세워주면 협상에서 졌다고 생각하는 경향이 있습니다.

• TV토론 프로그램에서도 마찬가지입니다. 토론의 합리적인 결론을 도출하는 것과는 상관없이 상대의 코를 납작하게 만들어야 한다고 생각합니다. 결국 아무런 결론도 없이 TV토론은 끝이 납니다.

• 왜 이런 현상이 발생하는 것일까요? 협상의 목적이 각자의 이해관계를 조정하여 공동이익을 창출하는 데 있음을 간과하고 있기 때문입니다. 협상은 상대를 궁지로 모는 것이 아니라 상대로부터 얻을 수 있는 이익을 획득하는 과정입니다. 때문에 상대를 궁지로 몰아 내가 이겼다는 느낌을 가지는 것이 중요한 것이 아니라 상대의 명분과 체면을 세워주고 대신에 나의 이익을 얻는 데 협상의 노력을 기울여야 할 것입니다.

협상의 기본원칙

티포탯 전략(Tit for Tat Strategy)

이솝우화의 여우와 두루미이야기는 전형적인 맞대응 전략의 하나

- 상대의 체면과 명분을 반드시 존중해 줄 필요는 없지만 상대를 신뢰할 수 있어야 모두에게 좋은 결과를 만들어낼 수 있습니다. 그러나 지저분한 술책(Dirty Tricks)을 쓰거나 비도덕적인 술책(Immoral Tricks)을 거리낌 없이 쓰는 상대를 만나기도 합니다.

- 상대가 비도덕적으로 나오면 나도 비도덕적인 술책을 써야하는지 의문이 생깁니다. 라이파 하버드대 교수는 상대가 비도덕적으로 나오면 나도 비도덕적으로 받아쳐야 한다고 합니다. (Raiffa Dilemma)

- 티포탯 전략이라고 있습니다. 티포탯이란 "상대가 툭 치면 나도 툭 친다."의 의미로 상대가 행동한대로 돌려주는 맞대응 전략을 말합니다. '이에는 이, 눈에는 눈' 이라고 보기도 하지만 상대에게 기본적으로 협력적·호의적이며 상대방이 배신하면 응징을 가한다는 점, 상대가 다시 협력을 구하면 용서하고 협력전략으로 복귀한다는 점 등에서 조금 다릅니다.

- 이와 같은 논리는 필요할 때는 맞서 싸우라는 트럼프의 협상전략이기도 합니다. '맞서 싸우는 (Fight Back)' 협상입니다. 즉, 협상 테이블에서 비협조적으로 나오면 상대방을 무자비하게 후려친다는 것입니다. 그러나 상대가 협조적이면 잘 대해준다는 트럼프식 협상전략입니다.

협상의 기본원칙

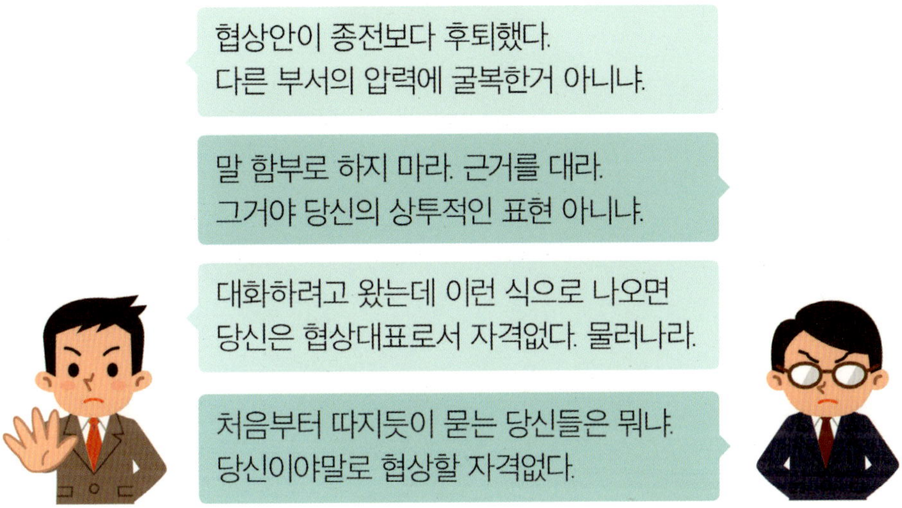

- 이 대화는 가상으로 꾸며 본 대화이지만 현실적으로 얼마든지 있을 수 있는 대화입니다.

- 협상을 하기 전부터 서로 자격이 없다고 비난하고 힐난하는 일이 실제로 협상장에서 흔히 목격됩니다.

- 특히 우리나라의 협상에선 이처럼 상대방을 먼저 비난하는 일이 많은 것이 협상을 어렵게 만드는 원인이 되고 있습니다.

- 이와 반대되는 사례를 볼까요?

협상의 기본원칙

- 끊임없이 대중과 소통하며 친근함을 쌓아온 미셸 오바마. 2014년 미국의 퍼스트레이디가 단독으로 중국을 방문한 적이 있는데 미국과 중국의 수교 35년 만의 일이었습니다. 당시는 버락 오바마 미국 대통령과 시진핑 중국 국가주석이 주요 현안을 놓고 갈등을 빚는 시기였지만 미국과 중국의 퍼스트레이디는 '판다 외교'를 펼쳤다고 평가합니다.

- 이때 미셸은 중국의 전통의상을 입거나 탁구를 함께 치고 서예를 배우기도 합니다. 중국의 상징인 판다 마을을 방문하는가 하면 학교에 들러서는 학생들과 태극권을 같이 하기도 합니다. 이는 모두 미국이 중국과 우호적 관계를 만들어내려는 것이지만 무엇보다 상대국을 존중한다는 표시입니다.

- 그렇다고 하여 미셸이 우호적인 관계로만 일관하지 않았습니다. 공개 강연을 통해 자신의 체험담을 진솔하게 밝히면서 인권과 표현의 자유가 천부의 권리임을 강조했습니다. 중국의 인권 상황이 열악하고 표현의 자유를 억압하고 있음을 간접적으로 비난한 것입니다. 미셸은 이처럼 목소리를 높이지 않고도 부드럽게 자신의 소신을 밝혔습니다. 이른바 돌직구를 던지지 않고도 충분히 메시지를 전달하였습니다. 체면을 목숨보다 소중하게 여기는 중국 사람들에게 이런 접근방식이 먹혀 들었습니다.

협상의 기본원칙

그렇다면 어떻게 체면과 명분을 세워줄 것인가?

첫째, 상대방의 말을 경청하고 존중하고 동의한다.

둘째, 상대방을 존경한다는 표시로 칭찬한다.

- 협상 상대를 궁지로 몰아가고자 하는 것은 상대에 대한 적대감에서 비롯되는 경우가 많습니다. 협상과정에서 상대방이 적대적 감정을 지니고 있을 경우, 상대방은 자신만이 옳다고 믿고 당신은 틀렸다고 확신하게 되는 경우가 많고 그에 따라 당신을 더욱 궁지로 몰게 되어 협상은 진전될 수 없게 됩니다.

- 그렇다면 상대방이 가진 적대적 감정은 어떻게 없앨까요?
첫째, 적극적인 자세로 상대방의 말에 귀를 기울이는 것입니다. 한 사람의 일방적인 말이 계속되면 듣는 사람들 모두가 지칩니다. 그러니 누군가의 말을 들어주는 것은 가장 값싼 양보라는 것을 명심해야 합니다.
둘째, 상대방의 의견을 존중하고 인정할 것. 말을 듣고 나면 다음 단계는 상대의 의견을 인정해야 합니다. 이것 없이는 상대의 적대적 감정을 완화시키지 못합니다. 상대방의 의견을 인정한다는 것이 곧 그 의견에 동의하라는 것은 아닙니다. 듣고 난 후에는 "당신 생각이 무엇인지 알겠습니다." 라고 말할 필요가 있습니다. 그러면 상대방도 당신의 의견이 옳을 수 있다라는 심리적 여유를 갖게 됩니다.
셋째, 가능한한 상대방의 의견에 최대한 동의해주어야 합니다. 자신의 뜻에 동의해주는 사람을 공격하기는 힘든 법입니다. 양보가 동의가 아님을 유의해야 합니다.
넷째, 칭찬을 합니다. 상대방이 나에게 우호적이지 않는 이유는 내가 두렵기 때문입니다. 상대방이 나에게 호감을 보이기를 기대하지 말고, 먼저 내가 상대에게 호감을 보이고 상대를 적극 칭찬해주는 것이 필요합니다. 그러나 칭찬이 좋다고 하여 무조건 칭찬만 하는 것은 역효과를 낼 수 있음을 명심해야 합니다. 처음부터 칭찬만 하는 것보다 단점을 한두 가지 말한 뒤 계속해서 칭찬하는 것이 더욱 긍정적인 결과를 도출할 수 있습니다.

협상의 기본원칙

I - Message	You - Message
나를 주어로 내 마음을 표현	너를 주어로 상대의 행동지적
상대가 부탁, 동의, 호소 느낌	상대가 거부감, 무시, 경멸느낌
상대의 양심과 선한 마음에 호소	상대의 분풀이와 공격 유발
늦게 들어오는 바람에 엄마가 얼마나 걱정했는지 몰라.	도대체 지금이 몇 신데 이제 들어오는 거야 ? 들어오지 말지 왜.

- 대화할 때 상대방을 비난한다거나 책임을 묻는 등 평가하는 말은 효과적인 대화를 해치게 됩니다. 비난을 하다 보면 언쟁으로 이어지고 문제를 해결하는 것이 아닌 감정적으로 상대를 이기기 위한 싸움으로 변질되기 마련입니다.
- 상대에게 공감하는 상호 긍정적인 대화로 이어지고 싶을 때 나의 입장이나 생각을 솔직하게 표현하는 방법이 바로 '나 전달법(I-Message)'입니다.

협상의 기본원칙

⑩ 적극적으로 경청한다.

○ 협상이 진행되려면 우선 상대방의 존재를 인정하는 것이 필요하고 그 다음에는 상대방의 이야기를 일단 경청하는 것이 중요하다.

○ 이야기를 듣고 난 후 동의하거나 반대를 하거나 하는 것은 차후의 일이다.

○ 경청한다는 것은 상대방이 무엇을 말하고 있는지 관심을 갖고 듣는 것을 말한다.

○ 다른 사람의 말을 열심히 듣는 만큼 그 사람도 나의 말을 열심히 들어줄 것이다.

- 협상의 성공을 위해 상대의 이야기를 경청한다는 것은 아무리 강조해도 지나침이 없습니다.

- 듣는 데에는 세 가지의 종류가 있습니다.

- 상대가 전해주는 이야기 자체를 들어주는 것에 만족하는 소극적인 듣기입니다. 상대의 말에 옳고 그름을 표시하는 일도 없습니다. 그냥 듣기만 하는 자세인데 상대가 계속 말할 수 있도록 하여 상대의 정보를 자연스럽게 알 수 있는 방법입니다.

- 두 번째로 상대가 더 열심히 말하도록 하는 기술을 사용하는 단계입니다. 경청의 효과를 더욱 높이고자 하는 것인데, 쉽게 말해 판소리의 고수(鼓手)가 되는 것입니다. 상대방의 이야기를 메모지에 열심히 받아 적거나 이야기 도중 고개를 끄덕이거나 가벼운 감탄사를 사용하는 것이 여기에 해당합니다. 아, 그래요/아하 ! /그것 참 재미있군요 등입니다.

- 세 번째로, 가장 적극적인 듣기 자세인데, 상대의 이야기를 내 입장에서 정리하여 다시 상대에게 이야기를 요구하는 것입니다. 또 상대의 이야기에 모호한 부분이 있거나 이해하지 못한 부분은 재차 설명을 해달라는 요구도 이에 포함됩니다.

협상의 기본원칙

으 … 선생님 괴로워요.

대화 잘 해보려고 스피치 책도 읽었지만 대화 솜씨가 영 늘지 않아요.

조리있고 재미있게 말하는 데도 돌아오는 대답은 늘 "NO"예요.

대화를 하려면 입이 안 떨어져요.

도대체 무슨 말부터 해야 하죠?

생각보다 간단합니다.

대화가 안 되는 이유는 듣지 않기 때문입니다. 일단 귀를 막고 있는 손을 떼시고 시작하죠.

- 대화에서 3분의 2 원칙이 있습니다.

- 세계적인 생활용품 회사 P&G의 최고경영자 래프리는 대화시간의 3분의 2를 다른 사람의 의견을 듣고 나머지 3분의 1은 질문에 대답하는 데 힘쓴다고 합니다.

- 그가 P&G의 CEO에 취임하였을 때입니다. 상대적으로 무명이었던 그가 전 세계 10만명의 종업원을 가진 P&G의 CEO가 되자 회사 주가가 떨어지고 여기저기서 비방하는 목소리가 커졌습니다.

- 그래서 그는 회사 구내식당, 강당 어디에서든 직원들과 이야기를 시작하였고 3분의 2원칙을 지켰다고 합니다. 이를 통해 그는 반대자들의 목소리를 가라앉히고 많은 사람을 자기 편으로 끌어들이는 데 성공했습니다.

- 사람들에게 환영받고 긍정적인 피드백을 가지려면 적게 말하고 많이 들어야 하는 것입니다.

협상의 기본원칙

- 의사 중의 일부는 환자와 대화할 때 가급적 감정을 드러내지 않고 의학지식만을 전달하는 경우가 비교적 많습니다. 환자가 진료실에 들어오면서 인사해도 반응을 보이지 않거나, 나이가 많은 환자에게도 반말과 존대어를 섞어 쓰거나, 반말로 하는 경우를 자주 봅니다. 환자는 기분이 썩 좋지는 않지만 지금 당장 의사의 의학지식과 경험이 필요하기 때문에 대수롭지 않게 넘어가기도 합니다. 또한 진료과정에서 의사가 환자의 진술을 막거나 답변을 제대로 듣지 않는 경우도 많습니다.

- 그러나 의사가 환자에게서 협조를 얻으려면 환자의 설명을 경청하여야 합니다. 오히려 의학용어를 말하는 방식이 정확한 진료를 방해하는 결과를 낳는 경우도 있습니다.

- 이와 관련하여 흥미로운 연구결과가 있습니다. 미국 하버드대 공중보건 연구진이 2011년부터 2014년까지 4년간 일반전문의에게 입원 치료를 받은 65세 이상 환자 20%의 의료 기록을 무작위로 조사했더니 “여자 의사들이 남자 의사들보다 근거에 기반을 둔 의술을 펼치고 임상 지침을 더 잘 따른다”면서 “환자와 소통하는 여의사들의 방식이 더욱 효과적”이라고 평했습니다. 이러한 성향 덕분에 여자 의사들이 남자 의사들 보다 환자를 더욱 건강한 삶으로 이끈 것으로 보인다는 것입니다.

- 존스홉킨스 대학도 비슷한 연구결과를 발표한 적 있습니다. 존스홉킨스의 블룸버그 공중보건학교 연구진에 따르면 여성주치의들이 남성주치의보다 환자의 말을 듣는 데 더 많은 시간을 할애한다는 것입니다. 이 연구결과는 결과적으로 환자들이 자신에게 귀를 기울이는 의사를 찾는 것이 중요함을 보여줍니다.

협상의 기본원칙

협상에서 상대방에게 말할 수 있는 기회를 주는 것은 좋지만 그렇다고 해서 상대방이 자신의 일방적인 의견설명과 주장으로 대화를 끝내서는 곤란하다.

이때는 적절하게 상대방의 이야기를 중단시키는 것도 필요하다.

- 아무리 듣기가 좋다고 하여도 상대방만 계속 말하도록 하는 것은 협상에서 무의미합니다. 적절하게 상대방의 이야기를 중지시키는 것도 필요합니다.

- "그런데 말이죠. 지금까지의 내용을 한번 정리해봅시다." "방금 하신 말씀은 결국 이런 의미인가요?" 등으로 상대의 이야기를 쉬게 하도록 하는 것입니다.

- 이러한 행동들은 상대방의 이야기가 나에 의해 지금 정리되어 받아 들여지고 있으며 내 입장에서는 이런 방향으로 해석할 수도 있다는 것을 알려주는 것과 같습니다. 만약 상대방이 현명하다면 나의 생각과 의견을 물어볼 것입니다.

협상의 기본원칙

⓫ 맞불을 놓지 않는다.

○ 협상에서 상대방의 제안에 “눈에는 눈, 이에는 이”라는 식으로 맞불을 놓는 것이 가장 위험하다.

○ 상대방은 오히려 의도적으로 나의 성급한 반응과 결정을 유도하고 있는 지도 모른다. 어리석게도 그에 말려든다면 나 자신도 모르게 이미 협상 본래의 목적을 잊어버리는 경우도 많다.

• 협상자들이 자주 저지르는 협상장에서의 실수입니다. 협상장에서 상대방의 제안에 맞불을 놓는 것 만큼 위험한 것도 없습니다.

• 협상장에서는 의례히 자기의 이익에 관한 주장만 반복하거나 그것이 잘 먹혀들지 않을 경우 강도 높은 공격 혹은 비난성 발언을 할 수도 있습니다.

• 그것이 잦아지다 보면 다른 일방도 흥분해 상대방의 주장을 반박하며 싸움으로 발전하는 사례가 많습니다. 한 사람의 감정분출은 또 다른 사람의 감정폭발로 이어져 결국 협상장은 격렬한 진흙탕 싸움이 되고 맙니다.

• 우리가 한가지 유의해야 할 것은 상대방이 혹시 의도적으로 나를 흥분시키고 감정이 폭발하도록 유도하고 있는 것은 아닌지 생각해봐야 한다는 것입니다.

• 그 낚시에 나 자신이 걸려들고 있다면 속으로 상대방은 쾌재를 부르고 있을지도 모릅니다. 그때부터 나는 상대의 전략과 전술에 그대로 노출되고 맙니다.

협상의 기본원칙

- WTO 상소기구는 2019년 4월 11일 일본이 제소한 한국의 후쿠시마 수산물 수입금지 조치 제소사건에서 1심 판정을 뒤집고 한국이 승소하였음을 밝혔습니다. 한국의 수입금지 조치가 자의적 차별에 해당하지 않으며 부당한 무역 제한이 아니므로 타당하다는 판단입니다.

- 그러나 이러한 판정에도 일본의 고노 외무상은 WTO 판정에 유감을 표하고 한국에 수입금지 해제를 계속 요구하겠다고 밝혔습니다.

- 이 정도면 막무가내인 셈입니다. 일본의 이같은 요구에 우리는 어떻게 대응해야 할까요?
  그렇습니다. 거부가 답입니다. 이번 승소에 대해서 일본의 억지요구에 자극될 이유도 휘말릴 필요도 없습니다.

협상의 기본원칙

⑫ 최고의 덕목은 인내이다.

○ 인내는 협상가의 필수적인 자질이다.

- 상대의 제안이 유리하다 싶어 덥석 수락하거나
- 상대가 나의 제안에 빨리 반응을 안 보인다고
- 이성을 잃어 버리게 된다면 협상은 실패할 가능성이 높아진다.

○ 실제 협상 진행 중에 고의로 화를 내거나 상식 밖의 행동으로 상대방의 마음을 혼란케 하는 경우는 대부분 상대방의 협상 결심을 뒤흔드는 전략인 경우가 많다.

• 성공적인 협상을 기대하기 위해서는 인내가 필수적입니다.

• 협상장에서 상대방이 가장 좋아하는 스타일은 쉽게 항복하는 사람들입니다.

• 가장 최악의 경우는 상대의 돌발적 압력과 회유 등에 아예 단절하는 경우입니다. 잦은 단절은 결국 어디에서도 좋은 관계를 맺지 못하고 항상 다시 시작해야만 합니다. 단절은 가장 최후에 선택하는 대안임을 명심해야 합니다.

• 상대의 의도적인 전략과 전술에 쉽게 항복하거나 단절하는 사태 등은 협상에 전혀 도움이 되지않습니다. 일단 상대의 의도적인 전략 전술에 시간을 갖고 대응하는 인내의 방법을 몸에 익히는 것이 협상가에게는 필수임을 명심 또 명심해야 합니다.

협상의 기본원칙

공기무비, 출기불의(攻其無備, 出其不意)

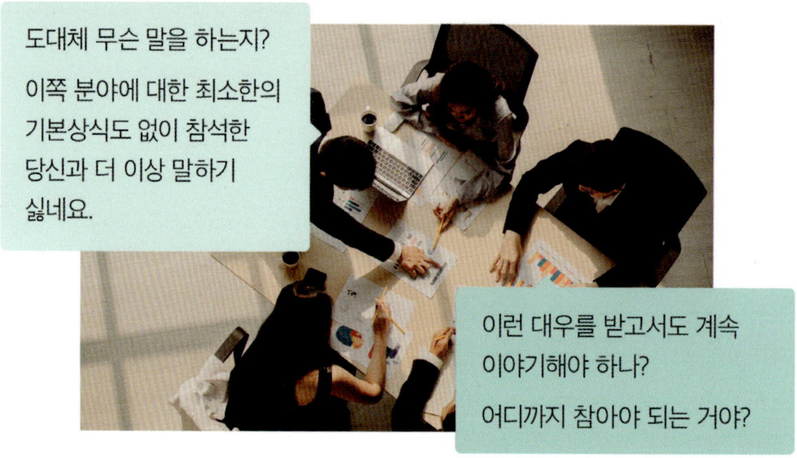

- 이는 손자병법 시계편에 나오는 기습공격 전술로 유명합니다. 적이 준비하지 못한 곳을 공격하고 예상하지 못한 때에 공격한다로 풀이됩니다.

- 이는 중국의 협상술에도 이용되고 있습니다. 협상 상대를 혼란에 빠뜨리고 의지와 전략을 무력화시키기 위해 갑자기 장소와 시간을 변경하거나 상대가 절대 받아들일 수 없는 어젠다를 사전 약속도 없이 불쑥 꺼내기도 합니다. 이러한 전술에 휘말려 들면 협상과정은 엉망이 되고 맙니다.

- 실제 협상 진행 중에 고의로 화를 내거나 상식 밖의 행동으로 상대의 마음을 뒤흔드는 경우는 대부분 상대 협상 결심을 뒤흔드는 전략인 경우가 많습니다.

그러면 어떻게 대처해야 좋을까요?

- 참을 수 없을 만큼 부당하고 무례하다면 참지 말고 상대방의 잘못된 점을 이야기하는 것도 필요합니다. 하지만 그 부당한 언행이 있더라도 내가 바라는 목표가 있다면 참을 필요도 있습니다.

- 내가 바라는 목표가 더 크다면 그까짓 부당한 언어 공격들은 얼마든지 한쪽 귀로 흘려듣거나 회피하는 등 참아낼 수 있다는 것입니다.

- 협상에서 상대가 무례하고 부당하게 나를 대한다면 그것은 오히려 상대가 나를 당황하게 하기 위한 협상 전략이 아닐까 생각할 수 있어야 합니다.

협상의 기본원칙

그렇다면 협상에서 인내하는 방법은 무엇인가?

첫째, 협상의 지엽적인 것보다 처음의 목표를 염두

둘째, 중요한 결정에는 반드시 시간을 두고 결정할 것

셋째, 의도적으로 나의 인내심을 시험하려는 상대방에게 응수하는 것은 오히려 상대의 전략에 말려드는 것

- 지엽적인 것에 연연해하면서 협상을 하다 보면 처음 가졌던 목표를 잊어버리는 경우가 많습니다. 당장 눈앞의 상황만을 보고 성급한 결정을 내리는 것만큼 어리석은 일은 없습니다. 나무를 보지 말고 숲을 보라는 것입니다. 순간보다는 더 큰 흐름을 파악하고 전체적인 상황을 인식하는 것이 중요합니다.

- 그 다음으로 무조건 시간을 벌어야 합니다. 시간적인 여유가 없으면 객관적이고 논리적인 사고를 하기가 아무래도 힘듭니다. 따라서 인내하지도 못합니다. 일단 시간을 벌어서 심리적인 안정을 찾아야 합니다. 협상장에서 상대가 계속 나의 감정을 건드릴 때는 말을 하지 않는 것이 큰 도움이 됩니다. 아니면 휴식시간을 가지자고 제안을 합니다. 중요한 결정을 즉석에서 내리는 것은 절대 금물 입니다.

- 상대의 의도적인 전략전술에 반응하거나 응수해서는 안 됩니다. 협상하기 어려운 상대를 만났을 때는, 상대의 의도적인 행동을 바로 잡으려고 하는 것이 아니라 그의 의도적인 행동에 대한 나의 행동을 조정하는 것이 필요합니다.

협상의 기본원칙

⑬ 객관적 자료(기록)를 활용한다.

○ 문서는 단순한 말보다는 그 영향력이 매우 크다.

○ 단순히 타이핑하기만 해도 사람들은 그 글자들이 바뀌어질 수 있다고 생각하기보다는 불변의 기정사실로 인정하게 된다.

○ 상대방과의 의견차이가 클 경우 명문화된 기록으로 남기면 자신의 생각과 의견을 말하는 데 신중해져서 실무적인 협상을 원활하게 진행할 수 있게 된다.

- 객관적인 자료는 단순한 말보다는 그 영향력이 매우 큽니다.

- 사람들은 단순히 타이핑하거나 인쇄한 것임에도 불구하고 글을 읽는 순간 기정사실로 인정하게 됩니다.

- 때문에 협상하는 과정에서 이 기록을 적절히 활용하는 것이 중요합니다.

- 협상과정에서도 상대방과의 의견차이가 클 경우, 각자의 입장을 명확히 하기 위해 명문화된 기록으로 남기면 자신의 생각과 의견을 말하는 데 신중해져서 실무적인 협상을 원활하게 진행할 수 있습니다.

- 또한 계속 협상 대화가 오고가는 과정에서 중요한 내용이나 최종 합의에 도달하기 전까지 이루어놓은 조그마한 합의사항도 문서로 기록해놓는 것이 필요합니다. 그렇지 않을 경우 언제든지 다른 합의를 하기 위해 기존의 합의마저 쉽게 뒤집을 수 있는 가능성이 있기 때문입니다.

협상의 기본원칙

상호 간에 분쟁이 있을 경우 당사지들은 협상을 통해 문제를 해결하기도 하지만 조정(Mediation)이나 중재(Arbitration)기법을 사용한다.

보통 조정과 중재는 증거 제출 여부와 제3자 결정의 구속력 여부에 따라 구분된다.

- 가령 부동산 가격협상의 경우 국토교통부의 실거래가 공개시스템을 활용하면 객관적인 기준에 입각한 협상이 얼마든지 가능합니다.

- 부동산을 매입할 경우 상대방이 얼마의 금액으로 부르든지 간에 우리는 어떤 가격이 적정한지에 대한 기준을 국토교통부 실거래가 공개시스템에 접속하면 쉽게 알 수 있습니다.

- 국토교통부의 실거래가 공개시스템에 접속하면 각 지역마다 아파트, 연립 다세대주택, 오피스텔 등 부동산의 유형별 거래금액이 시기별로 정확히 기재돼 있습니다. 부동산 가격협상에 활용할 수 있는 좋은 자료입니다.

- 협상이 타결될 기미가 안 보인다면 법원의 판결이나 정부나 협회의 중재 등을 통해 해결하는 것도 방법입니다. 협상의 주체 모두가 믿을 만한 제3자가 중재한다면 객관적인 협상 절차가 될 것입니다.

- 가령, 상사 분야에서 다양한 분쟁이 일어날 때 복잡하고 시간이 오래 걸리는 법원의 판결을 이용할 수도 있지만 상사 중재원같은 제3의 기관에 의한 조정과 중재를 한다면 양측이 만족할 수 있는 협상결과를 얻기도 합니다.

- 이러한 분쟁해결방법을 대체적 분쟁해결제도(ADR, Alternative Dispute Resolution)라고 하는데 분쟁 당사자의 자주적인 의사와 관여에 의한 해결방법으로 갈등과 분쟁을 해결합니다.

협상의 기본원칙

모든 협상은 합의서나 계약서로 평가받게 된다.

협상 과정 동안 말하기조차 어려운 험난한 길을 걸어 자랑스러운 합의를 이끌어내었다고 하여도 협상의 마지막 결과물인 합의서나 계약서가 부실하다면 아무 소용이 없다.

- 용두사미라는 말이 있듯이 무슨 일이든지 마무리를 잘하는 것이 중요합니다. 협상에서도 마찬가지입니다.
- 모든 협상과 계약은 합의서나 계약서로 평가받게 됩니다.
- 협상 과정에서는 수많은 고비가 있을 것이고 우여곡절이 있겠지만 마무리 단계에서 남는 성과물은 합의서나 계약서뿐입니다.
- 특히 많은 이해관계가 걸려있는 기업 등과 합의서나 계약서를 작성할 때는 협상가라고 한다면 필히 민법이나 상법에 대한 기본적인 지식은 갖추고 있어야 합니다. 합의서나 계약서를 남길 때는 단어 하나하나의 개념을 정확히 알고 있어야 합니다. '괜찮겠지' 하는 생각으로 무신경하게 계약을 체결했다가 나중에 땅을 치고 후회하는 경우가 자주 발생합니다.

협상의 기본원칙

⑭ 유연성을 확보한다.

○ 협상은 자신의 이익과 연관되기 때문에 자칫하면 경직 되기 쉽다.

○ 따라서 협상의 원만한 결과를 도출해내기 위해서는 협상을 부드럽고 유연하게 진행할 필요가 있다.

○ 유머의 활용

내 명색이 그래도 총을 든 강도다. 들어올 때 컴컴한 데서 어떻게 감히 나를 두드려 팰 수 있었던 거야. (씩씩)

술먹고 들어오는 남편인줄 알았어요. 죄송해요.

• 협상에 있어 유연성의 확보는 특히 요즘 협상가들에게 많이 요구되고 있는 덕목입니다.

• 협상의 과정에서 협상 참여자들은 서로 자신의 이익을 확보하려는 경향이 많기 때문에 자칫 경직될 수 있습니다.

• 이러한 때 협상의 원만한 결과를 도출하기 위해서는 무엇보다 협상 과정에서 처음부터 끝까지 부드러움과 유연성을 기할 필요가 있습니다.

• 목숨을 잃을 수도 있는 인질로 잡혀있다면 어떻게 해야 할까요? 인질이 되거나 납치된 상황에서 자신을 헐리우드 영화의 주인공으로 생각하면 곤란합니다. 멋지게 범인을 제압하고 탈출하거나 어디선가 용감한 경찰이 나타나 구해줄 거라고 쉽게 판단하는 것은 영화에서나 가능한 일이기 때문입니다.

• 특히 인질범 혹은 강도와 논쟁을 벌이는 것은 절대 금물입니다. 답답하지만 지금의 현실을 인정하고 받아들여야 합니다. 인질범의 말에는 무조건 복종하는 것이 좋습니다. 비위를 맞춰주어야 합니다. 인질범과 대화를 할 때 때로는 유머를 쓰는 것도 좋습니다. 범인도 인간이기 때문입니다.

• 극한 상황에서도 유머를 적절히 잘 활용하면 좋은 결과를 낳을 수 있는 것과 같이 유머는 인간관계의 밑거름이 됨은 물론 협상에서도 긍정적인 효과를 발휘하는데 큰 도움이 됩니다.

협상의 기본원칙

레이건 대통령이 총에 맞고도 수술하는 집도의들에게 "당신들이 공화당원이라고 말해달라"는 조크를 건넨 것은 자신이 암살 시도에도 끄떡없다는 사실을 국민에게 알리는 것이 중요하다는 것, 그리고 딱딱한 메시지보다는 유머를 통해 건재함을 알리는 것이 더 효과적이라는 것을 알았기 때문이다.

- 1981년 3월 30일 워싱턴DC에서 미국의 레이건 대통령에 대한 암살미수사건(Reagan Assassination Attempt)이 일어납니다.

- 이때 레이건은 출혈을 동반한 중상을 입고 있음에도 불구하고 자신의 가슴에서 총알을 제거하는 수술 전에 집도 의사들에게 "당신들 모두가 공화당원이라고 말해줘요.(Please tell me you're all Republicans.)"라고 농담을 던졌다고 합니다.

- 집도 의사는 민주당원이었지만 "대통령님 오늘 하루 우리는 모두 공화당원입니다.(We're all Republicans today)"라고 대답해 레이건을 만족시켰을 뿐만 아니라 미국민을 안심시켰다고 합니다.

- 수술 이후에도 레이건은 여전히 위트를 구사합니다. 여간호사가 수면에 걸린 레이건 대통령을 지켜보면서 그의 손을 잡고 있었는데, 레이건이 잠에서 깬뒤 여간호사가 자신의 손을 잡고 있는 것을 보고는 그녀에게 이렇게 말했다고 합니다. "나의 아내 낸시도 우리 사이에 대해서 알고 있나요?"

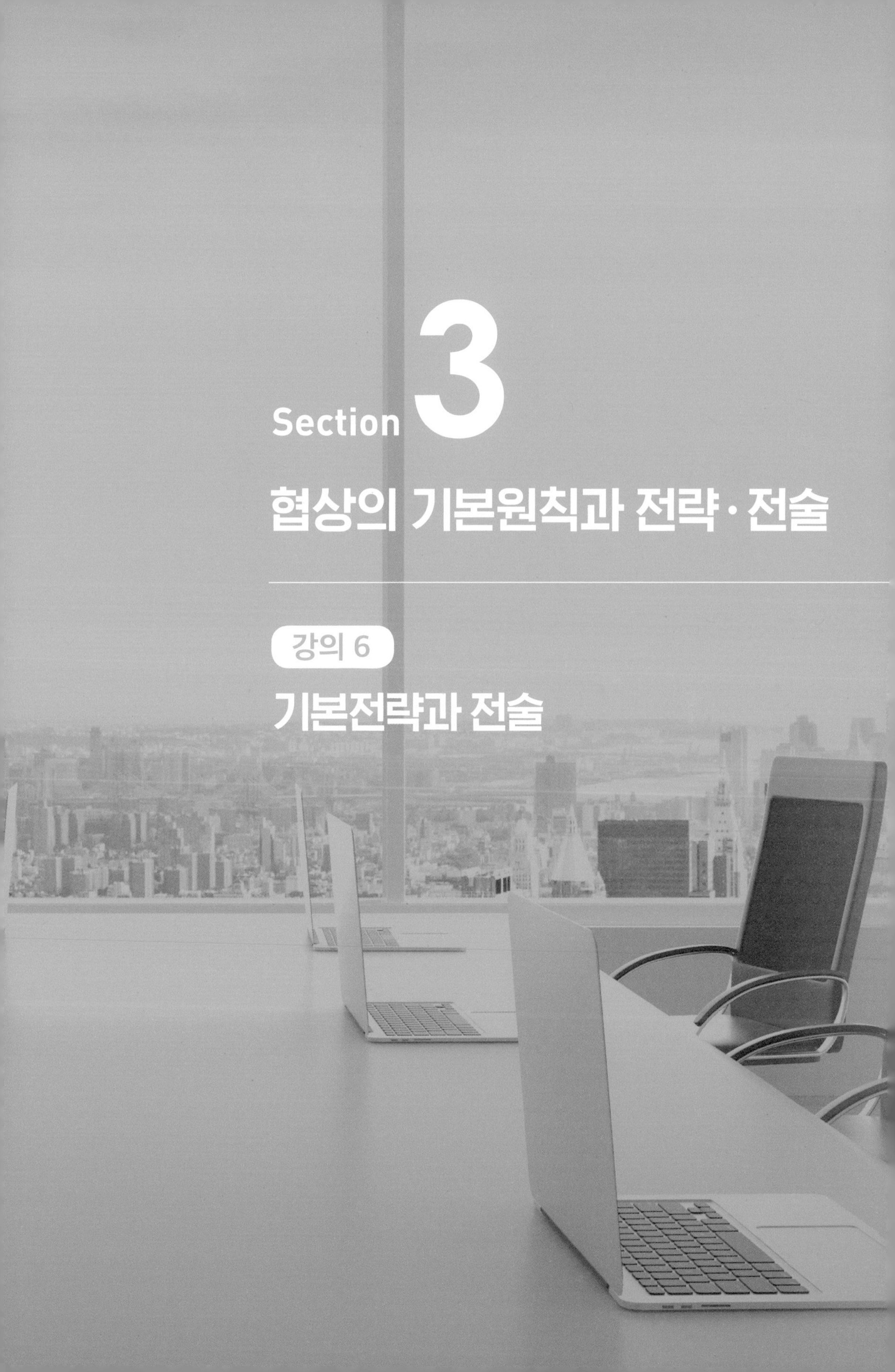

Section 3

협상의 기본원칙과 전략·전술

강의 6

기본전략과 전술

Section3의 협상의 기본원칙과 전략 · 전술 중에서 6강에서는 기본전략과 전술에 대해 알아보도록 하겠습니다.

기본전략

1. 기본전략

전략이란 제한된 상황에서 목표를 달성하기 위한 효과적이며 효율적인 방법을 말한다.

1) 논리·분석형 전략
2) 직관형 전략
3) 감성형 전략
4) 원칙주의적 강성형 전략
5) 마키아벨리형 전략

❶ 논리·분석형 전략

협상의 진행 중에 모든 과정과 절차들을 사실에 근거한 논리적인 의사소통을 통해 상대방을 설득하고자 하는 전략

- 협상을 할 때 어떠한 방식으로 접근할까요? 이를 협상의 전략유형으로 볼 수 있는데, 협상의 주요전략은 크게 다섯 가지 정도로 나누어 볼 수 있습니다.

- 먼저 논리·분석형 전략을 살펴봅시다.

- 협상에서 논리와 근거가 되는 객관적 자료가 중요하다는 것은 아무리 강조해도 지나침이 없습니다. 본인의 협상논리를 이끌어가는 데도 필요하지만 상대가 나의 주장을 무너뜨리려는 논리에 대응하기 위해서도 반드시 필요합니다. 때문에 협상 준비단계에서 가장 기본적인 사항이 협상과 관련된 수많은 데이터와 자료가 필요한 이유입니다.

- 논리·분석형 전략은 어떤 사실이나 진실은 분명히 밝혀진다고 믿으며 그를 바탕으로 논리적으로 협상을 진행하고자 합니다. 문제들을 정확히 파악하며 사실들 간의 모순이 없도록 철저히 분석하려고 합니다. 또한 개인의 감정적 측면을 도외시하려 합니다. 그 대신에 증거를 찾고, 말한 내용을 문서화하려는 경향이 매우 강하게 나타납니다.

- 그러나 사실이 무엇인지 명백하지 않을 경우, 사실이 의도적으로 어느 한쪽에 의해 왜곡될 경우에는 협상이 교착상태에 빠지기 쉽습니다.

기본전략

❷ 직관형 전략

객관적 판단이나 추론보다는 개인의 경험과 지식에 의거, 사물 혹은 대상을 주관적으로 인식하는 직관(直觀)을 이용하여 협상을 이끌어가는 전략

- 서양인들이 논리·분석형에 가깝다면 동양인들은 직관형 전략을 택하는 경우가 더 많다고 볼 수 있습니다. 이러한 경향을 가지게 된 배경을 살펴보자면 이렇게 추론할 수 있습니다. 서양인들은 수렵사회중심이었기에 집단보다는 개인이 더 중요한 삶의 단위였고 그에 비해 동양인들은 농경사회의 영향으로 개인보다는 집단을 강조하였습니다. 때문에 사고방식에서도 서양인들은 직접 분석하고 사실 확인 후에 움직이는 경향인 반면 동양인들은 자신의 직접적인 분석과 논리에 의존하기보다 전체의 의견을 더 존중하는 경향이 있습니다.

- 협상 유형에서도 동양인들은 서양인과 같이 하나하나 사실에 근거하여 객관적으로 따지기보다는 개인의 경험과 지식에 의거하여 주관적인 입장에서 전체적인 상황 맥락을 더 중요시하는 직관형 전략을 택하는 경우가 많습니다.

- 일반적으로 직관(直觀, Intuition)이란 대상을 인식하고자 할 때 판단이나 추론 등을 더 이상 개입시키지 않고, 직접적으로 파악하는 것을 말합니다.

- 그러나 직관형 전략은 협상 과정상의 세부적인 것에 주의를 기울이지 않는 경향이 있으며 부정확한 정보에 근거하여 판단을 내릴 수 있습니다.

기본전략

❸ 감성형 전략

논리적이라기보다는 상대방의 감성을 자극하여 협상을 이끌어가는 전략

- 협상을 진행하다 보면 논리적으로 해결책을 찾기 어렵거나 협상 참여자 간에 서로의 의견과 주장이 팽팽하여 긴장하거나 협상이 교착상태에 빠질 경우가 많습니다. 이러할 때 쓰여질 수 있는 것이 감성(感性, Emotion)전략입니다.

- 감성 전략은 사람의 무의식을 끊임없이 자극하면 행동의 변화까지 불러올 수 있다는 믿음에 근거합니다.

- 강의를 하다 보면 강의를 듣는 사람이 수백 명이라고 해도 몇 초 만에 호감이 가는 사람이 있습니다. 그 후에도 출석이나 발표과정을 통해서 호감이 가는 사람을 발견하곤 하는데 이는 무엇 때문일까요?

- 바로 이미지 때문입니다. 가령 원래 아무런 관계도 없었는데 얼굴에 항상 미소를 머금고 있거나 곧게 펴고 머리는 단정하고 우렁찬 목소리를 낸다면 자연스럽게 호감이 갈 수밖에 없습니다.

- 협상장에서도 이러한 사람과 협상하게 된다면 어떨까요? 왠지 그 사람의 말에 설득되고 말 것 같은 기분이 들지 않을까요?

- 대신에 협상장에 나오기 전에 어제 밤에 과음하고 잠을 잘 못 자고 나왔다고 가정해 봅시다. 수면이 부족하면 자연스레 안색은 안 좋아지고 눈은 충혈되어 상대에게 피로감을 주게 될 것입니다. 그런 사람과 왠지 협상하고 싶지 않다는 생각이 드는 것은 어쩔 수 없을 것입니다.

기본전략

❹ 원칙주의적 강성형 전략

한 치의 양보함도 없이 자신의 입장을 주장하면서 밀어붙이기식 힘의 논리를 통해 협상을 이끌어가는 전략

- 이는 일명 소비에트스타일, Zero-Sum Style 관료 타입이라고 불리는 것으로 자신이 얻고자 하는 목표를 원리, 원칙, 주의, 정책, 방침 등 자기 측의 조건을 주장하면서 한 치도 양보함이 없이 밀어붙이기 식으로 힘의 논리에 의해 달성하고자 하는 전략을 말합니다.

- 상대가 아무리 논리적이고 합리적 대안을 제시해도 힘의 과시를 통해 상대방을 억누르려고 하는 전략입니다. 감정적이고 매우 격양된 모습으로 상대의 사고 밸런스를 뒤흔들기도 합니다. 실제 원칙에 충실한 상대를 만나면 나 스스로 이미 원칙을 벗어나면 안 된다는 관념을 가지게 될 만큼 원칙을 지키는 힘은 매우 큽니다.

- 그런데 강압적인 힘의 과시를 통하여 당장은 협상의 목표를 일부 달성할 수 있을지 모르나 중장기적으로 봐서는 협상의 목표를 달성하기가 어렵습니다.

- 가령 이런 것입니다. 사랑의 매라고 합니다. 매는 당장의 효과는 있을지 모르나 아이에게는 상처로 오래 동안 남게 됩니다. 아이들은 아이들대로 매에 길들여지면 나쁜 짓을 해도 차라리 한 대 맞으면 된다는 식의 사고를 할 수 있습니다. 아무래도 중장기적인 협상 전략으로는 부족한 측면이 있음을 부인할 수 없습니다.

기본전략

❺ 마키아벨리형 전략

협상 목표를 달성하기 위해 수단과 방법을 가리지 않는 전략

- 목표를 달성하기 위해 수단과 방법을 가리지 않는 전략입니다.
- 이러한 전략은 내가 쟁취하고자 하는 이권을 획득하는데 매우 유용합니다. 또한 협상장에서 나쁜 상대방을 만났을 경우에도 이러한 전략이 유용한 경우가 있습니다.
- 그러나 반드시 명심할 것은 마키아벨리즘에 입각한 전략과 전술 등은 협상장에서의 당장의 위기를 모면하게 할 수는 있겠지만 장기적인 관점에서 볼 때 치명적인 손상을 불러올 수 있다는 것입니다.
- 가장 귀중한 가치가 수단과 방법을 가리지 않고 나의 승리만을 획책하는 데 있고 그것으로 잘 먹고 잘 사는 것이라면 그 사회에 남는 것은 사기와 범죄 이외에는 아무것도 없기 때문입니다.

협상의 기본전술

2. 협상의 기본전술

전술이란 전략의 하위개념에 속하는 것으로 협상과정 중에 발생하는 구체적인 국면들에 있어서 어떻게 대처할 것인가를 말해주는 방법이나 Skill을 의미한다.

1) 의사전달전술
2) 행태전술
3) 환경전술

❶ 의사전달전술

협상의 주요한 수단은 대화이다. 따라서 협상 참여자가 쓸 수 있는 전술은 대부분 언어를 사용한 의사전달의 기법 혹은 설득력의 정도를 말한다.

- 협상에서 사용될 수 있는 전술은 수도 없이 많습니다. 그 중에서 일부를 의사전달전술, 행태전술 그리고 환경전술로 나누어서 간략하게 설명하겠습니다.

- 어떠한 전술을 어떻게 사용할지는 각 상황에 따라 다를 것입니다.

- 그런데 다양한 전술을 이용해 협상의 유리한 결과를 가져온다 하더라도 가까운 사람 혹은 지속되는 관계에 있는 이들에게는 오히려 신뢰관계를 해칠 수 있음을 잊어서는 안됩니다. 또한 가격 같은 물질적 형태보다 보람, 기쁨, 감동 같은 무형의 가치가 더 클 때도 있습니다.

- 먼저 의사전달 전술을 살펴보겠습니다.

- 협상은 협상 참여자 간에 대화로 시작하여 대화로써 결론에 이르게 되는 것이 일반적입니다.

- 따라서 협상 참여자가 쓸 수 있는 전술이라 함은 대부분 언어를 사용한 의사전달의 기법을 말합니다.

- 협상에서 쓰일 수 있는 의사전달의 기법은 곧 설득력의 정도를 의미하는데 사람은 말을 하고 듣는 과정에서 어감에 따라 미묘한 차이를 낳기도 하여 주로 그와 관련된 것이라고 할 수 있습니다.

협상의 기본전술

(1) 질문

질문은 협상을 시작하기 위한 출발점이며 적절한 질문을 통해 상대의 생각을 짐작할 수 있는 좋은 단서가 된다.

- 의사는 환자의 건강상태를 알기 위해 수많은 검사를 합니다. 변호사도 의뢰인의 사건에 대한 모든 정황을 알려고 백방으로 캐고 다닙니다.

- 협상가도 마찬가지입니다. 협상을 제대로 하기 위해 협상 상대방에 대한 모든 정보를 아는 것이 중요한데 상대를 제대로 알기 위해서도 효과적인 질문은 필수입니다.

- 질문은 협상을 시작하기 위한 출발점이 될 뿐만 아니라 상대방이 질문에 대응하는 과정을 통해 상대방의 생각을 짐작할 수 있는 좋은 단서가 됩니다.

협상의 기본전술

그렇다면 좋은 질문이란?

첫째, 상대가 자신의 생각과 의견을 말할 수 있게

둘째, 상대가 가급적 Yes라고 답할 수 있게

셋째, 상대가 불안 혹은 경계심을 갖지 않게

- 상대가 자신의 생각과 의견을 말할 수 있는 질문은 개방형 질문이라고 합니다.

- "이것을 해야 하나요?" 아니면 "제가 어떻게 하면 되겠습니까?" 두 가지 질문 중에 어느 것이 더 나은 질문입니까?

- 앞의 질문은 답이 이미 정해져 있습니다. Yes 아니면 No 입니다. 이때 상대방이 현명하다면 "글쎄요." 라고 대답하면서 오히려 그 질문을 던진 상대방에게 질문을 다시 던질 것입니다.

- 대화를 하면서 대화의 주도권은 누가 쥐고 있을까? 당연히 듣는 사람입니다. 따라서 질문은 상대방이 말할 수 있도록 하는 질문이 좋은 질문입니다.

- 이왕 질문하려거든 상대방이 Yes라고 답할 수 있도록 질문하는 것이 좋습니다. 그러면 그 질문을 받는 나는 뭐라고 대답하는 것이 좋겠습니까? No라고 시작해야 합니다. 그래야 상대방이 긴장하게 됩니다.

- 질문은 상대가 불안 혹은 경계심을 갖지 않도록 질문하는 것이 좋을 것입니다.

- 다음의 사례를 한 번 봅시다.

협상의 기본전술

CASE 1

오늘 저녁 바빠?

아니 뭐. 별로 바쁜 건 없지만….

잘됐네. 나도 한가하거든. 괜찮으면 같이 식사할래?

아 그래?
아참, 오늘 저녁에 일이 있어서 먼저 가야될 것 같네

CASE 2

이제 일 끝난거야?

응, 그래.

오늘도 성공적으로 보낸 기념으로 어디 가서 맛있는 거 먹고 싶지 않아?

물론 먹고 싶지. 그럴까?

- CASE1과 CASE2의 차이는 무엇일까요? 두 가지의 사례 모두 저녁을 같이 먹기 위한 목적을 갖고 있으나 질문의 방식이 다르다는 것을 보여주고 있습니다. CASE1에서 남성은 상대 여성과 저녁을 같이 먹자는 의지를 갖고 있지만 상대 여성의 자존감과 부담감을 손상시킨 측면이 있습니다. 같이 한가하니까 밥을 먹는다는 대수롭지 않다는 식의 무논리와 식사하자는 갑작스러운 부담은 여성이 거절하는 명분을 주었습니다.
  반면 CASE2에서 여성은 저녁을 같이 먹는다는 부담보다는 성공적으로 하루를 마친 기념으로 먹는다는 식의 명분으로 저녁식사를 달리 받아들이게 된 것입니다.
- 이와 같이 상대의 입장을 배려하면서도 상대가 긍정적인 Yes를 말할 수 있도록 하는 질문은 상대의 심리를 긍정적으로 바꾸는 역할을 합니다.

협상의 기본전술

(2) 동의

상대방의 주장이나 생각에 대해 그 근본적 배경이나 주요 내용에 동의하면서 새로운 나의 생각이나 대안을 제시하는 것이 좋다.

- TV 쇼를 보면 출연자가 별 우스운 이야기를 하지 않았는데도 방청객들이 모두 손뼉을 치고 박장대소합니다. 그러면 나도 모르게 왠지 웃어야 할 것 같은 느낌이 듭니다.

- 홈쇼핑에서 쇼 호스트가 간장게장을 먹으면서 "오늘 놀랍게도 이 가격에 드립니다." 라고 하면 방청객들이 "우아!" 라는 환호성을 내뱉습니다.

- 만약 방청객들이 없이 출연자들끼리만 모여 이야기하고 서로 웃고 한다면, 아니면 홈쇼핑에서 쇼 호스트만 나와서 "이 가격에 그냥 드립니다." 라고 하면 효과가 있을까요?

- 적지 않은 사람들이 방청객들이 일부러 과장한다고 생각하고는 있어도 내용에 매료되어 버립니다. 사람은 다른 사람들이 무엇을 올바르다고 생각하는가에 대한 판단을 근거로 사물을 판단하는 경향이 있습니다. 특정한 상황 속에서 어떤 행동을 수행하는 사람이 많으면 많을수록 그것을 올바른 행동이라고 간주합니다. 그렇기 때문에 아무리 의도적인 것 같아도 그 메시지의 결론을 받아들이게 된다는 것입니다.

- 협상에서도 마찬가지입니다. 한 번 옳다고 판단한 가치관에 대해 아무리 옳지 않다고 하여도 직접 반대를 표하면서 협상하는 것은 백 번 실패를 가져올 가능성이 높습니다. 그보다는 그 사람의 익숙한 환경을 건드리지 않으면서 자신의 생각을 전달하는 것이 효과적입니다.

협상의 기본전술

- 지금 아내가 블라우스를 새로 샀다면서 남편에 듣고 싶은 말은 "옷이 참 잘 어울린다." 거나 "예쁘다." 거나 그런 대답일 것입니다. 그런데 남편은 그런 답과는 상관없이 "요즘 돈도 없는데 도대체 얼마 줬냐?" 입니다. 이후의 대화는 보지 않더라도 어떻게 흘러갈지는 충분히 짐작할 수 있을 것입니다.

- 남편이 꼭 돈 문제에 대해 짚고 넘어 갈려면 일단은 설사 마음에 들지 않아도 "야아~ 그 블라우스 색상도 좋고 잘 어울리는데?" 라고 하는 것이 좋을 것입니다. 그 다음에 무슨 돈으로 샀는지 물어볼 수도 있는 것이기 때문입니다. 일단 예쁘다고 하였으므로 아내는 신이 나서 무슨 돈으로 샀는지까지 정신 없이 자랑하게 될 것입니다.

협상의 기본전술

(3) 이해

나의 생각이나 대안을 제시한 후에는 그 내용들이 상대의 마음에 전달되도록 해야 한다.

그럴 때는 설득한 내용의 중요성, 필요성, 이익 등을 순서를 정해 이해시켜야 한다.

CASE 1

대기업이 제품이 이래도 되는건가요?

고객님 대체 뭐 때문에 그러시는지요?

아무튼 신제품으로 교환해주세요.

이유라도 좀 말씀해 주세요.

- 아이들을 제대로 설득하려면 아이의 눈높이에서 어려운 내용도 쉽게 설명하여야 아이들의 행동변화를 불러 올 수 있습니다.

- 협상도 마찬가지 입니다. 나의 생각이 상대의 마음에 정확하게 제대로 전달될 수 있도록 설득한 내용의 중요성, 필요성, 이익 등을 순서를 정해 체계적으로 이해시켜야 합니다. 다음의 사례를 봅시다.

- 막무가내로 제품을 바꿔달라고 합니다. 이렇게 한다면 언젠가는 고객이 원하는 A/S를 받을 수 있을지는 모르나 빨리 처리될 수도 있는 A/S가 여러 시간과 노력을 소모한 후에야 받을 수 있다는 점에서 불합리하게 됩니다.

협상의 기본전술

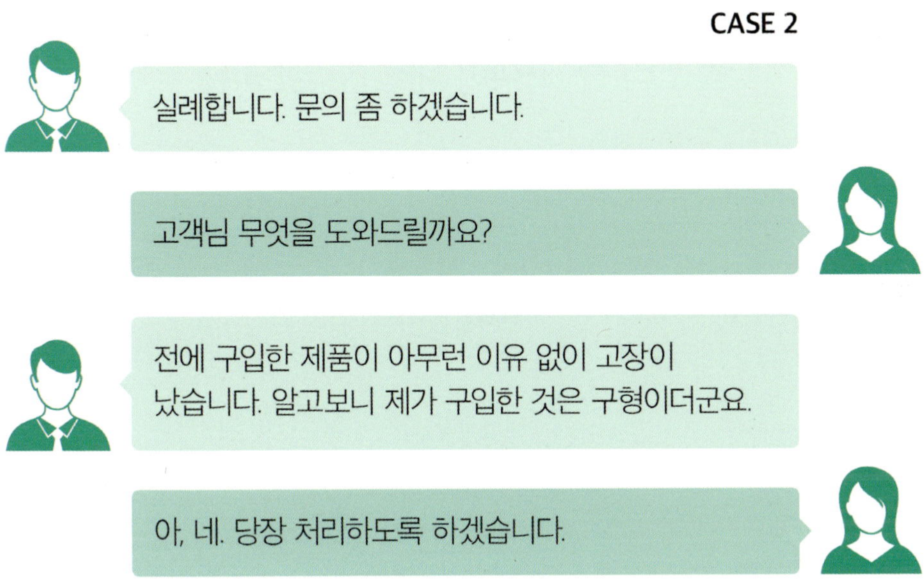

- 일의 순서를 정해 상대에게 전달하는 것이 보다 효과적입니다.
  가급적이면 단문으로 간결하게 메시지를 전달하도록 하는 것이 좋습니다. 생각나는 대로 말하지 말고 사건의 발생순서 그리고 원인과 결과 이런 방식으로 상대에게 의사를 전달하는 것이 좋습니다.

협상의 기본전술

목소리 큰 고객이 대접을 받는다?

- 꼭 그런 것만도 아닙니다.
  기업체 A/S의 경우에도 고분고분한 손님은 그냥 규정을 들이대며 고객의 요구를 묵살하지만 고객이 '당신 이름 뭐야' 라는 까다롭고 거친 손님에게는 오히려 더 서비스에 충실한 경우가 있다는 것입니다.

- 특히 우리나라에서는 목소리 큰 사람이 이긴다는 것이 통하기도 합니다.

- 그러나 실제 어느 일방의 목소리가 크다는 것은 흥분하고 있다는 반증입니다. 흥분하게 되면 말이 어디로 튈지 자신도 모르게 되고 그러다보면 실수나 실언을 하게 됩니다. 아무리 정당하다고 호소를 해봐야 제3자로부터 "평소 이미지와는 완전 다르네."라는 식으로 평가절하 당하기 쉽습니다. 오히려 차분하고 낮은 목소리로 상대와 논리적으로 말하는 것이 승기를 앞당기는 계기가 됩니다.

협상의 기본전술

(4) 약속

상대방과 원만한 합의를 도출하기 위해 상대방이 기대하고 있을 만한 약속을 할 수 있다.

- 하인리히 법칙이란 것이 있습니다. 재해가 일어나면 주 요인이 29가지가 있고 그 속에는 300가지의 잠재 요인이 존재한다는 것입니다.
  작은 실패를 방치하면 결국에는 더 큰 화를 좌초하고 만다는 것입니다.

- 인간관계에 금이 가고 신뢰관계를 잃는 것은 약속을 어기는 데서 비롯되는 경우가 많습니다. 따라서 약속은 반드시 지켜야 합니다.

- 협상에서도 마찬가지입니다. 협상에서는 원만한 협상결과를 이끌어내기 위해 상대방에게 어떤 약속을 할 수 있습니다. 이러한 약속은 협상을 원활하게 진행할 수 있도록 윤활제의 역할을 하기도 합니다.

- 이러한 약속을 나중에 상황이 변경되었다면서 안 지키는 경우나 그 약속이 처음부터 허위일 경우도 있습니다. 이는 매우 비도덕적인 것으로 그 손실은 어긴 사람에게 돌아갈 수밖에 없습니다. 이를 방지하기 위해서는 약속을 계약화하는 방식 등이 있을 것입니다.

협상의 기본전술

(5) 사실설명

상대방에게 우호적인 사실이나 위협적인 사실을 동원함으로써 상대방을 설득할 수 있다.

사모님, 특가로 모실 테니 자녀를 위한 매일 학습지 하나 보시죠.

저희는 안 해도 됩니다.

이 아파트 아주머니 모두 싸악 다 하셨는데요? 보세요. 여기 계약서를.

어머, 그럼 602호 철이엄마도 계약했나요?

- 상대방에게 우호적인 사실이나 위협적인 사실을 동원함으로써 상대방을 설득할 수 있습니다.

- 우호적인 사실의 동원은 나의 제안이 특별한 경우가 아니며 모두가 수용할 수 있는 것임을 알려주는 것입니다.

- 반대로 상대방에게 위협을 준다는 것은 나의 제안을 수용하지 않을 경우 상대방이 원치 않는 결과가 발생할 수 있음을 알려주는 것입니다.

- 그러나 사실설명에 있어서 위협을 통한 사실설명일 경우 상대와 적대적 감정으로 비화하거나 서투른 위협은 오히려 상대의 큰 반대위협을 초래할 수도 있습니다.

- 위협은 협상전술 중에서 고전적인 방법입니다. 또 실제 많이 이용되기도 합니다. 일단 무리한 요구를 강요하고 적당히 여유를 두어 요구를 철회하는 대신에 그 대가로 양보를 요구하는 방법입니다.

- 그 위협이 실제 행동에 옮겨지는 경우에는 서로 돌이킬 수 없는 상처를 입는 경우가 많습니다. 또한 서투른 위협은 상대방의 반발을 불러올 수 있고 협상은 물론 관계마저 파괴될 수도 있습니다.

협상의 기본전술

(6) 판단불가유도

상대가 지나치게 분석논리적일 경우에는 논리로써 설득하기 어려운 경우가 많다.

이러한 경우 오히려 상대가 정상적인 판단을 할 수 없도록 유도하는 방법을 말한다.

- 마크 트웨인(Mark Twain)의 소설 <톰소여의 모험>에 보면 이런 이야기가 있습니다. 톰이 울타리를 백색 페인트로 칠하는 어려운 일을 하는 것으로 벌을 서고 있는데 친구들에게 마치 특권인 것처럼 가장함으로써 톰은 돈을 받고 친구들에게 일을 시키게 됩니다.

- 협상에서도 이러한 심리전을 이용하는 것이 많은데 이를 두고 역심리 전술이라고 합니다. 영어권에서는 이 전술을 브레어 토끼 (Brer Rabbit)라고 부릅니다. 브레어 토끼는 여우에게 잡히자 제발 다른 어떤 일이라도 다 할테니 제발 저기 가시덤불 속으로만 던지지 말아 달라고 애원합니다. 그러자 심술 맞은 여우는 일부러 토끼를 덤불 속으로 던져버립니다. 그렇지만 토끼는 가시덤불 속에서 나고 자랐기 때문에 유유히 사라지고 맙니다. 이처럼 상대가 정상적인 판단이 불가하도록 만드는 전술이 이에 해당합니다.

협상의 기본전술

(7) 규범호소

사람은 상대방이 공감할 수 있는 종교적, 윤리적, 사회적 규범에 호소함으로써 상대방을 움직일 수 있다.

- 상대방이 공감할 수 있는 종교적, 윤리적 사회적 규범을 호소함으로써 상대방을 움직일 수 있습니다.

- 운전하다가 버스와 경미한 접촉사고가 있었다고 합시다. 그런데 상대 운전자를 보니 늙수그레한 노인입니다. 노인은 버스에서 내리자마자 "아이고, 젊은 선생님 죄송합니다. 제가 미처 보지를 못했습니다. 그런데 이번 한 번만 넘어가면 안 될까요? 선생님은 이런 사고는 별 게 아니겠지만 저에게는 사고가 난 자체가 회사에서 경고를 받아 회사를 그만둬야 될 지도 모릅니다. 용서해주세요." 라고 한다면 당신은 어떻게 하겠습니까? 대부분은 속이 끓더라도 참으면서, "다음부터는 조심하세요." 라고 할 것입니다.
  국가 간의 협상에서도 마찬가지입니다. 약소국들이 사용하는 협상 전술이 "국민소득 2만 달러 넘고 OECD에 속한 강대국에서 이 정도도 양보 해주실 수 없나요." 라고 하는 것과 다르지 않습니다.

- 상대방에게 규범을 호소함으로써 보다 큰 설득력을 가지는 경우도 많습니다. 가령, 지금 우리 한국사회의 여러 갈등 중에서도 세대 간 갈등, 노사의 이념적 대립, 집단 따돌림 등은 규범호소를 통한 갈등해결이 바람직할 것입니다.

협상의 기본전술

❷ 행태전술

협상의 전술적인 측면에서 말보다는 행동을 통해 상대의 정보를 얻거나 나의 정보를 알려줌으로써 소기의 협상결과를 달성하고자 하는 전술이다.

(1) 암시

나의 생각과 정보를 의도적으로 상대에게 알림으로써 원하는 협상결과를 유도할 수 있다.

- 다음은 행태전술입니다.
- 먼저 암시전술부터 살펴볼까요?
- 영업사원은 되도록 좋은 차를 타고 다녀야 한다는 이야기가 있습니다. 그래야 고객들이 이 직원을 잘나가는 영업사원으로 여겨 보다 원활한 영업이 이루어진다는 것입니다.
- 협상을 하면 상대방은 나의 생각이나 정보에 대해 하나라도 더 알기 위해 많은 노력을 기울입니다. 상대가 진정으로 원하는 것이 뭔지 미리 안다면 협상의 승기를 잡아나갈 수 있기 때문입니다.
  이때 상대방에게 나의 유리한 정보를 암시적으로 흘려 나에게 유리한 상황으로 만들 수 있습니다.
- 협상중에 의도적으로 조작된 정보를 상대방에 흘려 상대의 착각과 오판을 유도하는 「암시」의 방식입니다.

협상의 기본전술

1999년의 중동평화회담에서 마들렌 올브라이트(Madeleine Albright)는 팔레스타인 지도자 야세르 아라파트(Yasser Arafat)와 만나면서 날카로운 메시지를 던지고자 할 때는 말벌 모양의 브로치를 착용했다고 한다.

- 울브라이트는 미국 최초로 1997년부터 2001년까지 여성으로서 국무장관으로 재직한 바 있습니다. 그녀는 브로치 정치로 유명합니다. 300여개의 브로치를 갖고 있으면서 공식석상에 나타날 때마다 그 상황에 맞는 브로치로 자신의 상황과 의지를 전달하였습니다.

- 중동평화협상 때입니다. 1998년 아라파트 팔레스타인 전 수반을 만날 때는 벌모양의 브로치를 달았는데 아라파트에게 쓸데없는 행동을 하지 말라는 무언의 경고를 벌 브로치에 담은 것이었다고 합니다.

- 이처럼 치열한 외교 협상장에서 자신의 의도와 정보를 일부러 상대에게 알려 보다 자신에 유리한 상황으로 만들려는 적극성을 엿볼 수 있습니다.

협상의 기본전술

(2) 기록

협상과정에서 상대의 의견을 충실히 기록함으로써
협상과정을 합리적으로 진행할 수 있다.

- 협상을 하는 과정에서 상대방의 제안이나 주장을 꼼꼼히 적거나 요지를 메모하는 자세를 보여줄 경우 상대방의 협상자세가 비교적 합리적인 경향으로 될 가능성이 높습니다.

- 또한 협상 중에는 내가 상대방에게 제시하는 가격과 부수적인 특혜들이 다른 경쟁사보다 같거나 더 좋다는 점을 기록물로 직접 보여주면 좋습니다. 이때 경쟁사의 카탈로그나 가격표를 보여주고 그 차이에 관해 설명한다면 굉장한 효과를 가져올 수 있습니다.

- 아예 협상과정을 녹화하는 것도 상대방으로 하여금 협상에 보다 진지한 자세로 임하도록 유도하여 협상과정을 합리적으로 이끌어 가기 쉽게 할 것입니다.

협상의 기본전술

(3) 계약

협상의 결과는 대부분 계약서로 나타난다.

특히 거래규모가 크거나 분쟁의 소지가 있는 경우는 계약서 작성이 바람직하다.

- 앞서 살펴본 바와 같이 협상 과정 동안에도 구체적인 기록물이 중요한 것처럼 협상의 마무리 단계에서도 마찬가지인데 바로 양자의 합의가 정확하게 포함된 계약서의 작성이 대표적인 예라고 하겠습니다.

- 이때 계약서는 누가 작성하는 것이 좋을까? 무조건 내가 작성하는 것이 좋습니다.

- 그러면서 계약서의 모든 절, 문단, 부칙 등 모든 문장 하나하나와 계약서의 모든 조건을 꼼꼼히 검토하여야 합니다.

- 상대방이 계약서를 작성하겠다고 고집한다면 어떻게 해야 할까요? 상대방에게 계약서 및 그와 관련된 모든 법적 비용을 내가 모두 맡겠다고 먼저 제안하는 것입니다. 그러면서 내가 계약서를 작성하면 되겠지만 그렇지 않을 경우 이미 작성된 계약서를 제시하는 방법도 좋습니다. 아니면 내가 계약서를 작성하지 않으면 협상을 그만두겠다고 위협하는 것도 좋습니다. 그렇지만 괜찮은 거래라면 양보할 수도 있을 것입니다.

- 반드시 계약서에는 위약조항이 포함되어야 합니다. 그렇지 않으면 계약서의 효력을 담보할 수 없습니다.

협상의 기본전술

나는 어떤 업주와의 면담을 거쳐 방학 동안 아르바이트를 하게 되었다.

급료도 비교적 많은데다가 일을 열심히 하면 성과급을 더 주겠다고 한다.

과연 믿을 수 있을까?

- 말을 믿으면 좋겠지만 업주의 말만 믿고 일하는 것은 어리석은 일입니다. 알바노동자들도 구체적인 근로 계약서를 작성하고 받을 권리가 있습니다. “아르바이트를 하면서 무슨 계약서냐?”하는 등 핀잔을 준다고 해서 없던 일로 하는 것은 옳지 않습니다.

- 만약에 고용 담당자가 계약서를 써주지 않는다면 스스로 메모를 하고 그 자리에서 상대방과 확인 절차를 밟는 것이 좋습니다.

- 임금을 지불하지 않는 등의 트러블을 방지하기 위해서는 자신이 근무한 일수, 시간, 받은 임금의 액수 등을 기록해 두는 것이 좋은 방법입니다.

- 혼자 메모장에 기록하는 것보다 시간 기록이 남을 수 있게 관리자에게 출퇴근과 관련된 문자 등을 정기적으로 보내는 것도 좋은 방법이 됩니다.

협상의 기본전술

(4) 지연

협상과정에서 자신이 유리하다고 생각되는 시기까지 같은 주제를 가지고 똑같은 주장을 반복하거나 여러 이유를 들어 대화를 기피하면서 협상행위를 자꾸 지연시키는 경우를 말한다.

사모님! 이런 저택이 이렇게 싼 가격에 나온 건 기적에 가까워요.

저도 그렇게 생각해요. 신중하게 생각해 볼게요.

집을 한 번 보세요. 수영장도 있어요. 원 주인도 내놓으면서 얼마나 아까워 하시는지 아셔야 합니다.

다른 매물은 없는가요?

- 차를 살 때 계약서에 서명하는 마지막 순간까지 협상을 지연시키면서 추가사항을 계속 더 얻어내어야 합니다. 가격할인은 물론이고 매트, 청소도구, 선팅까지.

- 협상이 길어질수록 협상의 초보자들은 대부분 빨리 끝을 보고 싶어 안달이 나게 됩니다. 혹시나 이 협상을 그만두지나 않을까 걱정하면서 계속 추가적인 특혜를 주어 빨리 협상을 마치려고 합니다.

- 이와 같이 지연은 상대로부터 하나라도 더 양보를 받기 위해 협상을 의도적으로 늘여가는 방법입니다.

- 부동산을 두고 협상하는 경우를 생각해봅시다.

- 부동산 거래협상에서 매수자는 대부분의 경우 상대적으로 매도자보다 우위에 있습니다. 구입하려는 매수자가 없어지면 중개업자나 매도자 모두 새로운 매수자를 찾기가 상당히 어렵기 때문입니다. 매수자의 입장에서는 부동산 가격 협상이 잘 이루어지지 않을 때는 적당한 선에서 “신중하게 계약을 생각해 보겠다.”, “혹시 다른 매물은 더 없나.” 등으로 지연시키면 의외로 좋은 결과를 얻을 수도 있습니다.

협상의 기본전술

(5) 나쁜 친구와 좋은 친구

같은 협상팀 내의 참여자 간에 악마와 천사의 역할배분을 통해 상대방으로부터 바람직한 협상결과를 유도하는 전술을 말한다.

우리 직원들이 좀 깐깐하죠? 아까 언뜻 보니 말싸움이 장난아니더군요. 아유… 땀까지 흘리시네.

크. 말도 마세요. 좀 너무하다 싶더군요. 말이 이렇게 안 통할 줄은 몰랐습니다.

하하 죄송합니다. 그런데 시간도 좀 지났고 저하고 가부를 결정짓죠. 원하는 걸 들어드리겠습니다.

네? 정말이십니까? 그렇다면 저희도 솔직히 양보할 건 양보하죠.

- 한 명은 우호적으로 다른 한 명은 막무가내 식으로 적대적인 역할을 하는 것입니다.
- A라는 사람은 시종일관 협상장에서 비협조적인 행동과 언사로 협상 파트너의 심기를 건드리는 한편, B라는 사람은 대신에 A의 행동에 대해 사죄하고 자신이 상대방의 말을 알아들을 수 있는 합리적인 인물임을 강조하면서 협상의 결과를 서둘러 맺자고 종용하는 경우입니다.
- 이에 대한 대처방법은? 나도 악역을 하나 만들면 됩니다. 다른 방법으로는 나쁜 사람은 나에게 좋은 말을 할 리가 없다고 생각해 보는 것입니다. 아무 생각 없이 하는 말을 유심히 들었다가 스스로 제 꾀에 넘어가도록 해야 합니다.

협상의 기본전술

(6) 살라미(Salami)

협상 중에 상대방의 저항이 생각보다 크다면 상대방의 허용한계를 파악하고 허용가능한 작은 것부터 수용하도록 만들어 목적을 달성하는 것을 말한다.

• Salami란 맛과 향이 매우 강한 소시지의 일종으로 보통은 얇게 썰어 조금씩 먹는다.

허허 아무리 그래도 안된다니까요.

소용이 없어도 괜찮습니다. 사지 않으셔도 됩니다.

아무리 그러셔도 소용없습니다.

네 잘 압니다. 딱 1분만 들어주세요.

참 끈질기시네, 좋습니다. 딱 1분입니다.

- Foot in the Door Technique(문에 발부터 들여놓기) 이란 협상전술이 있습니다. 살라미와 같은 개념입니다.

- "한 번 입어보세요. 입는 데 돈 드나요 뭐."
  그저 구경만 하겠다고 몇 번 마음을 먹었지만 한번 입어보라는 매장 직원의 말에 잠깐 고민하게 됩니다. 입고 나면 점원은 이렇게 말합니다. "손님께서 입으시니까 정말 잘 어울리네요. 얼굴이며 몸매가 확 살아나는 것 같지 않으세요?" 이제 매우 난처한 상황에 직면했음을 깨닫게 됩니다. 이렇게까지 잘 어울린다는데 그냥 갈 수도 없고, 그렇다고 선뜻 살 수도 없는. 이런 갈등의 상황에서 "가격이 좀 높긴 하지만 카드로 6개월까지 할부가 되거든요. 그 정도면 별로 부담이 없으실 거예요." 직원이 만면에 미소를 머금고 싸준 양복을 들고 가게 문을 나서는 순간, 내가 이 양복을 왜 샀을까? 정말 이 양복이 나에게 필요한 것일까 하고 스스로에게 물어보지만 이미 엎질러진 물이 되어 버렸습니다.

- 첫 번째 사소하거나 작은 부탁을 들어줬으니 이어지는 두 번째, 세 번째 부탁을 거절하게 되면 스스로 묘한 죄책감과 부담감에 시달리게 됩니다. 사실 이 부탁들은 서로 별개의 문제입니다. 이처럼 상대방의 저항이 생각보다 크다면 상대방의 허용 한계를 파악하고 허용가능한 작은 것부터 상대방이 수용하도록 만드는 방법도 있습니다.

협상의 기본전술

(7) 부가

협상에 이미 합의하였으나 상대방은 자신이 양보하였으므로 이에 대한 대가로 자신의 요구사항을 하나씩 더 추가할 수도 있고 또는 추가적인 조건이 마음에 들지 않을 경우 이미 합의한 사항도 다시 논의하자고 할 수 있다.

하하 드디어 계약이 성사 되었군요. 수고하셨습니다.

네 고맙습니다. 앞으로 더 열심히 하여 좋은 품질로 보답하죠. 드디어 계약이 성사되었군요. 수고 하셨습니다.

아참. 그런데 말이죠. 본체 A/S는 1년 정도 더 연장해 주실거죠?

네? 그건 원래대로 3년이면 충분한데요…. 할 수 없죠. 연장하죠 뭐.

그리고 하는 김에 소모품들은 50% 다운하시는 겁니다. 하하.

네? 50%를요?

- 누군가와 협상할 때 기대치보다 훨씬 더 많이 달라고 요구하는 것이 좋습니다. 상대방에게 처음 생각했던 것보다 더 많은 것을 제공하여 협상을 마무리하겠다는 것을 인식시키는 것이 중요합니다.

- 협상참가자는 협상결과가 나온 데 대하여 상대방은 자신이 양보하였으므로 이에 대한 대가로 자신의 요구사항을 하나씩 추가할 수도 있고 또는 추가적인 조건들이 마음에 들지 않을 경우 이미 해결되었다고 생각했던 문제들을 다시 논의하자고 할 수도 있습니다. 협상 막판에 양보하는 척하며 다른 것을 추가로 얻어내려는 미끼 전략술도 이에 해당됩니다.

- 그러나 지나치면 안 됩니다. 상대방이 더 이상 받아들일 수 없다고 느끼게 되면 협상은 결렬될 수 있습니다.

협상의 기본전술

(8) 제3자 이용

협상의 타개를 위하여 협상현장에 있는 상대 외에 우호적이거나 중립적인 제3자를 동원하는 방법이 있을 수 있다.

→ 협상모체 활용, 조정·중재의 활용, 제3자 연대 등

아이 2명이 사과를 놓고 서로 더 많이 가지기 위해 싸우고 있다면 아이의 부모와 같은 제3자의 도움이 필요

• 협상에서 제3자를 이용한다고 하는 것은 크게 3가지의 의미로 볼 수 있습니다. 첫째는 협상에 직접 참여하지는 않지만 협상과정과 결과에 중대한 영향을 미치는 협상모체의 활용입니다. 협상을 하면서 상사에게 물어봐야 한다느니, 이건 혼자 결정할 일이 아니라느니 하면서 자신에 유리한 상황이 올 때까지 협상모체를 최대한 활용하는 방법입니다.

• 두 번째로 제3자를 활용한다는 것의 의미는 협상이 교착상태에 빠졌을 때 중립적인 제3자를 조정자 내지는 중재자로 선임하여 분쟁을 해결하는 것이 효과적이라는 말입니다.

• 문제는 만약 상대방이 제3자를 선임하였을 때입니다. 이때 제3자를 어떻게 믿을 수 있겠느냐는 것입니다. 제3자의 자격에 대해 적극적으로 상대방에게 요구하는 것이 필요합니다. 또한 가급적이면 양자가 공히 제3자의 선임에 관여하여야 합니다.

• 마지막으로 제3자 연대를 들 수 있습니다. 동맹관계를 활용하는 것입니다. 중소기업 제품이 대형마트에 진입하기란 어려운 일입니다. 그럴 때 중소기업끼리 연합하여 대형마트와 협상한다면 문제가 손쉽게 풀릴 수도 있습니다. 또 미국이 세계평화유지를 한다는 명목으로 중동국가에 전쟁을 일으켰을 때 한국을 비롯한 여러 동맹국가들에게 참전을 종용하는 것은 혼자 모든 것을 뒤집어 쓰는 책임을 모면하기 위해서입니다.

협상의 기본전술

(9) 포괄

연관된 세부적 쟁점들을 한데 묶어 포괄적으로 문제를 해결함으로써 자신의 이익을 극대화한다.

↓

주로 협상카드를 많이 가지지 못한 측이 자신이 가진 하나의 카드와 상대가 가진 여러 카드를 맞교환하려 할 때 사용한다.

- 영업전략에 감자손님이란 것이 있습니다. 하나의 뿌리에 감자가 여러 개가 달려있다는 것을 의미합니다. 하나의 뿌리에 여러 개의 감자가 달려있는 손님은? 여성회장, 동창회장 등이 대표적인 경우입니다. 어디서 샀다라는 소문만 나면 손님들이 딸려올 가능성이 높기 때문입니다.

- 협상장에서도 마찬가지로 포괄전술은 서로 연관된 세부적인 쟁점들을 한 데 묶어서 포괄적으로 통과시킴으로써 자신의 이익을 극대화시키는 전술입니다.

- 이는 주로 협상의 힘이 약한 측에서 강한 측에게 많이 사용하는 전술입니다.

협상의 기본전술

"우리는 매우 큰 무역적자를 감수함에도 그들을 보호하고 있다.

지금은 남한과 북한 국경에 3만2천여 명의 군인들이 있다.

무슨 일이 일어나는지 보자."

2018.3

"We have a very big trade deficit with them, and we protect them, …….

We have right now 32,000 soldiers on the border between North and South Korea.

Let's see what happens."

2018.3

- 도널드 트럼프 미국 대통령은 부동산업자때부터 익힌 다양한 거래의 경험을 바탕으로 <거래의 기술(The Art of the Deal)>이라는 책을 씁니다. 이 책에서 그는 여러 가지 협상의 기술을 말하는데 그중에 크게 생각하고 선택의 폭을 최대한 넓히라는 팁이 있습니다.

- 트럼프는 이 책에서 나온 "크게 생각하고 선택의 폭을 넓히라."는 말과 같이 자신의 목적을 이루기 위해서는 상대방에 대하여 자신이 갖고 있는 카드를 모두 모아 한 번에 문제를 해결하려고 합니다. 협상 도중에 상대가 미처 예상하지 못했던 것을 갑자기 언급하여 상대를 당황시키고 결국엔 원하는 것을 얻어내는 방식입니다.

- 2018년 3월경 한국과 FTA무역협상 3차 회의가 본격적으로 진행될 무렵 트럼프는 자신의 협상대표단이 보다 유리한 위치에 설 수 있도록 미군 철수를 들고 나왔습니다. 더 좋은 무역협정이 없다면 주한미군을 철수시키겠다 위협하는 것입니다. 한미동맹과 주한미군 철수 등 우리의 안위와 직결된 것들을 무역협상에 동원하는 트럼프는 미울 법도 하지만 그의 입장에서는 당연한 협상기술이 될 수도 있습니다. 대신 트럼프는 노련하게도 미군철수를 정확하게 언급하지는 않습니다. 대신에 "어디 한번 살펴보자. (Let's see what happens.)"라는 선에서 그칩니다. 노련하다는 말 외에는 설명할 방법이 없습니다

협상의 기본전술

(10) 선물

선물은 상대에 대한 사랑, 고마움, 예의 등의 표시로서 뇌물과는 다른 것이며 커뮤니케이션을 돈독히 하는 작은 도구가 될 수 있다.

그런데 선물은 어떤 물품에만 한정되는 것은 아니다. 상대가 필요한 정보, 상대에 대한 선의의 칭찬 등도 의사소통을 원활하게 하는 데 필요한 중요한 선물이 될 수 있다.

- 자신과 거래처 사람들 사이의 커뮤니케이션을 돈독히 하기 위한 목적으로 적절한 시기에 하는 작은 선물은 더 나은 관계를 위한 윤활유 역할을 할 수 있습니다.

- 그렇지만 협상에서 상대에게 선물을 한다고 하여 고가의 선물이나 뇌물 등을 연상할 필요는 없습니다. 협상에서의 선물은 많고 적음 혹은 크고 작음보다는 진심을 담은 선물 그 자체가 상호 간의 정을 두텁게 하는 중요한 요소가 됩니다. 특히 협상의 초기라면 선물을 하고 사업 이야기를 하는 것은 금물입니다. 선물이 만남을 지속시키는 윤활유 역할을 하여야 하는데 마치 대가성처럼 비춰져 오히려 도움이 되지 않는 경우가 많습니다.

- 그런데 선물이 어떤 물품 등에 한정되지는 않습니다. 상대가 필요한 정보 혹은 상대에 대한 칭찬도 중요한 선물이 될 수 있습니다. 협상을 진행하기 위한 좋은 장소를 물색하는 것도 도움이 될 수 있습니다.

- 실제 스페인에 "사랑을 속삭이려면 투우장에서"라는 속담이 있습니다.
투우장에서 벌어지는 아찔한 장면들이 생리적 흥분을 이끌어내 이성에게 더 쉽게 매력을 느끼는 현상이 벌어지기 때문입니다. 나의 진심을 이성에게 빨리 전달하고 싶다면 가장 높은 곳에 있는 전망 좋은 레스토랑에 가야한다는 것도 비슷한 맥락입니다. 협상에서도 마찬가지입니다. 상대방이 좋아할 수 있는 장소에서 협상을 만들어가는 것도 협상에서 중요한 Key가 될 수 있습니다.

협상의 기본전술

(11) 착오

상대방의 잘못된 판단을 유도해내기 위해 의도적으로 나의 이미지를 위장하는 것이다.

또는 상대방의 상황을 복잡하게 하여 상대방 스스로 착오를 불러일으키게 하는 방법도 있을 수 있다.

그러나 영업의 경우 판매자의 과장홍보, 강요 등으로 착오하여 물품을 구입하였을 경우 소비자가 일정기간 안에는 계약취소, 계약금환급 등을 할 수 있는 냉각기간(Cooling Off)이 있듯이 착오를 통한 협상목표 달성은 장기적 관점에서 바람직하지 못하다.

- 내가 사고 싶은 물건이 있을 때, 진짜로 사고 싶은 것은 절대로 밝히지 않는 편이 유리합니다. 만일 내가 무엇을 좋아한다 밝히면 상대방은 가격을 올리는 기회라고 생각할 것입니다.

- 또한 상대로부터 쓸만한 정보를 얻으려면 위압적이거나 권위적인 태도, 혹은 한 개의 실수도 용납하지 않을 것 같은 스마트하고 완벽한 모습은 지양해야 합니다. 이는 협상 과정에 별 도움이 되지 않습니다.

- 아주 오래 전의 드라마 형사 콜롬보를 아시나요? 콜롬보는 늘 낡은 코트를 입고 어리숙하게 사건현장에 나타나곤 합니다. 그리고 용의자를 수사하면서 늘 결정적인 질문을 잊어버리고 다시 돌아가서야 잊어버리고 물어보지 못한 결정적 질문을 던집니다.

- 콜롬보는 언제나 상대방보다 덜 유능하고 어딘가 모자란 사람처럼 행동하곤 했는데 그 때문인지 상대방은 콜롬보 앞에서 너무도 쉽게 자기 속내를 털어놓곤 합니다.

- 사람들은 자신보다 열등해 보이는 사람을 대할 때 우월감을 느낍니다. 어떤 때는 마음도 편안합니다. 협상장에서도 마찬가지입니다. 상대방이 우월감을 느끼도록 하는 것이 협상의 목표를 달성하는 데 매우 유리합니다.

- 많은 정보를 한꺼번에 보여줌으로써 상대가 어떤 정보와 의제가 중요한 것인지를 판단하는 데 혼란을 불러일으키는 사탕발림(Snow Job) 전술이 이에 해당됩니다.

- 보다 적극적인 착오 유도방법으로 훈제 청어(Red Herring) 전술이 있습니다. 실제 논의와는 상관없는 주제를 논의에 포함시켜 혼란을 일으키는 것입니다.

협상의 기본전술

(12) 거절

협상자체를 거절하는 것도 때로 좋은 협상전술이다.

상대가 자신의 주장만을 고집할 경우 안 되는 것은 안 된다고 단호히 거절하는 것도 상대의 협상전략을 수정하게 할 수 있는 계기가 된다.

그러나 거절하고자 할 때는 거절하는 이유를 상세히 설명할 필요는 없다. 상대 스스로가 거절의 이유를 찾도록 해야 한다.

- 협상자체를 거절하는 방법도 좋은 협상의 한 전술이 됩니다. 상대가 끝없이 자신의 주장을 일방적으로 수용할 것을 요구할 경우 안 되는 것은 절대 안 된다고 단호하게 거절하는 것도 때로는 상대의 협상전략을 수정하게 하는 계기가 될 수 있기 때문입니다.

- 상대의 제안에 대해 No라고 거절하는 것은 상대가 한 번 더 신중하게 생각하도록 만들어줍니다.

- 여기서 유의하여야 할 것은 거절하게 될 경우 거절하는 이유를 상세히 설명할 필요는 없다는 것입니다. 상대가 스스로 거절의 이유를 찾도록 해야 합니다. 또한 어차피 자신의 요구안을 일방적으로 주장하는 사람들은 거의 대부분 상대가 설명하는 거절의 이유는 관심이 없기 때문입니다.

- 아마 거절의 이유를 설명하면 상대방은 그 이유를 무력화 하려 할 것입니다.

- 가령, 친구의 무리한 부탁에 거절할 요량으로 "어유 부인 때문에 그렇게 하기는 곤란해 미안해." 라고 하였다고 합시다. 그러면 부탁한 이는 이렇게 말할 것입니다. "자네 부인은 내가 이미 전에 부탁도 해놓았고 내 부탁이라면 거절 못할 거야 그러니 아무 걱정 말고 내 말대로 좀 해줘." 이런 식입니다.

협상의 기본전술

(13) 제압

협상의 처음부터 상대방을 완전하게 제압하는 방법, 또는 처음부터 협박, 위협 등을 통해 나의 힘을 과시함으로써 상대가 복종하도록 만드는 것이다.

그러나 협상의 주도권을 잡는 것이 더 바람직하다.

- 협상의 처음부터 상대방을 완전하게 제압하고 나가는 방법도 있을 수 있습니다. 이는 주로 협상과정에서 불리하게 된 측이 협상을 끝내고자 할 때 쓰는 전략입니다. 때로는 유리한 측에서 불리한 측에 압력을 넣는 방법도 될 수 있는데 상대방의 핵심부를 초토화시킨다는 심장지대(Heartland) 전략이 가장 대표적입니다.

- 그러나 이는 여러모로 부정적인 후유증이 많아 그보다는 주도권을 쥐고 협상을 이끌어가는 것이 더 효과적입니다.

- 협상의 주도권을 쥔다고 함은 협상에 대한 준비에서부터 협상결과에 이르기까지 내가 먼저 적극적으로 나서는 것입니다. 가령, 협상하기 전에 협상의제를 먼저 제시하고, 협상장에 상대보다 일찍 도착하여 미리 심리적인 안정을 취한다거나 아니면 상대가 심리적으로 도움을 받았다고 느끼도록 힘든 일을 내가 맡아 처리하는 것입니다. 성공적인 설득의 첫걸음은 상대를 기분 좋게 만들어주는 것부터입니다.

협상의 기본전술

- 차량 가격에 대한 정보 없이 자동차 매장을 찾아갔습니다. 일단 가격 정도나 알아보고자 할 요량이었습니다.

- 그런데 자동차 딜러는 보자마자 나에게 이런 질문을 합니다. "얼마까지 준비할 수 있으세요?" 순간 기분이 확 상합니다. 내가 도대체 얼마를 말해야 무시당하지도 않고 적정한 가격을 만들어갈 수 있는가? 등의 생각에 머리가 아픕니다. 이때 딜러가 나에게 한 질문은 나를 초기부터 제압하기 위한 것입니다. 설사 내가 여기저기 알아 온 가격을 먼저 말하면 협상의 주도권이 상대에게 완전히 넘어가게 됩니다. 이런 식이면 협상에서 이길 수 없습니다.

- 이럴 때는 다시 질문을 던져 주도권을 내게로 가져와야 합니다. "차량을 인도하기까지 얼마에 주실 수 있는데요?"

협상의 기본전술

(14) 결렬

협상을 통한 합의도출의 가능성이 없거나 상대가 일방적이고도 과도한 요구를 할땐 협상을 결렬시키는 것도 좋은 전술이 된다.

그러나 협상을 결렬시킨다고 하더라도 협상을 계속했을 경우의 이익과 결렬되었을 경우의 이익을 비교하는 것이 우선되어야 한다.

물건이 아주 좋군요. 그런데 부속품 하나 더 주실거죠?

손님. 지금 드리는 가격은 최저가입니다. 그건 좀 곤란합니다.

저도 나름대로 알아보고 온 겁니다. 그 정도는 충분히 가능하지 싶은데요.

어디서 그런 이야기를 들으셨는지는 모르지만 원가가 워낙 올라서 말이죠.

그래요? 안 된다 이거죠? 그러면 하나 더 주는 집에 가도록 하죠 뭐.

아니, 손님 ① 그러시죠 다른 곳에 가세요. ② 더 드리죠. 대신 소문내지 마세요. 들으셨는지는 모르지만 원가가 워낙 올라서 말이죠.

- 잘못된 협상보다는 협상 결렬이 좋습니다. '아니요' 라고 말할 수 없다는 느낌이 든다면 나는 이미 상대에게 인질로 잡힌 셈입니다. 내가 수락할 수 있는 최종 가격이 얼마인지 명확히 알고 있다면 기꺼이 협상을 그만둘 수 있어야 합니다. 모든 상황이 나에게 불리할 때는 도망가는 것이 상책입니다. 그대로 있으면 내가 질 것이 분명한데도 그 자리에 자존심이나 체면 때문에 계속 남아 있는 것은 어리석은 짓이기 때문입니다.

- 상대가 너무 강하면 때로는 피할 수도 있습니다. 절대 창피한 일이 아닙니다. 다음을 기약하는 것이 현명한 행동입니다. 이와 같이 상대방의 입장에 전혀 융통성이 없고 상대방의 주장에 원칙적인 근거 등을 찾을 수 없을 때는 협상을 통한 합의도출의 가능성이 없는 경우가 많이 있습니다. 또한 상대방의 과도한 일방적인 요구에 대해서 더 협상을 진전시키는 것은 오히려 협상하기 전보다 더 나쁜 결과를 가져올 수 있습니다.

- 그럼에도 불구하고 이제까지 협상과정에 투자한 시간과 비용이 아까워 협상을 어떻게 해서라도 타결시켜려 한다면 오히려 협상하기 전보다 더 나쁜 경우가 발생하게 됩니다. 따라서 이러한 경우 협상을 결렬시키는 것도 하나의 좋은 전술이 됩니다.

- 위 사례에서 ①번과 ②번 중 어느 것이 정답이라고 말하기는 어렵습니다. 협상이 결렬되었을 경우와 계속했을 경우의 이익이 비교되어야 하기 때문입니다.

협상의 기본전술

(15) 극단

상대를 극단까지 밀어붙여 협상에서의 성과를 얻고자 하는 방법이다. 이것은 협상이기보다는 투쟁의 한 방식에 가깝다.

그러나 힘의 원리가 지배적인 구조에서 약자가 이길 수 있는 유일한 게임이기도 하다.

- 일명 벼랑끝전술(Brinkmanship)로 상대방을 끝까지 밀어붙여 협상에서의 성과를 얻어내고자 하는 방법입니다. 이는 두 대의 차를 몰고 낭떠러지를 향해 나란히 달리거나 또는 두 차가 마주보고 달리다 마지막 순간 운전자가 밖으로 뛰어내리는 건달들의 담력시험 경기인 속칭 치킨게임(Chicken Game, 겁쟁이경기)과 같습니다.

- 그러나 이 전술은 서로 상대방이 굴복하기를 기대하면서 위험을 감수하다 보니 둘 다 죽음이라는 파국을 맞기도 합니다. 이때 상대방을 더욱 위협한다고 자신의 핸들을 뽑아 창 밖으로 던져버리기도 합니다. 그런데 핸들을 뽑아도 상대가 볼 때 뽑아야 효과가 있지 상대가 안보고 있는데 핸들을 뽑게 되면 오히려 역효과가 발생합니다. 또 상대방이 차에 보조 운전장치가 발 밑에 하나 더 있겠지 하고 생각한다면 그 위험천만한 행위는 애초 기대하였던 효과를 기대할 수 없게 합니다.

- 치킨게임에 대해 좀 더 자세히 살펴보겠습니다.

협상의 기본전술

• 두 대의 차가 양 끝에 서있다가 서로를 향해 똑같은 속도로 똑같은 시간에 출발합니다. 운전자는 서로 충돌하기 전에 사잇길로 빠질지 혹은 충돌을 감수하고 계속 달릴지를 결정해야 합니다. 먼저 방향을 틀거나 가속기에서 발을 떼는 사람이 게임에서 집니다.

• 1955년 제임스 딘의 영화 이유 없는 반항(Rebel Without Cause)에서 치킨게임이 나옵니다. 결국 버즈라는 젊은이는 마지막 순간 차에서 탈출하지 못하고 죽음이라는 파국을 맞게 됩니다.

• 벼랑끝전술로 불리는 치킨게임의 대표적인 예로 1962년 쿠바 미사일 위기를 들 수 있습니다. 구 소련이 쿠바에 미국을 목표로 하는 미사일을 배치하여 핵전쟁 직전까지 달리게 됩니다. 이에 미국도 전쟁을 불사하겠다며 맞서자 결국 구 소련은 미사일을 철수시켰지만 쿠바를 점령하지 않겠다는 양보를 미국으로부터 얻어냈습니다.

• 지금은 경제학적 용어로 더 많이 사용됩니다. 국내정치나 노사협상, 국제외교, 산업 등에서 상대의 양보를 기다리며 갈 때까지 가다가 파국으로 끝나는 사례를 설명할 때 많이 사용됩니다.

• 조선후기의 거상 임상옥은 가격담합을 한 중국상인들 앞에서 인삼을 태워버린 뒤 남은 인삼을 더 비싼 가격에 팔아 큰 이익을 보게 됩니다.
이는 두 경쟁자가 극단적인 전술을 택하여 하나가 이기면 다른 하나는 필연적으로 지게 되는 것으로 전형적인 제로섬게임이며 일종의 치킨게임(Chicken Game)입니다.

협상의 기본전술

(16) 속임수

상대에게 거짓말을 하거나 허위사실을 유포하여 함정을 파고 상대가 걸려들기만을 기다리는 경우 등 고의적인 속임수를 사용하여 협상목표를 달성하고자 하는 것이다.

물론 상대가 속임수를 쓰는지 안 쓰는지는 결과가 확정될 때까지는 알 수 없다.

그렇다고 늘 상대를 의심할 수는 없다.

다만 상대의 행위나 언어가 사실에 근거한 것인지를 확인하려는 최소한 노력이 필요하다.

- 협상을 하다 보면 거짓말이 때로는 유용하게 쓰여질 수도 있습니다. 그러나 분명한 것은 거짓말을 하거나 속임수를 쓰면 언제나 최종결과는 나쁘다는 점입니다.

- 어느 정도의 거짓말이나 속임수는 있을 수 있다고 양측이 모두 예상합니다. 하지만 거짓말이나 속임수를 쓰다가 걸리면 협상자체가 위협받을 수 있습니다.

- 상대가 거짓 속임수를 쓸 경우 그러한 거짓말이나 속임수를 제어할 자신이 있는 경우를 제외하고는 그 협상은 취소하는 것이 좋습니다. 한번 거짓말을 한 사람은 다음에도 거짓말을 하기 마련입니다.

- 골프에서 기준 타수보다 하나 더 많은 타수를 보기라고 하는데 협상과정에서 처음에는 중요하지 않은 의제를 중요한 의제처럼 포장함으로써 어떠한 의도를 가지고 협상에 임하는지 알기 어렵게 하거나 실제 중요한 의제에서 양보를 얻기 위한 보기(Bogey)전술이 이에 해당됩니다.

협상의 기본전술

(17) 침묵

인간은 자신 스스로가 수집한 정보를 바탕으로 스스로 결정한 것을 확신하고 있는 경우가 많다.

이런 심리를 이용한 것이 침묵전술로 협상의 주도권을 가지게 되는 경우가 많다.

- 침묵하는 사람은 지적으로 보입니다.
- 또한 침묵은 상대방을 조급하고 궁금하게 만들어 상대의 양보를 이끌어내는 데 탁월한 효과를 발휘하기도 합니다.
- 마음에 들지 않는 상황에 처하였을 경우 극도로 절제력을 발휘하여 단지 침묵하는 것만으로도 유리한 효과를 맛볼 수 있습니다.

협상의 기본전술

- "회사 사정이 너무 안 좋아요." 라는 말은 연봉협상을 하는 직장인들이 회사로부터 가장 자주 듣는 말이라고 합니다. 그러면 직장인들은 무슨 말을 제일 많이 할까요? "동종업계 평균보다 연봉이 너무 낮아요."라고 합니다.

- 내 월급을 올리려면 어떻게 할까요? 일을 열심히 하고 좋은 성과를 내면 됩니다. 그러나 아무리 좋은 성과를 내었다 하더라도 연봉협상을 잘하지 못하면 물거품 될 수 있습니다. 그리고 일을 잘했을 때만 연봉협상을 잘할 수 있는 것도 아닙니다. 연봉 인상은 안 되더라도 협상을 통해 얼마든지 관리자의 관심과 지원을 얻어낼 수 있습니다. 그렇다면 연봉협상을 대충 하는 것이 아니라 연구하고 준비해야 합니다.

- 첫째, 나의 가격을 알아야 합니다. 내가 가진 강점, 전문성, 자격 등이 다른 사람들과 비교했을 때 어느 정도인지 알아야 합니다. 회사에 기여한 실적과 성과를 스스로 평가해서 객관적인 자료를 만들어야 합니다.

- 둘째, 내가 목표로 하는 연봉과 혜택의 범위를 알고 있어야 합니다. 스스로 생각한 연봉에서 얼마 아래로는 받을 수 없다는 목표 수준을 미리 정해 놓아야 당황하지 않고 대응할 수 있습니다. 너무 많은 급여를 요구하는 것은 오히려 역효과를 불러 올 수 있습니다.

- 셋째, 회사가 먼저 연봉의 구체적인 수치를 제안하도록 하는 것이 좋습니다. 월급을 말하기 전에 일에 대한 책임과 역할에 대해 논의하는 것도 좋습니다. 성급한 결정은 금물입니다.

- 넷째, 연봉 이외의 조건도 협상해야 합니다. 휴가를 더 받거나 무이자 대출을 받거나 스톡옵션을 받을 수도 있기 때문입니다.

협상의 기본전술

❸ 환경전술

협상과정을 둘러싼 환경적 요인도 상대방을 설득시키는 데 중요한 역할을 한다.

(1) 장소

일반적으로 협상 장소는 자기 관할 영역에서 하는 것이 상대적으로 유리하다.
하지만 반드시 그렇지는 않다.
때문에 중립적인 제3의 장소에서 하는 경우가 많다.

- 먼저 환경전술의 장소부터 살펴보겠습니다.

- 거리를 돌아다니는 주인 없는 개들은 대부분 꼬리를 내리고 사람들의 눈치를 보면서 구석으로만 다닙니다. 그에 비해 주인 있는 개는 다릅니다. 걸음도 당당하게 자신있으며 괜히 지나가는 사람을 보고 맹렬하게 짖어대기도 합니다. 이래서 옛날 속담에 똥개도 제집에서는 50점 먹고 들어간다는 이야기가 있습니다.

- 협상도 마찬가지입니다. 현명한 협상자는 자신에게 불리한 장소에는 절대 가지 않습니다. 상대를 자신 쪽으로 불러들여 협상을 마무리 합니다.
  물론 협상장을 상대편의 장소로 하였다고 해서 항상 불리한 것만은 아닙니다.

- 방문 협상은 협상준비에 신경 쓸 필요 없이 협상에만 전념할 수 있으며, 협상 과정 중에는 본부에 조회해봐야 한다면서 정보 제공을 보류할 구실을 갖거나 시간을 벌 수도 있습니다.

- 반대로 협상이 난항에 빠졌을 때 상대방의 상급자와 직접 접촉할 수 있는 기회가 언제든지 있습니다. 오히려 홈 그라운드의 이점은 상대방으로 하여금 자신의 관할 영역에서 벌어지는 협상이므로 실패해서는 안 된다는 심리적 압박감으로 작용할 수도 있습니다.

- 따라서 협상참여자들은 양자에게 공평한 장소로서 중립적인 제3의 장소를 택하거나 서로의 관할영역에서 번갈아 개최하는 경우가 많습니다. 제3자가 분쟁에 개입할 때는 제3자의 영역으로 당사자들을 모이게 하기도 합니다.

협상의 기본전술

- 어떤 상품을 판매하는 당신의 회사는 A지역에 있습니다. 그 상품을 구입하려는 상대 회사는 B지역에 있습니다. 어디선가 만나서 협상을 해야 합니다.

- 어디서 협상을 하는 것이 좋을까? 당연히 당신의 회사가 있는 A지역에서 하는 것이 여러모로 유리합니다. 그러나 구매자를 A까지 오라고 하기에는 예의가 아닌 것 같습니다. 그렇다고 하여 위 사진의 대화처럼 어디에서 할까요 라고 묻거나 자발적으로 B지역으로 가겠다는 것은 협상의 결과에 좋을 것이 없습니다. 따라서 맛집을 핑계로 회사로 한 번 바람도 쐴 겸 오라고 권유하는 것이 먼저입니다. 아니면 최소한 제3의 장소에서라도 하는 것이 좋습니다.

협상의 기본전술

(2) 의자의 종류와 배치

협상의 성격에 따라 의자의 종류와 자리배치를 달리 할 수 있다.

- 바닥이 딱딱하고 고정되어 조금 불편한 의자가 협상에서는 좋은 결과를 내는 경향이 있습니다. 불편하기 때문에 일을 빨리 끝내려고 안달하게 된다는 것입니다.

- 협상에서 필요한 필기구는 준비해두었다가 누군가 필요하다고 이야기를 하면 꺼내주는 것이 좋습니다. 심리적으로 도움을 받았다고 느끼도록 만드는 것입니다.

- 2003년 8월 북한 핵문제 및 한반도 비핵화를 위해 한국, 북한을 비롯한 미국, 러시아, 중국, 일본 등 6개 나라가 참가하는 다자회담이 개최되었습니다. 이때 회담장의 6각형 테이블을 배치하였는데 나라별로 수석대표를 포함한 3명의 대표가 앉았습니다. 이때 각국의 대표들을 지원하는 나머지 대표자들은 메인테이블 뒤에 각각 마련된 15석의 자리에 앉아 회담을 지원합니다.

- 나라별 좌석은 각국 대표가 나라명의 알파벳 순서로 앉도록 되어 있었지만 북한 측이 미국의 바로 옆에 앉고 싶어하였습니다. 그에 따라 입구쪽에 위치한 개최국 중국을 기준으로 왼쪽부터 시계방향으로 한국, 러시아, 미국, 북한, 일본이 자리잡도록 하였습니다.

- 2003년 8월부터 2007년 9월까지 모두 6차례 회담이 열렸습니다. 이후 2016년 3월까지 9년째 유명무실한 상태입니다.

협상의 기본전술

(3) 테이블

UN 국제연합안전보장이사회 회의장에는 미국, 영국, 프랑스, 러시아, 중국의 5개 상임이사국과 10개의 비상임이사국이 참석하게 된다. 이곳에는 원형에 가까운 말굽모양의 테이블이 배치되어 있다. 이는 로마제국 초기의 기독교미술에서 유래되었는데 거부권을 지난 상임이사국들이 서로 첨예한 대립과 갈등이 빈번하게 빚어지는 것과 관련이 있다. 말굽모양은 다른 각도로 보면 열쇠구멍의 형태이기도 한데 회원국간의 갈등현안들에 대한 상호 해결책을 모색하는 것을 의미하는 것으로 볼 수 있다. 이처럼 협상에서는 사용되는 테이블도 협상의 성격에 따라 달리 사용하는 것이 좋다

- 테이블은 항상 뭔가 쓰기에 적합한 공간과 참여하는 모든 사람에게 충분한 공간을 주는 것이 좋습니다. 테이블의 크기는 가급적이면 최소로 하는 것이 유리합니다. 상대방을 너무 편안하게 만들어주면 협상이 오래 걸릴 수가 있습니다.

- 러시아와 우크라이나간의 가스분쟁이 한참이던 때에 우크라이나와 유럽연합(EU)이 유럽행 러시아산 천연가스가 제대로 수송되는지에 대한 감시단 파견과 관련한 협상장면이 보도된 적 있습니다. 원형의 테이블 좌측 중앙은 우크라이나의 총리 율리아 티모센코(Yulia Tymoshenko)가 앉았고, 우측의 중앙은 EU 순회의장국을 맡은 체코의 토폴라네크(Topolanec) 총리가 앉았습니다.

- 전형적인 국가 대표단 간 협상으로 대개 사각 형태의 협상 테이블은 같은 대화라고 하더라도 경쟁, 설득, 논쟁의 분위기가 강하게 나타납니다. 원형의 테이블은 협상에 참여한 사람들 간에 우호적, 수평적, 참여적인 분위기로 친밀감을 더욱 높여줄 수 있습니다.

- UN 국제연합안전보장이사회 회의장도 원형에 가까운 말발굽 형태로 되어 있는 것은 같은 이유에서 비롯되었다 할 수 있습니다.

협상의 기본전술

협상테이블의 자리유형

- 협상테이블이 있을 경우 크게 4자리의 유형으로 나누어볼 수 있습니다.
  협상이 교착상태에 빠질 경우 조정자나 중재자를 선임하게 되는데 이때 제3자는 회의를 주재할 수 있는 자리에 앉게 됩니다.
  협상을 진행하는 양당사자는 마주보고 앉게 되는데 보통 중앙에 협상대표단의 단장이 앉습니다.

- 대표단 단장의 좌우측에 단장을 보좌할 인원들이 앉게 됩니다.

이때 선임자는 보통 협상단 대표의 오른쪽에 앉는 경우가 많습니다. 오른쪽 바로 옆에 앉는 사람이 보통 단장이 믿고 신뢰하는 사람이라고 보는 경우가 많기 때문입니다. 그러나 단장이 왼손잡이라면 반대일 것이며 조정자나 중재자가 있을 경우에도 반대입니다. 회의안건을 간접적으로 보좌할 인원은 보좌3의 자리에 앉게 됩니다.

Section 4

협상은 어떻게 이루어지는가?

강의 7

협상과정의 이해

어느새 이 강의도 후반부를 향해가고 있습니다.

지난 강의에서는 협상의 기본 전술로서 행태전술과 환경전술을 중심으로 알아보았습니다.

이번 강의에서는 협상이 어떻게 이루어지는지에 대해 협상과정을 중심으로 살펴보도록 하겠습니다.

협상과정의 이해

1. 협상과정의 이해

협상과정이란 협상환경과 협상안을 마련하여 구체적으로 협상을 진행하는 일련의 과정을 말한다.

넓은 의미에서 협상과정은 협상의 사전 준비과정은 물론 사후관리까지 포함한다.

- 중요한 협상을 바로 눈앞에 두고 있다면 왠지 가슴이 두근두근거리고 혹시 잘못되면 어떻게 하나 등의 걱정이 들게 마련입니다. 그런데 이러한 협상에 대한 근심과 걱정은 대부분 협상을 제대로 준비하지 않은 것에서 비롯됩니다. 협상이 어떻게 전개될 지 모른다는 불확실성이 너무나 많기 때문입니다. 이러한 점은 협상과정을 전반적으로 이해하고 각각의 국면마다 대응책을 가지고 있다면 걱정이나 불안감 등은 어느 정도 줄일 수 있습니다. 때문에 협상과정에 대한 올바른 이해와 숙지는 협상을 원활히 풀어나가기 위한 중요한 열쇠가 되기도 합니다.

- 협상과정이란 협상환경과 협상안을 마련하여 구체적으로 협상을 진행하는 일련의 과정을 말합니다. 보다 넓은 의미에서 협상과정은 협상의 사전 준비과정은 물론 사후관리까지 포함합니다.

협상과정의 이해

○ 협상과정은 3단계, 4단계, 7단계로 구분된다.

3단계	7단계 (RESPECT)	4단계
준비 단계	Ready Yourself 준비단계	협상의 사전 준비
	Explore Needs 욕구의 조사	
	Signal for Movement 전개를 위한 신호	협상 어젠다의 분석과 개발
문제 해결 단계	Probe with Proposals 제안의 탐색	협상의 과정관리와 협상활동
	Exchange Concessions 양보의 교환	
	Close the Deals 거래의 종결	
합의단계	Tie up the Loss Ends 결말	합의의 도달과 이행

출처: Putnam & Roloff(1992), Communication and Negotiation, Newbury Park:Sage, pp.87-89; Mills(1991), Negotiate: The Art of Winning, pp.10-13을 참고

• 협상의 단계는 협상의 자체적인 특성이 무엇일까요? 협상이 어떠한 상황에 있는가에 따라 다양한 과정으로 구성됩니다. 급박하게 돌아가는 인질협상에서부터 국가 외교적인 협상에 이르기까지 그 절차와 과정은 각기 다릅니다. 대부분의 협상은 협상과정을 크게 협상의 준비단계, 협상과정이 본격적으로 진행되는 문제해결단계, 그리고 협상의 마무리가 이루어지는 합의단계, 3단계로 구분할 수 있습니다. 이를 세분하여 보면 협상과정을 7단계 (RESPECT)로 구분할 수 있습니다.

협상과정의 이해

○ 이 강의에서는 다음의 4단계로 구분

협상과정 4단계

1) 협상의 사전준비 2) 협상 어젠다의 분석과 개발
3) 협상의 과정관리와 협상활동 4) 합의의 도달과 이행

❶ 협상의 사전 준비

○ 협상을 통해서 달성할 목표를 설정하고 목표들 간의 우선순위 결정이 필요하다. 목표달성을 위한 전략과 전술의 내부적 합의가 이루어져야 하며 협상 상대방에 대한 철저한 정보수집 등이 필요하다.

(1) 협상 참가자의 결정과 협상팀의 구성 (2) 협상형태의 결정 (3) 협상환경의 조성

- 이 강의에서는 학습의 효율성을 높이고자 협상과정을 4가지 단계로 나누어 설명하고자 합니다. 협상의 사전 준비, 협상어젠다의 분석과 개발, 협상의 과정관리와 협상 활동 그리고 합의의 도달과 이행의 네 단계입니다.

- 먼저 협상의 사전 준비부터 알아보겠습니다.

- 협상의 사전 준비단계에서 포함되는 내용은 매우 다양합니다. 앞서 협상의 원칙에서 살펴보았지만 협상의 사전 준비, 혹은 협상 준비단계에서는 우선 협상을 통해서 달성할 목표들을 정하고 목표들 간의 우선순위를 결정해야 하는 일이 가장 기본적입니다. 목표달성을 위해 어떠한 전략과 전술로 임할 것인지가 내부적으로 합의되어야 합니다. 마지막으로 협상 파트너에 대한 철저한 정보가 수집되어야 합니다.

- 그와 동시에 사전 준비단계에서 고려하여야 할 사항은 협상 참가자와 협상팀, 협상 형태 그리고 협상 환경으로 크게 구분됩니다. 협상 참가자와 협상팀은 협상 참가자, 참가자의 역할 분담, 협상팀으로 구분되고, 협상 형태는 회의 구조와 협상 절차, 그리고 협상 환경은 협상 장소, 공간 배치, 협상 시간, 협상 자금, 협상에 대한 여론, 융통성 등으로 구분됩니다.

협상과정의 이해

(1) 참가자 결정과 협상팀의 구성

○ 참가형태는 대표자에 의한 것과 모두가 참여하는 공개방법으로 구분

○ 다양한 집단을 대표할 수 있는 범주로 참가자의 결정

○ 협상을 위한 집단의 적정규모는 일반적으로 8~12명 사이

○ 이해관계집단 목록을 작성하고 각 범주별 대표자수를 결정

○ 협상은 팀워크 과정으로 사전 조율과 팀웍 강화 노력 필요

○ 주창자, 회의소집자, 후원자, 의장, 촉진자, 기록자, 기술전문가, 지원자, 관찰자, 조정 및 중재자 등 관계자 역할분담

• 협상을 시작하기 전에 상대팀이 어느 정도의 숫자로 구성되는가를 파악해야 합니다. 적어도 상대팀과 동수이거나 더 많아야 유리한 경우가 많습니다. 적은 쪽이 쉽게 지치고 협상의 주도권을 잡기 불리합니다. 그래서 대부분 공식협상은 사전협상을 통해 참가인원을 동수로 하는 경우가 많습니다.

• 일반적으로 참가형태는 대표자 방식과 모두 참여하는 공개적 방식으로 구분됩니다. 참가형태가 결정되면 협상 참가자 범위를 결정해야 합니다. 이때 각각 협상 참가자들이 일정한 이익집단을 대표할 수 있어야 함이 기본입니다. 협상을 위한 대표자의 적정규모는 경우에 따라 다르겠지만 공식적 사안일 경우 일반적으로 8~12명 정도, 이보다 더 다양한 지식과 견해가 요구된다면 더 큰 규모가 바람직합니다. 이슈가 복잡하고 참가자가 다양할 경우, 합의까지 시간이 많이 걸리고, 회의가 계획적으로 진행되기 어렵습니다.

• 한 사람의 협상가가 협상에 관한 전문 지식과 협상 능력을 갖추고 조직 내의 이해 관계를 적절히 반영할 수 있다면 더 이상 바랄 것이 없습니다. 그러나 한 사람의 협상가가 이 모두를 갖추기는 현실적으로 불가능합니다. 따라서 협상은 팀워크로 이루어지는 과정으로 이해되어야 합니다.

협상과정의 이해

한-칠레 FTA 협상과정의 난맥상

첫째, 협상 기간 동안 한국측 협상 수석대표 등의 교체

둘째, 관련 부처 간의 이견과 대립으로 빚어진 갈등

- 2004년 4월에 발표된 한-칠레 자유무역협정은 우리나라의 첫 FTA입니다. 이때부터 대한민국은 보호무역에서 자유무역으로 전환하는 계기가 됩니다.

- 한-칠레 FTA 협상은 1998년 FTA협상 개시를 선언하여 4년 3개월 만에 FTA 협상을 타결하게 됩니다. 그 후 국회의 비준동의안 통과 이후 후속 협의를 진행, 2004년 4월에 발효되었습니다.

- 협상 기간 동안에 협상이 제대로 진전되기 어려운 일들도 있었습니다. 우리 측 협상 수석대표가 협상이 진행되는 와중에 자주 바뀌고 실무진마저도 교체되는 등 협상의 안정적 팀워크를 유지하기 힘들었습니다. 또 협상에 참여하는 부처 간에 이견과 대립으로 빚어진 갈등은 협상의 '발목'을 잡기도 했습니다.

- 그렇지만 이러한 협상의 경험과 Know-How 등이 쌓여 지금 우리나라는 전 세계 55개국과 총 16건의 FTA가 운영되고 있어 가히 FTA 강국이라고 할 수 있습니다. 이는 2019년 기준 미국 14건, 일본 15건 중국 16건에 뒤지지 않는 숫자입니다.

협상과정의 이해

(2) 협상 형태의 결정

○ 공공분쟁의 경우 협상 구조는 공공회의, 주관단체와 자문위원회, 문제해결 워크숍, 공식적 협상회의 등으로 분류

○ 협상절차는 처리절차의 채택, 협상 참가자의 교육, 선택대안의 개발, 합의도달의 4단계를 거친다.

- 협상 전에 협상 과정에서 실제 어떤 형태로 해나갈 것인가도 결정되어야 하는데 문서교환, 직접대면, 전화사용 등 여러 가지 방법이 있을 수 있습니다. 이를 우리는 협상 수단이라고 하는데 이 역시 협상으로써 결정됩니다.

- 의사소통은 말뿐만 아니라 다른 방법으로도 이루어질 수 있으며 때로는 사소한 행동 하나가 장황한 말보다 훨씬 많은 것을 시사해 줄 수도 있습니다. 따라서 상대방의 고개끄떡임, 표정변화, 몸짓을 관찰함으로써 중요한 정보를 얻어낼 수 있습니다.

- 만약 전화를 통해 협상을 한다면, 이러한 비언어적 형태의 의사표현을 관찰할 수 있는 기회를 잃기 때문에 일반적으로 중요한 사안에 대해서는 전화를 통한 협상을 피하는 것이 바람직합니다.

- 한편 공공분쟁에 있어 협상의 구조는 공공회의, 주관단체와 자문위원회, 문제해결연구회, 그리고 공식적인 협상회의 등으로 구분할 수 있습니다.

- 협상 절차는 일반적으로 처리절차의 내용, 협상 참가자의 교육, 선택사항의 개발, 그리고 합의의 도달이라는 4단계를 거치게 됩니다.

협상과정의 이해

(3) 협상 환경의 조성

○ 협상 결과를 순응적으로 유도하기 위해 적절한 협상 환경 마련
○ 협상력이 극대화될 수 있는 시간적 요소의 철저한 관리
○ 협상 장소의 이점을 살릴 수 있는 전략
○ 좌석배치 등과 같은 협상을 위한 물리적 공간배치 검토
○ 협상 과정에 소요되는 비용과 지원방안의 사전결정
○ 언론매체의 활용여부 결정
○ 협상 진행의 융통성

- 협상 환경은 매우 중요합니다. 협상 환경이 불리하여 협상이 실패로 돌아가기도 하기 때문입니다.

- 협상 시간은 협상 결과에 큰 영향을 미칩니다. 따라서 협상력이 극대화되는 시점으로 협상시기를 맞추어야 합니다. 가령, 에어컨을 사려면 겨울에 미리 구매하는 것이 현명한 것과 마찬가지로 시간을 어떻게 활용하느냐에 따라 협상의 결과는 얼마든지 달라질 수 있습니다.

- 협상 장소의 결정은 두 협상측 사무실 중에서 선택하는 것이 일반적입니다. 자신의 사무실에서 협상하는 경우 첫째, 협상테이블, 의자 배열 등 주최 측은 물리적 배열을 유리하게 구성할 수 있습니다. 둘째, 주최 측이 더욱 주도할 수 있는 분위기로 될 가능성이 많습니다. 셋째, 주최 측은 여행 경비와 시간을 절약할 수 있습니다.

- 상대방 사무실에서 협상하는 경우에도 이점은 있습니다. 우선, 불리한 자료를 요구 받았을 때 거절할 수 있습니다. 둘째, 상황이 불리할 때 협상을 중단시킬 수 있는 핑계를 찾기가 용이합니다. 셋째, 주최 측의 실수나 문제점을 지적하여 심리적으로 우위를 차지할 수 있습니다.

- 협상을 위한 물리적 공간설정 역시 협상 분위기에 큰 영향을 미칩니다. 일반적으로 중립적 좌석 배치라 함은 두 협상 측이 같은 종류의 좌석 및 시야를 가지는 것을 의미합니다. 이때 원탁회의가 각진 테이블에서 벌이는 협상에 비해 훨씬 비공식적이고 친근한 분위기를 줍니다.

협상과정의 이해

❷ 협상 어젠다의 분석과 개발

○ 협상 어젠다 혹은 협상 의제(議題)는 협상을 통해서 공동이익을 증진시키거나 갈등을 해소하고자 할 때 당면한 이해관계를 말한다.

(1) 협상 어젠다의 분석
(2) 협상 목표의 설정
(3) 협상 대안의 개발과 우선순위의 결정

• 협상에서 논의하게 될 협상 어젠다의 분석과 개발을 위해서는 먼저 협상 어젠다, 즉 갈등상황의 분석이 선행되어야 합니다. 현재 상황에 대한 완전한 이해가 되지 않으면 협상을 계획된 방향으로 유도할 수 없으며 지속적인 해결책을 찾기도 어려워집니다.

• 협상 어젠다의 분석과 개발의 중요한 목적은 우리 측의 중요한 협상과제 혹은 우선해결과제를 도출하는 것에 있습니다. 그래야만 협상 어젠다를 선점할 수 있습니다. 협상을 통해 해결해야 할 과제 중에서 가장 시급하게 해결해야 할 어젠다가 설정되면, 어젠다의 선점을 통해서 협상의 주도권을 확보하는 것이 필요합니다.

• 다자 간 무역협상의 경우 어젠다의 선점이 무엇보다 중요합니다. 협상 결과에 따라 국내 산업에 미칠 영향이 큰 분야가 어디인지, 우리가 기대할 수 있는 분야는 무엇인지,를 분석하고 그에 대한 대안을 사전에 준비해야 합니다.

협상과정의 이해

(1) 협상 어젠다의 분석

○ 협상 어젠다의 분석과 개발을 위해서는 갈등상황의 분석부터

○ 예비관찰은 협상의 기본내용에 대한 종합적인 분석을 가능하게 한다.

○ 협상의 성공적인 수행을 위해 협상과 관련한 모든 정보수집 필요

○ 수집된 다양한 정보자료는 재검토하고 평가

• 협상을 진행하기 이전에 먼저 갈등상황의 분석이 필요합니다.
가령, 월드컵과 관련한 텔레비전 중계료를 협상한다고 했을 때, 월드컵에 관한 기본지식은 물론이고 역대 월드컵 경기의 중계 사례에 대한 분석이 필요한 것과 마찬가지입니다. 그 다음에는 이번 월드컵 경기가 역대 경기에 비하여 어떤 의미를 가지는지, 어느 정도의 관심거리가 있는지 등에 대한 상황 분석이 필요합니다. 이러한 상황 분석이 충분하지 않으면 그 이후의 협상 구도를 잡는 데 난점이 있을 뿐만 아니라 협상 과정에서 반복적으로 상황 분석을 해야 하는 문제가 야기될 수 있습니다.

• 예비 관찰이란 협상 내용은 무엇이며 협상 당사자가 누구인가 등에 관한 관찰입니다. 예비 관찰은 이러한 협상의 기본적 내용에 대한 종합적 분석을 하는데 도움을 줍니다.

• 협상은 사람, 처리와 절차, 실체적인 문제들이 섞여 있는 혼합체입니다. 따라서 협상의 성공적인 수행을 위해서는 협상과 관련한 모든 정보의 수집이 필요합니다.

• 정보수집 활동을 통해 수집한 자료는 방대한 양인 만큼 다양한 정보를 재검토하고 평가하는 체계적인 방법이 뒤따라야 합니다. 이를 위해서 정보의 조직화, 정보의 평가, 그리고 정보의 해석이 이루어져야 합니다.

협상과정의 이해

(2) 협상 목표의 설정

○ 협상 어젠다의 분석 이후 협상에서 이루어야 할 목표의 설정단계

○ 첫째, 협상 참여자 간 협상 어젠다에 대한 명확한 인식의 공유, 즉 협상 문제의 정의

○ 둘째, 협상을 둘러싼 외부 제약조건의 확인

○ 셋째, 정보의 교환, 이슈와 이해관계의 확인, 수용 가능한 선택대안의 개발, BATNA 개발, 합의가능영역(ZOPA: Zone of Possible Agreement) 설정 등을 통한 논쟁조정 목표의 설정

• 협상 어젠다의 분석 이후에는 협상의 목표가 설정되어야 합니다. 이를 위해서는 협상 문제의 정의, 외부 제약조건의 확인, 협상 목표의 설정이 필요합니다.

• 협상 문제의 정의 : 협상 문제에 대한 정의가 이루어지면 협상 참여자 간에 같이 해결해나가야 할 협상 어젠다에 대한 명확한 인식의 공유가 필요합니다.

• 그다음으로 협상을 둘러싼 외부 제약조건의 확인이 이루어져야 합니다. 이는 외부 제약조건을 확인한 후에야 협상에 대한 계획이 진전될 수 있기 때문입니다.

• 그 다음 단계는 논쟁조정 목표를 정하는 것으로 협상목표의 설정하는 것입니다. 논쟁조정목표는 보통 정보 교환, 논점과 이해관계의 확인, 수락 가능한 선택사항의 개발, 추천사항의 개발, 그리고 합의에의 도달 등을 포함합니다.

• 그 중에서 목표의 설정 그리고 합의 임계선이라고도 하는 ZOPA에 대해 보다 자세하게 살펴봅시다.

협상과정의 이해

협상 목표 설정의 공식

첫째, 너무 광범위하거나 모호한
목표설정은 곤란
둘째, 좋은 목표는 최종목표를
구체적으로 서술하면서
셋째, 전체적인 접근방향을 잡아줄 수
있어야 한다.

→ **~할 수 있도록 ~한다.**

다음 중에서 좋은 협상목표는?

첫째, 최선의 조건으로 계약을 마무리한다.
둘째, 매월 4천 개 납품기준으로 단가 50원을 확보한다.
셋째, 사업이 올해 안정권에 들 수 있도록 낮은 가격으로 협상한다.

- 협상에서 내가 상대로부터 얻을 것은 무엇일까요? 목표가 먼저 결정되어야 합니다. 아무런 목표 없이 협상에 임한다는 것은 어리석은 짓입니다. 반드시 협상의 목표를 정하고 협상에 임하여야 합니다.

- 이때 목표는 너무 광범위하거나 모호한 목표설정이 되면 전체적으로 잘못된 접근이 나올 수 있습니다. 따라서 좋은 목표는 최종목표를 구체적으로 서술하면서 전체적인 접근방향을 잡아줄 수 있어야 합니다. 목표기술의 방법으로는 다음의 공식이 사용됩니다.

- ~할 수 있도록 ~한다.
  가령, 어떤 비용이 들더라도 새로운 시장을 개척할 수 있도록 이 계약을 성사시킵니다. 향후를 대비, 좋은 협력관계를 맺을 수 있도록 Win-Win 협상을 합니다.

- 위의 문제에서 1번은 너무 모호하고 광범위하고 2번은 양보의 한계를 너무 세부적으로 기술하였으며 3번은 협상의 성사와 장기적 목표를 염두에 둔 좋은 목표라고 할 수 있습니다.

협상과정의 이해

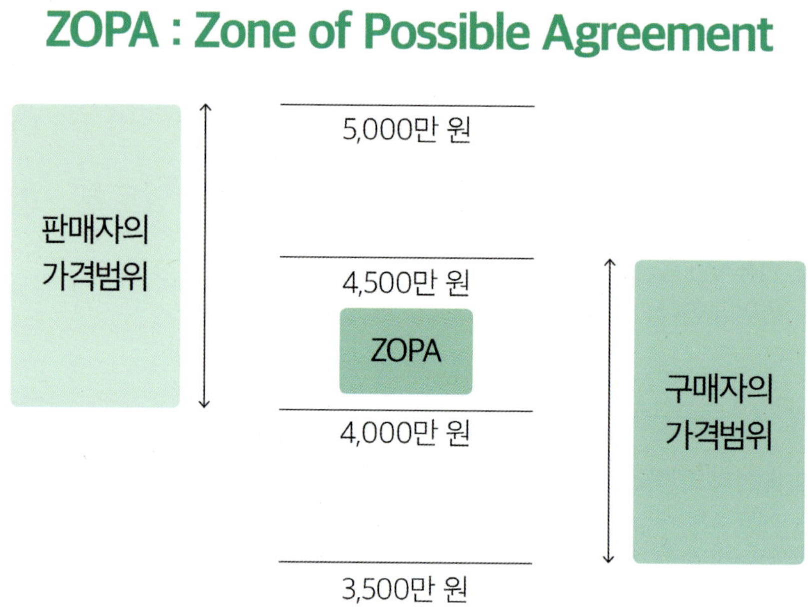

- 합의임계선 혹은 합의가능영역 ZOPA는 구매자의 최저치에서 최고치까지의 영역 그리고 판매자의 최소치와 최대치의 영역이 겹친 부분을 말하는데 바로 협상의 가능영역입니다.

- 이 그림에서 언덕 위의 벽돌집을 판매하려는 A씨는 5,000만 원에 파는 것이 목표이지만 거래를 하기 위해서 4,000만 원까지도 가능하다고 생각합니다.. 같은 집을 구매할 의도가 있는 B씨는 3,500만 원 정도에 사고 싶어 합니다. 하지만 거래를 하기 위해 4,500만 원까지도 생각하고 있습니다. 이렇게 될 경우 A와 B의 합의가능영역 ZOPA는 4,000만 원에서 4,500만 원 사이가 중복되는 것과 같습니다.

- 그런데 한 가지 유의하여야 할 것은 그림에서는 단순히 협상가능영역 ZOPA가 가격만으로 나타나고 있으나 협상이 가격만으로 되는 것은 아니라는 것입니다.

- 나에겐 필요 없는 부분이지만 상대방에게는 중요한 가치를 가지고 있는 부분이 될 수 있으며 상대방이 단순히 가격만이 아닌 다른 비가격적인 측면에 더 많은 관심과 이해를 가지고 있는 경우도 반드시 고려하여야 합니다. 그래야만 ZOPA가 커질 수 있습니다.

- ZOPA가 커진다고 하는 것은 곧 협상의 파이를 크게 하는 것과 같다고 할 수 있습니다. 쉽게 생각해서 나와 상대방이 가지고 있는 BATNA의 교집합입니다.

협상과정의 이해

(3) 대안개발과 우선 순위 결정

○ 창의적인 대안의 개발은 협상성공의 지름길
- Brain Storming, Check List, Mind Map 등의 기법활용

○ 설정된 협상목표들이 상충할 경우 이들 간의 상대적 중요도에 입각해서 우선 순위를 결정하고 상호교환의 판단기준으로 삼아야 한다.

- 협상이 교착상태에 빠지게 될 경우 제3의 대안을 개발할 필요성이 커집니다. 대안개발의 방법으로 브레인스토밍이 긴요하게 쓰일 수 있습니다. 이외에도 체크리스트기법, 마인드맵핑 등도 활용될 수 있을 것입니다.

- 또한 대안을 개발할 때 반드시 개발된 대안에 대한 평가과정이 뒤따라야 합니다. 이러한 평가과정은 또 다른 대안을 찾아내는 계기가 될 수도 있습니다.

- 설정된 협상목표 간에 상충이 있는 경우에는 이들 간의 상대적 중요성에 입각해 우선순위를 파악하여 상호교환의 판단기준으로 삼아야 합니다.

- 프레젠테이션을 앞두고 미리 발표할 내용과 예상되는 질문에 대한 답변을 준비하는 것이 당연한 일이듯 협상 중에 논의될 이슈들과 우선순위를 미리 준비한다는 것은 참으로 중요한 일입니다.

협상과정의 이해

❸ 협상 과정 관리와 협상 활동

○ 협상 과정의 핵심은 협상 참여자 간에 의견을 제시하고 그를 바탕으로 합의를 도출하는 것이다.

○ 또한 합의를 이루어 낸다고 하는 것은 상호 간 수용할 수 있는 타결내용과 조건들을 찾아 낸다는 것을 의미한다.

(1) 협상의 과정관리
(2) 대화에 의한 협상과 관리
(3) 비합리적인 협상자의 관리
(4) 협상 중단과 관리
(5) 협상 조정 및 중재방안

• 협상의 사전준비 그리고 협상 어젠다의 분석과 개발 등이 이루어지고 나면 본격적인 협상 과정에 들어가게 됩니다. 이와 같은 협상 과정은 협상 참여자 간에 의견을 제시하고 그를 바탕으로 합의를 도출해나가는 것입니다. 이와 같은 협상의 과정관리를 다섯가지 국면으로 나누어서 살펴봅시다.

(1) 협상의 과정 관리

○ 의사 일정 수립, 안건의 검토, 다음 협상 계획 수립 등 사전 계획 수립

○ 협상이 합의에 도달할 때까지 생산적, 긍정적인 협상을 유지하고 관련 모임에 대한 관리, 기술적 원조 등의 준비.

○ 발표의 요약, 모든 구성원의 참가 유도, 기본 규칙의 준수, 협상 절차의 제안, 기록 유지 등을 통한 협상 과정의 진행

○ 의사일정을 준수하면서 분명한 발표, 상황에 대한 적절한 설명, 의견 일치의 검토 등을 통해 협상 과정의 의사 소통 시행

- 협상의 과정 관리에서 해야 할 첫 번째 일은 사전에 준비해야 하는 의사 일정 수립, 안건의 검토, 다음 협상 모임을 위한 계획 수립 등 입니다. 이러한 일들이 순서에 따라 발생하는 것은 아닙니다. 일반적으로 협상에 들어가기 전에 협상 과정에서 어떤 순서로 어떤 항목을 다루어야 할지 그리고 다음 협상의 계획은 무엇인지를 인지하는 것이 필요합니다.

- 협상 과정의 환경 관리라 함은 협상이 생산적이며 긍정적으로 될 수 있도록 하고 다양한 협상 모임, 협상 당사자 등에 대한 관리와 인식 또한 그에 따르는 기술적인 원조의 준비까지 마련하는 것을 말합니다.

- 협상 과정의 진행에 있어서는 협상 참가자의 발언이 요약되어 구성원 간에 공유되도록 하고 각 협상 모임에 모든 구성원이 참가하도록 하며, 기본규칙의 준수, 협상 절차의 제안, 기록 유지 등을 통해 협상 과정을 진행해 나갈 수 있어야 합니다.

- 또한 협상 과정에 있어 원활한 의사소통이 되기 위해서는 의사 일정에 맞아야 하고 발표는 분명한 어조와 태도로 하며 상황에 대한 적절한 설명이 가해지는 것이 바람직합니다. 의견 일치에 접근하였을 때 협상 과정을 종결할 수 있는 의견의 일치 여부를 확인해야 합니다.

협상과정의 이해

(2) 대화에 의한 협상과 관리

○ 협상은 사람 대 사람의 대화를 통하여 진행되게 마련

○ 협상이 진전되기 위해서는 안전 보장, 공정한 대우, 합의된 의제의 존중, 부분적 합의의 존중, 유연성, 상호양보, 신뢰감의 형성 등이 필요

○ 상대방에게 제안을 할 때는 간결하게, 구체적으로, 그리고 이유를 설명

○ 경청, 질문, 관찰 등 다양한 효과적인 협상 방법 사용

• 우리가 이미 앞에서 계속 이야기하고 공부해 왔던 것처럼 협상은 대화를 통하여 진행되기 마련입니다. 따라서 협상이 진행되기 위해서는 가장 기본적인 조건으로 안전이 보장되어야 하고 공정한 대우, 합의된 의제의 존중, 부분적 합의의 존중 등이 고려되어야 합니다. 협상 의제를 제안할 때에는 간결하고 구체적으로 하되 제안의 이유를 설명하는 것이 좋습니다.

• 효과적인 협상 방법으로 경청, 질문, 관찰 등 다양한 방법을 사용할 수 있습니다. 이에 관해서는 앞부분을 다시 한 번 복습하는 게 좋을 것 같습니다.

협상과정의 이해

(3) 비합리적 협상자의 관리

○ 협상에서의 지나친 감정은 합리적 협상 타결을 저해할 수 있음

○ 감정적이고도 비합리적인 협상자들을 대상으로 하는 협상에서 무엇보다도 자제력을 잃지 않는 것이 중요

○ 시한의 설정, 객관적 기준의 사용 등이 도움이 될 수 있음

• 협상에서 비합리적인 상대를 만날 때 진행 과정에서 상당한 어려움을 겪게 됩니다. 가장 대표적인 경우는 협상에서의 지나친 감정개입입니다.

• 이에 대한 방어수단으로 시한을 설정하거나 객관적 기준을 사용하는 것은 이미 앞에서 살펴본 바와 같습니다.

• 극단적인 경우를 제외하고는 협상의 상대방이 끝까지 비합리적으로 나오는 경우는 그렇게 많지 않습니다. 상대방의 비합리적 협상 태도 등으로 협상이 좀처럼 진전되지 않을 때에는 나 자신에게 문제점은 없었는지 되돌아보는 것도 필요합니다.

• 나는 합리적으로 상대방과 협상하였다고 생각합니다. 그러나 나도 모르는 사이 상대방에게 내 신념이나 가치를 강요하지는 않았는지, 상대방의 말을 경청하는 대신에 똑같이 맞서 싸우려 했던 것으로 비추어지지는 않았는지를 냉철하게 되돌아볼 수 있어야 합니다.

협상과정의 이해

협상 테이블에서 분별력을 유지하려면

첫째, 균형을 잡자.

둘째, 변장하자.

셋째, 인내력을 발휘하자.

- 협상에서 가장 어려운 것 중의 하나는 협상 테이블에서 실제로 주고받기를 하는 것입니다. 공갈을 쳐야 할지, 포기해야 할지, 공개해야 할지 아니면 상대가 주도할 때까지 기다려야 할지 등입니다. 고민도 많은데 상대가 비합리적인 자세로 협상에 임한다면 더욱 더 협상을 진행하기 어렵습니다. 이에 관련하여 전문가들은 협상 테이블에서 분별력을 가질 수 있는 방법에 대해 이렇게 충고해주고 있습니다.

- 첫째, 균형을 잡자.
  협상장에서 공격적이어야 할 때도 있지만 양보해야 할 때도 있고, 공개하거나 숨겨야 하는 등 여러 상황들이 있게 마련입니다. 상대와 앞으로의 관계가 단 한 번의 만남으로 인해 흔들리는 것이 아니라는 점을 확실히 하기 위해서는 마음대로 할 수 있는 상황이라고 하여도 진행 중에 있는 어떤 쟁점이나 이슈에 대하여 균형을 잡아야 합니다.

- 둘째, 변장도 하자.
  상대가 찾아왔을 때 동종업계의 경쟁사로부터 온 견적서를 삐죽이 보여준다든지, 가방 밖으로 나온 비행기표를 슬쩍 보여준다든지 상대가 협상에 대한 마음을 달리 먹을 수 있도록 그리고 협상이 나에게 유리하게 진행될 수 있도록 겉모습을 변장도 하는 것이 필요합니다.

- 셋째, 인내력을 발휘하자.
  머리에 쥐가 날 것 같은 협상 상황에 이젠 넌덜머리가 난다, 이젠 지쳐서 그만 끝내고 싶다, 싸울 기력도 없다, 도대체 이거 해서 나에게 무슨 이익이 될까 이런 생각이 들기 시작하면 상대는 자신의 전략이 들어맞고 있구나 하며 속으로 쾌재를 부를 것입니다. 상대의 전략에 말려들고 있다고 생각합니까? 그럴 때는 한 발짝 뒤로 물러나 보아야 합니다. 구름 위에서 협상장을 한 번 내려다 봅시다. 고집을 부리는 것이 아니라 느긋함을 보여주고 참고 인내하는 것이 필요합니다.

협상과정의 이해

(4) 협상 중단과 관리

○ 협상에서 휴식과 일시적 중단은 공격 혹은 수비적 목적에서 사용 가능

○ 갈등 등으로 협상이 중단되면 위협, 약속 등으로 관리할 필요가 있음

○ 효과적인 위협 혹은 약속은 상대를 움직이게 하는 방법이 될 수 있지만 그 유효성은 이행의 신뢰도에 달려 있음

- 협상장에서 협상의 일시 중단 혹은 휴식은 협상의 분위기를 반전시키는 데 매우 중요한 역할을 합니다. 그러나 갈등이 너무나 커져버려 협상이 중단되었을 경우는 협상이 더 이상 진전하지 못하고 결렬되는 상황까지 발생할 수 있습니다.
- 이러한 때에는 효과적인 위협 또는 약속 등을 사용하여 상대를 움직이게 할 수도 있습니다. 그러나 그 유효성은 어디까지나 위협하거나 약속한 사항에 대한 이행의 신뢰도에 달려있습니다.

협상과정의 이해

(5) 협상 조정 및 중재 방안

○ 협상이 아무 진전 없이 교착상태에 있을 경우 조정 혹은 중재와 같이 제3자 개입이 효과적으로 작용할 수 있음.

○ 조정(Mediation)은 분쟁 당사자들이 연합하여 조정자의 개입 아래 그들의 차이점을 모색하고 합의에 이르는 과정이며 이때 조정자는 지원하는 데 그치고 해결책을 강제할 권한은 가지고 있지 않다.

○ 중재(Arbitration)는 당사자 합의로 중재인의 판정에 복종할 것을 약정하고 제3자인 중재인의 개입하에 분쟁을 해결

- 앞서 보았듯이 위협이나 약속 등에 의해서도 협상이 더 이상 진전하지 못하고 중단 상태가 길어지거나 결렬될 경우에는 조정 혹은 중재와 같은 제3자 개입이 효과적으로 작용할 수 있습니다.

- 조정과 중재는 비슷한 개념으로 혼동하여 쓰이기도 하나 양자는 명확히 구분됩니다. 조정은 분쟁당사자들이 연합하여 조정자의 개입 아래 그들의 차이점을 모색하고 합의에 이르는 과정을 말하는데, 이때 조정자는 지원하는 데 그치고 해결책을 강제할 권한은 가지고 있지 않습니다.

- 이에 비하여 중재는 당사자 합의로 중재인의 판정에 따를 것을 사전에 약정하고 제3자인 중재인의 개입하에 분쟁을 해결하는 방식을 말합니다.

협상과정의 이해

자유의지적 분쟁 해결 기법

The Voluntary Techniques of Conflict Resolution

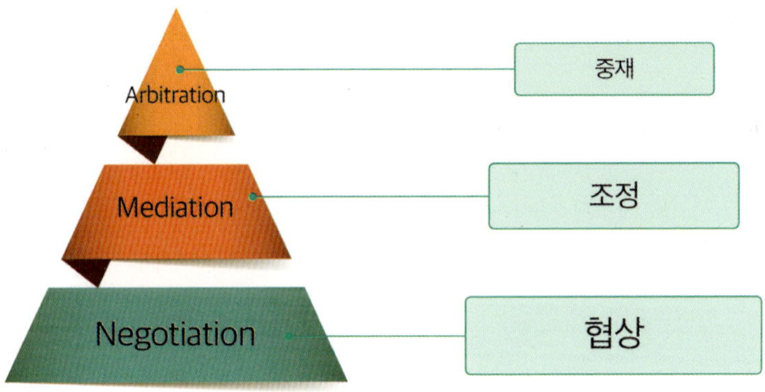

- 일반적으로 갈등이나 분쟁이 발생할 경우 대부분은 문제의 해결을 위해 법적 소송에 의지하게 됩니다. 이 법적 소송을 대신할 수 있는 세 가지의 실용적인 방법이 바로 협상, 조정, 중재입니다.

- 세 가지가 서로 유기적인 연결을 맺을 수 있는 것은 협상이 이루어 질 때에만 가능합니다. 분쟁당사자가 협상을 통해 조정이나 중재에 응하겠다는 합의에 이르지 않는 한 조정과 중재가 들어설 여지가 없기 때문입니다. 따라서 협상은 조정과 중재를 위해 없어서는 안 되는 기본적인 바탕이며 분쟁과 갈등 해결을 위한 시스템 전체를 좌우하는 주춧돌이라 할 수 있습니다.

- 협상은 법적 소송을 실질적으로 대체할 수 있는 주된 수단입니다. 실제로 법정에서 해결되는 분쟁보다 협상을 통해 해결되는 분쟁이 훨씬 많습니다. 조정과 중재는 어디까지나 협상의 유용한 보조장치입니다. 따라서 이 셋을 한꺼번에 뭉뚱거려 분쟁 해결을 위한 자유의지적 기법 혹은 자유의지적 분쟁 해결 기법이라 칭하기도 합니다.

- 보다 일반적으로는 협상 그리고 조정과 중재를 한꺼번에 분쟁 해결의 대안적인 수단이라고 하여 대안적 분쟁 해결 방안 즉, ADR (Alternative Dispute Resolution)이라고 부릅니다.

협상과정의 이해

공공 분쟁과 ADR(Alternative Dispute Resolution)

○ 당사자별
- 정부와 시민, 정부와 이익단체
- 정부와 정부

○ 쟁점별
- 환경 분쟁, 개발 분쟁, 공공정책 분쟁, 법규 제정, 개정 분쟁 등

○ ADR은 분쟁 당사자 간의 자주적 갈등해결제도를 의미

○ 1970년대의 NIMBY 현상으로 인한 갈등에서 비롯

○ 1987년의 미 환경국(EPA: Environmental Protection Agency)

○ 1990년의 행정 분쟁 해결법(Administrative Dispute Resolution)

- 일반적으로 협상, 조정, 중재를 분쟁의 대안적 기법인 ADR이라고 칭합니다. 특히 공공부문에서의 분쟁을 해결할 때 사용하는 기법인 경우가 많습니다.

- 갈등이 발생하는 유형들을 살펴보면 매우 다양하게 나타납니다. 특히 우리 사회는 1980년대 이후부터 엄청난 갈등과 분쟁을 겪고 있습니다.

- 분쟁을 해결하는 수단으로서의 ADR을 정의하자면 분쟁 해결을 위해 전통적 사법체계에서 벗어나 외부 개입 없이 분쟁 당사자 스스로가 분쟁을 해결하는 제도를 의미합니다.

- ADR이 미국에서 제도적으로 도입된 것은 1990년 민사소송개혁법(the Civil Justice Reform Act)이 제정되면서부터라고 볼 수 있습니다. 실제로 ADR이 공공부문의 분쟁 해결 시스템으로 도입된 것은 1970년대부터였습니다. NIMBY현상이 사회적 문제로 제기되기 시작한 1970년대 이래 ADR의 한 방식인 조정(mediation)은 연방정부의 환경규제와 관련한 중요한 분쟁 해결 방식으로 평가되었습니다.

- ADR은 초기에는 단순히 재판 절차를 보완한다는 의미에서 출발하였지만 지금은 사회의 다양하고 복잡한 분쟁의 해결 메커니즘으로서 기능하고 있기 때문입니다.

협상과정의 이해

"5일을 더 기다려야 된다구요? 이봐요.
난 지금 당장 갈등을 해결해야 한단 말입니다."

- 갈등과 분쟁이 없을 수는 없습니다. 다만 문제를 해결하기 위해 최후의 수단을 사용하여 파국으로 치닫기에는 개인적 부담이나 사회적 비용은 너무 큽니다. 때문에 우리 사회는 일찍부터 다양한 분쟁해결장치들을 마련하고 있습니다.

- 미국과 우리나라의 대표적인 ADR 수행 기관들이 있습니다. 미국의 FMCS는 Federal Mediation and Conciliation Service로 연방정부가 분쟁에 대한 조정을 도모하는 '미연방조정알선위원회'입니다. 그 다음은 ADR 서비스를 제공하는 민간의 대표적 기관인 미국중재협회(AAA: American Arbitration Association)입니다.

- 우리나라의 경우 대표적인 ADR기관으로 앞서 언급하였던 대한상사중재원 외에도 중앙환경분쟁조정위원회 등을 들 수 있습니다.

협상과정의 이해

❹ 합의의 도달과 이행

○ 일반적으로 협상 참여자 간에 정보와 의견 교환을 통하여 합의에 도달하였을 경우, 보통은 합의문 내지 계약서 등의 형태로 나타남.

(1) 합의 이행의 접근 방법　(2) 합의의 이행　(3) 협상의 평가 및 효과

(1) 합의 이행의 접근 방법

○ 합의에 이른다고 하는 것은 서로의 이견을 해결하기 위한 마지막 단계로 크게 일반적 접근과 단계적 접근의 두 가지로 나누어 볼 수 있다.

○ 일반적 접근 방법에는 원칙적, 제한적 그리고 포괄적 접근으로 구분

○ 단계적 접근 방법은 목표 평가 기준 확립, 대안에 대한 평가 기준의 적용, 선택에 대한 합의 도달, 1차적 합의안의 마련, 합의안에 대한 지지집단의 형성, 최종 합의 도달이라는 여섯 단계를 거친다.

○ 여기서는 일반적 접근방법을 살펴보기로 한다.

- 이제 오랜 협상 과정을 거쳐 합의에 도달하게 되는데 이는 서로의 다른 의견을 해결하기 위한 마지막 단계입니다. 이를 세 가지 측면으로 나누어 살펴봅시다.

- 먼저 합의 이행에 대한 접근 방법을 알아보겠습니다.

- 합의 이행에 대한 일반적 접근 방법으로 원칙적 접근, 제한적 접근, 포괄적 접근의 3가지로 나누어 볼 수 있습니다. 접근 방법은 목표 평가 기준의 확립에서부터 최종 합의의 도달까지 대략 6단계로 나누어 볼 수 있습니다.

- 이 강의에서는 일반적 접근방법에 대해서만 설명하겠습니다.

협상과정의 이해

❶ 원칙적 접근

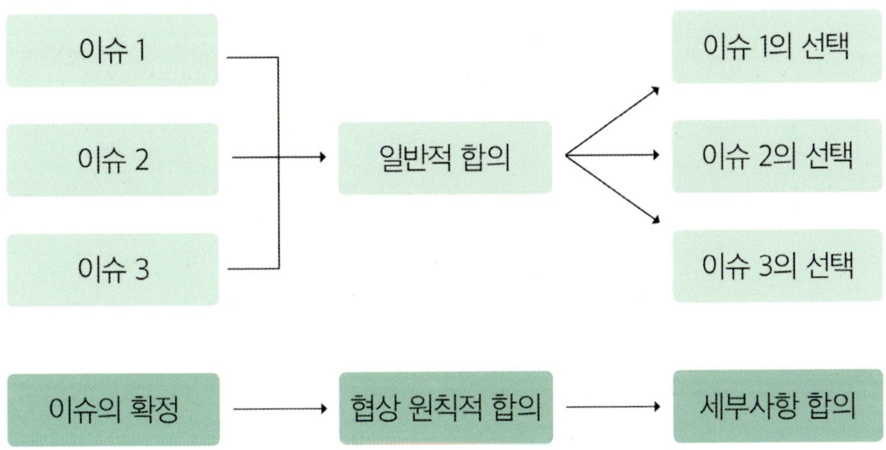

- 원칙적 접근이라 함은 협상의 각 이슈들에 대한 일반적 합의에 바탕하여, 구체적인 문제에 대한 합의를 이루는 방식을 말합니다. 협상 과정 동안에 협상의 확고한 목표인 원칙적 합의와 구체적인 합의는 계속된 토론에 의해 이루어지게 됩니다.

- 이에 따라 협상 과정은 가능한 합의 목록을 작성하여, 어떤 제안들은 기각시키고, 어떤 제안들은 합하거나 반복해서 목록을 재검토하고 조정하게 됩니다. 또는 원칙으로 먼저 일반적 합의부터 하고 소위원회를 구성하기도 합니다. 이러한 소위원회는 전체 위원회의 가능한 합의 후에 회합하게 마련입니다. 그 후 소위원회의 결과물은 다시 전체 그룹에 토론 결과물과 제안을 제시하여야 합니다.

협상과정의 이해

❷ 제한적 접근

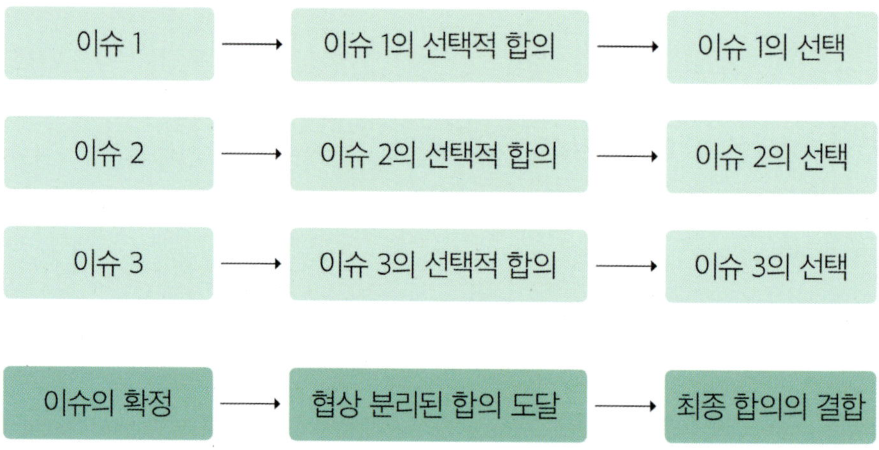

- 제한적 접근, 즉, 이슈를 분리한 협상은 제한된 범위 내에서의 접근 방법을 말합니다. 협상 과정은 구체적인 문제에 먼저 동의하는 방식입니다. 각 문제들은 개별적으로 다루고, 해결안들의 다른 문제들과는 별개로 취급합니다. 각각에 대한 선택적 합의가 이루어지고 난 후 그 결과는 다시 전체의 동의를 거쳐 종합합니다.

- 이와 같이 문제를 나누어서 해결하는 것은 종합적인 해결안을 찾는 것보다 협상 과정이 수월하게 이루어질 수 있는 장점이 있습니다. 합의해야 할 협상의 목표나 대원칙에 관계없이 협상 과정은 각각의 문제를 향해 나감으로써 오히려 진전이 쉽게 발전될 수 있습니다. 큰 원칙에의 합의가 없다고 하여도, 한정된 회기에 상정된 문제 혹은 제출된 개별적 문제를 해결 가능한 것부터 쉽게 다룰 수 있습니다. 또한 개별적인 문제 해결이 다른 문제 해결을 위한 길잡이가 될 수 있다는 점도 큰 장점입니다.

협상과정의 이해

❸ 포괄적 접근

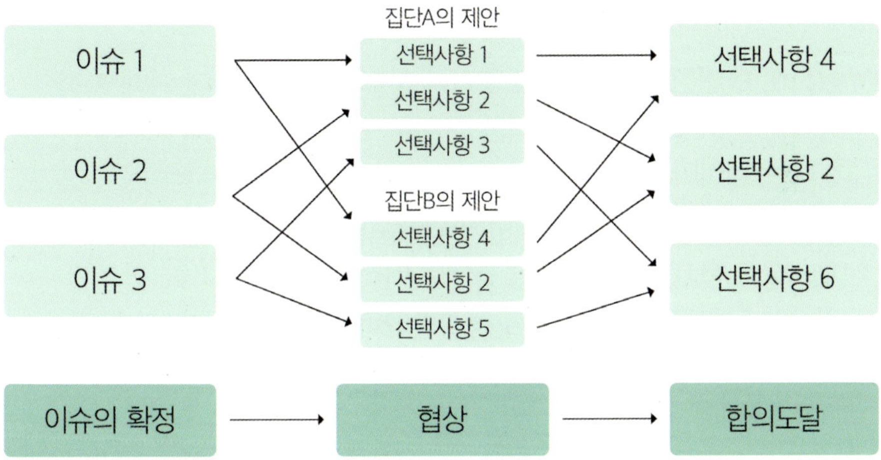

• 이는 원칙적 접근과 제한적 접근을 병행하는 방식으로 각각의 이슈에 대한 종합적인 제안과 관련한 의사교환이 이루어지면서도 각각의 제안들에 대한 검토와 평가가 이루어지고 다시 협상 참가자 간에 하나의 제안으로부터 의견을 종합하여 나가는 방식입니다.

• 따라서 협상 과정은 모두가 받아들일 만한 조합된 합의에 도달할 수 있도록 설득, 화해 등 모든 협상 수단을 사용합니다.

• 이러한 방법이 가능한 것은 다양한 제안이 반드시 상호 간에 배타적인 것은 아니기 때문입니다. 반대로 협상 과정은 복잡한 상황에서 복합적인 접근 방법을 사용할 수 있습니다. 협상가들에 의해 원칙적인 합의로 발전되고, 마침내 마지막 합의로 조화되는 종합적인 이안의 수행이 이루어지게 됩니다. 다른 문제들도 역시 마지막 합의로부터 분리하여 다룹니다.

협상과정의 이해

(2) 합의의 이행

○ 협상이 타결되면 합의 이행 절차가 마련되어야 하는데 이때 가장 중요한 것은 합의 사항의 이행을 위한 구체적인 계획이 포함되어야 한다는 점이다.

○ 협상에 의한 합의안을 이행하기 위해서는 협상 이행을 위한 모니터링 시스템의 설치, 상세한 행동 설계의 마련, 재협상의 기회, 합의안 위반에 대한 조정 방안 등이 체계화되어야 한다.

- 오랜 시간을 거쳐 상대편과의 갈등이 해결되는 합의가 이루어짐은 협상의 가장 중요한 목표일 것입니다. 그러나 합의가 이루어졌다고 하여도 이행하지 못하거나 엉뚱한 방향으로 이행된다면 모든 노력이 허사로 돌아가게 될 것입니다.

- 따라서 합의를 하는 데 반드시 잊지 말아야 할 것은 마지막 합의사항의 이행을 위한 구체적인 계획이 포함되어야 한다는 것입니다. 협상 합의가 이루어지면 합의의 이행을 위해 예측할 수 있는 절차가 포함되어야 합니다.

- 이 절차도 논쟁의 복잡성을 띠고 있기 때문에 협상과정 가운데 빈번한 접촉이 이루어지면서 다시 바뀔 수 있는 소지는 얼마든지 있음을 간과해서는 안 됩니다. 합의는 가능한 한 명백하고 구체적인 것이어야 합니다.

- 협상된 합의안의 이행을 위한 네 가지의 주요한 사항은 협상 시행 모니터링 시스템의 설치, 상세한 행동 설계의 마련, 재협상의 국면, 협상 위반의 조정을 다루는 절차입니다.

협상과정의 이해

(3) 협상의 평가 및 효과

○ 협상에 대한 평가는 협상 결과에 대한 평가 그리고 협상 과정에 대한 평가로 나누어 볼 수 있다.

○ 협상 평가단계는 후속 협상 등에서 보다 진전된 협상을 위한 배움의 단계라고 할 수 있다.

○ 협상의 궁극적 목적은 합의 형성 및 갈등의 해결이지만 의사소통의 확보, 폭력적 대결의 회피, 정보의 수집, 선전 효과 등을 그 부수적인 효과로 들 수 있다.

- 협상 과정이 합의까지 이루어지고 난 후에는 평가가 이루어져야 합니다. 이는 향후 있을 수 있는 후속 협상 혹은 다른 유사한 협상 등에서 보다 진전된 협상 과정을 이루어내는 데 유용하게 작용합니다. 협상의 평가는 협상 결과에 대한 평가와 협상 과정에 대한 평가로 나누어 볼 수 있습니다. 우선 협상 과정에 대한 평가는 추정치의 정확도, 정보의 정확성, 가정의 현실성, 양보의 비중과 크기, 내부적 문제, 단계별 유연성, 교훈 등의 요소를 중심으로 살펴보겠습니다.

- 첫째, 협상력의 균형에 대한 우리의 추정치는 어느 정도 정확했는가?
  둘째, 우리의 정보는 얼마나 정확했는가?
  셋째, 우리의 가정은 얼마나 현실적이었는가?
  넷째, 우리의 양보 비중과 크기는 적절했는가?
  다섯째, 우리 구성원 간에 내부적 문제는 없었는가?
  여섯째, 우리의 협상 계획 및 준비 단계는 충분히 유연했는가?
  일곱째, 우리는 협상 상대의 스타일로부터 무엇을 배웠는가? 등 입니다.

- 협상의 궁극적 목적은 합의 형성 및 갈등의 해결입니다. 협상의 결과는 이러한 궁극적 목적 이외에도 부수적인 효과를 가져옵니다. 이 부수 효과는 합의 내용과는 관계 없이 우연히 생기거나 혹은 의도적인 협상의 부산물입니다. 이러한 부수적인 협상효과로는 의사소통의 확보, 폭력적 대결의 회피, 정보의 수집, 선전 효과 등이 있습니다.

잠깐만! 쉬어가는 협상 코너

- 미국 하버드대학교에서 협상론을 연구하는 세베니우스(James K. Sebenius) 교수는 노련한 협상가들도 협상 결과의 높은 위험부담과 압박 등으로 인해 협상을 망치는 경우가 있다면서 협상을 망치는 6가지의 실수를 제시하였다.("Six Habits of Merely Effective Negotiators-The Negotiator's Secret: More Than Merely Effective"Harvard Business Review, 2001.4

- 첫째, 상대가 가진 문제점을 알지 못함(Neglecting the Other Side's Problem)

협상을 통해 원활하게 문제를 해결하기 위해서는 상대의 문제점을 상대의 관점에서 충분히 이해하고 접근하여야 한다. 상대를 모르면 상대가 어떤 접근 방법이나 제안을 해올지 알기 어렵기 때문이다.

- 둘째, 다른 이해관계가 있음에도 가격에만 관심(Letting Price Bulldoze Other Interests)을 둠.

가격이 협상에서 매우 중요하지만 전부는 아니다. 노련한 협상가들은 지분 문제, 비용 분담 등 경제적 요인들 말고도 상대와의 관계, 공정한 협상 과정 등 비가격적인 요인을 더 중시한다.

- 셋째, 이익보다는 자신의 입장에 초점(Letting Positions Drive Out Interests)을 맞춤.

노련한 협상가들은 자신의 입장보다 실질적인 이익에 관심을 더 둔다. 협상의 파이를 키우거나 창의적 가치를 만들기 위한 협력 등으로 협상을 체계적으로 관리하여야 한다.

- 넷째, 협상의 공통분모 찾기에 너무 열중함(Searching too Hard for Common Ground)

협상은 상대와의 차이점을 극복하는 것이기는 하나 공통분모 찾기에 시간을 과도하게 허비할 필요는 없다. 오히려 협상 참여자들 간의 차이점 발견을 통해 상대에게 최소한의 양보를 하여 협상을 얼마든지 원활하게 추진할 수 있다.

- 다섯째, 협상 계약의 최상의 대안(BATNA)을 경시(Neglecting BATNAs).

협상에서 베트나(BATNA; Best Alternative to a Negotiated Agreement)의 중요성은 매우 크다. 강력한 베트나를 가지고 있을수록 협상력의 증대에 결정적 역할을 한다.

- 여섯째, 왜곡된 인식을 방치(Failing to Correct for Skewed Vision)

입장에 몰입한 나머지 모든 정보를 자기중심적으로 해석(Self-Serving Role Bias)하거나 상대를 적으로 평가(Partisan Perception)하면서 우리가 단연 옳다고 믿는다. 참여자 간 상호 이해관계, 베트나, 평가 등에 대한 충분한 이해가 선행되어야 협상을 통해 문제를 잘 해결할 수 있다.

- 협상의 본질은 자신이 생각하는 방향으로 상대가 그 대안을 선택하도록 이해시키고 유도하는 것이라고 볼 때 상대와의 역지사지(易地思之)로 접근하여 상대가 자연스럽게 의사결정을 내릴 수 있도록 유도하는 것이 필요하다.

Section 5

협상가의 자질과 프레젠테이션

강의 8

협상가의 자질·커뮤니케이션

제 8강입니다.

지난 강의에서는 협상 과정의 전반적 이해에서부터
합의의 도달과 이행까지 알아보았습니다.

이번 강의는 Section5,
협상가의 자질과 프레젠테이션 중 협상가의 자질과
커뮤니케이션에 대해서 공부합시다.

협상가의 자질

1. 협상가의 자질

협상은 누구나 할 수 있다. 그러나 아무나 최고의 협상가가 되는 것은 아니다.
최고의 협상가가 되기 위해 필요한 자질은 무엇인가?

❶ 인내력 ❷ 성실성 ❸ 창의성 ❹ 배려성 ❺ 유연성 ❻ 프로근성 ❼ 감정이입

❶ 인내력

○ 협상을 통해 달성하고자 하는 목적에 도달하기까지는 많은 고통과 시련이 있게 마련이다.

○ 협상의 목적과 그 동안의 과정을 돌아보면서 원래 목적에 충실히 하는 인내력이 절대적으로 필요

❷ 성실성

○ 협상에 대한 준비에서부터 협상 상대방을 대하는 태도에 이르기까지 성실성이 무엇보다 필요하다.

• 협상을 잘하는 협상가가 되려면 몇 가지의 자질이 반드시 필요합니다. 이러한 자질들은 선천적으로 갖고 있다면 좋겠지만 만약 없다면 일정한 노력을 통하여 갖추도록 하는 것이 필요합니다.

• 이를 구체적으로 알아봅시다.

• 협상 과정에서는 많은 인내력이 필요하다는 것은 두 말할 나위가 없습니다. 왜 그럴까요?

• 협상이라는 상황은 대부분 유쾌하지 않은 경우가 많기 때문입니다. 여러 가지 문제들이 얽히고설켜 복잡하고 골치 아프게 마련입니다. 심지어 상대방이 비열하게 나오거나 인신모욕적인 발언까지 할 때는 정말 모든 것을 그만두고 법대로 하자고 버럭 고함지르거나 멱살을 잡는 게 나을지도 모른다는 생각까지 들 것입니다. 그래도 무조건 참아야 합니다. 못 참을 정도면 한 순간 템포를 늦추어서라도 참아야 하고 그렇게 해서라도 협상의 전체적 상황을 볼 수 있어야 합니다.

• 협상가의 자질 두 번째로 성실성을 들 수 있습니다. 협상을 잘 하려면 협상의 준비는 물론 협상 상대방의 태도에 이르기까지 끊임없는 성실성이 필요합니다. 협상을 하기 전에 협상의 처음부터 끝까지 차분히 준비하는 성실성이 절대적으로 필요함은 물론이고 상대방을 설득하는 데 있어서도 성실성이 강력한 힘을 발휘합니다. 협상에 대한 연습도 없이 상대방을 설득하기란 참 어렵습니다. 열심히 준비하고 연습하는 사람이 협상에서 성공할 수 있습니다.

협상가의 자질

❸ 창의성

○ 협상은 많은 경우 교착상태에 빠지게 된다. 이때 미궁에 빠진 협상을 타개하는 데 있어 창의성이 많은 역할을 하게 된다.

○ 고정관념의 탈피가 문제 해결의 열쇠이다.

• 창의성은 협상을 원활하게 이끌어가기 의한 핵심입니다. 인류가 선사시대부터 꾸준한 발전으로 농경사회, 산업사회를 거쳐 현대의 문명을 이끌어낸 것은 인간의 창의성이 있었기 때문입니다.

• 협상에서도 마찬가지입니다. 교착상태에 빠진 협상의 해결책을 모색할 때에도 다각적인 접근이 필요합니다. 문제에 대한 해결책을 논의하면서 당위적이고 원칙적인 수준에 그친다면 결코 좋은 평가를 받을 수 없습니다. 최선을 다하자, 나쁜 것은 버리고 좋은 것만 취하자, 적절히 조화시켜 갈등을 해결하자, 이런 식의 립 서비스로는 문제를 해결할 수 없습니다. 구체적이고 의미 있는 해결책을 제시하기 위해서는 다각적이고도 창의적인 접근이 필요합니다. 드러난 문제에만 집착할 것이 아니라 그 문제점들을 야기시킨 다른 원인이 없는지, 혹은 드러난 문제점 중 어느 하나가 근본 원인인 것은 아닌지 따져보고 검토해 보아야 합니다.

협상가의 자질

❹ 배려성

○ 협상을 잘하는 사람은 대부분 다른 사람들의 이야기를 잘 듣는 사람이다.

○ 상대방의 이야기를 잘 듣는다는 것은 상대방에게 배려를 잘한다는 것으로 원활한 의사소통의 필수적인 요소이다.

• 지난 2009년 2월 16일 선종하신 김수환 추기경의 삶이 가톨릭 신자뿐 아니라 많은 이들에게 깊은 울림을 남겼습니다. 김 추기경은 인간에 대한 연민과 배려를 한시도 잊지 않았다고 합니다.

• 어느 신부님은 과거 김수환 추기경에게서 받은 성탄 축하 카드를 고이 간직하고 있었는데, 성탄절을 앞두고 일면식도 없는 김 추기경에게 카드를 보냈더니 답장이 왔다고 합니다. 그 후로도 3~4년간 카드를 보내면 꼬박꼬박 답장이 왔습니다. 그 신부님은 "나중에 알고 보니 나 말고도 김 추기경에게 답장을 받은 사람이 많았다."면서 "수많은 사람에게서 카드가 올 텐데 밤을 새워가며 일일이 답장을 하셨다고 들었다."고 말했습니다.

• 또 "김 추기경이 각종 행사에서 자신과 함께 사진을 찍고 싶어하는데 기회를 놓친 사람이 있으면 기억해 뒀다가 행사가 끝난 뒤에라도 불러 함께 사진을 찍었던 모습도 인상 깊었다."고 말했습니다.

• 성직자의 삶이기에 그러한 배려가 가능했을 것이라고 생각하기 쉽습니다. 하지만 협상에서도 이러한 마음가짐과 자세로 상대방에 대한 배려가 먼저 있어야 합니다.

• 협상장에서는 항상 상대를 존중하고 배려하는 습관이 몸에 배여 있어 영국신사라는 말이 상대방에게서 나올 수 있을 정도로 해야 합니다. 한 가지 더 필요하다면 바로 칭찬입니다. 질책보다는 호감이, 호감보다는 칭찬이 상대를 더 잘 움직이게 할 수 있습니다. 칭찬은 고래도 춤추게 한다고 하지 않습니까?

협상가의 자질

❺ 유연성

○ 협상과정을 통해서 필요로 하는 이익을 상대방으로부터 얻는 것이 목적인 이상 협상목표를 달성하는 데 근원적인 사항을 제외하고는 어느 정도 유연성을 가지는 것이 좋다.

- 유연성이 필요하다는 것은 협상에서 열린 사고로 대응하여야 한다는 것을 의미합니다. 지도를 거꾸로 보면 대한민국의 미래가 보인다는 발상은 유연성이 발휘된 사고의 전형적인 사례입니다. 이와 같이 열린사고는 시간과 공간 속에 있는 사고가 아닙니다.

- 협상장에서 유연성을 가지고 융통성을 발휘하면 상대방과의 충돌을 피해 원만하게 문제를 해결할 수 있는 계기가 됩니다. 이와 같은 유연성은 사람들을 대하면서 갈등을 해소하고 타인과 조화를 이뤄 인간관계를 발전시킬 수 있는 기초입니다. 또한 유연성과 융통성은 고정적인 사고방식이나 시각을 변환하여 각기 다른 영역을 뛰어 넘나들면서 다양한 아이디어를 생각해내는 능력으로 발전할 수도 있습니다.

- 유연하다고 하여 원칙을 양보한다는 것은 물론 아닙니다.

협상가의 자질

❻ 프로근성

○ 상대방으로부터 얻을 수 있는 이익이 존재하는 이상 그 이익을 어떠한 일이 있어도 협상 과정을 통해 얻어내고야 만다는 프로근성

❼ 감정이입

○ 감정이입은 다른 사람의 감정과 생각에 공감할 수 있는 능력을 말한다.

○ 이는 모든 성공적 의사소통의 기반을 이룬다.

• 거스 히딩크 축구감독의 선수선발 기준은 무엇일까요? 그는 단호하게 말합니다. 기술 좋은 선수보다는 헌신적인 선수를 뽑는다는 것입니다. 프로리그에서 뛰기 때문에 프로선수라고 하겠지만 진정한 프로선수는 어떤 경우를 말하는 것일까요? 최고가 되기 위한 자신과의 끝없는 싸움, 이기고자 하는 의욕, 불 같은 투혼, 이렇게 정신무장이 잘 된 선수를 우리는 프로선수라고 부릅니다.

• 협상에서도 마찬가지입니다. 협상을 통해 쟁취해 내야 할 목표가 있는 이상 협상 과정을 통해 그것을 얻어내고야 말겠다는 프로정신이 있어야만 협상가의 자질이 있다고 말할 것입니다.

• 감정이입이란 공감이라고도 하는데 마음이 따스한 자의 여유로움이기도 합니다. 협상장에서 상대의 말이 끝나자마자 자기 말이 튀어나오는 것은 상대방이 나의 말에 감정이입이 되어 있지 않은 즉, 공감을 하지 못하고 있다는 단적인 증거입니다.

• 상대가 말하는 동안에 이해하려고 듣는 것이 아니라 말이 끝나는 것을 확인하기 위해 듣는척하기 때문입니다. 어떠한 이야기이든 감정이입을 하여 공감을 느끼며 진심으로 들어야 합니다. 정말 잘 들을 때에만 공감할 수 있는 대화가 가능합니다.

협상가의 자질

CASE 1
아 선생님 ! 왜 그러세요. 아실 만한 분이 그러지 말고 제 손 잡아요.

CASE 2
아 선생님! 선생님 입장이 충분히 이해됩니다. 누가 왜 그랬는지 이야기나 일단 합시다.

- 누가 건물에서 뛰어내리려고 합니다. 그 사람이 뛰어내리려는 것을 말리려 협상한다고 합시다.

- 두 가지의 대화방식이 있을 수 있습니다. 어느 것이 뛰어내리려는 사람의 마음을 달리 할 수 있을까요?

- 왜 그러세요 아실만한 분이 …. 이렇게 상대를 다그치는 식으로 말한다면 오히려 사태가 더 악화될 가능성이 높습니다.

- 일단 뛰어내리려는 사람의 마음을 돌리려면 그 사람의 절박한 심정에 동조하면서 그 사람의 마음에 감정이입하는 것이 우선입니다.
  그의 억울한 마음을 들어주려는 감정이입이 우선 필요합니다.

커뮤니케이션

2. 커뮤니케이션

협상과정에서의 핵심은 합의가 될 때까지
상대와 나의 의견조율이 계속되는 커뮤니케이션을
반복하는 것이다.

1) 협상 커뮤니케이션의 변화
2) 협상 커뮤니케이션의 기본원칙
3) 개인의 커뮤니케이션 유형
4) 개인의 커뮤니케이션 기법

❶ 협상 커뮤니케이션의 변화

○ 사람들 간의 커뮤니케이션에는 전달하고자 하는 내용이 잘못 전해지는 경우가 허다하다.

○ 더욱이 의사소통은 단순히 정보, 지식, 데이터 등만 전달되는 것이 아니므로 비언어적 커뮤니케이션도 활용할 수 있어야 한다.

• 마이크로 프로세스로 세계를 석권하고 있는 인텔의 성장비결은 무엇일까요? 대부분의 사람들은 뛰어난 기술력이라고 생각하겠지만 정작 인텔사의 내부 직원들은 열린 커뮤니케이션이라고 합니다. 인텔 직원들은 모든 구성원이 사장과 회장까지 바로 소통할 수 있기 때문입니다. 조직내부의 의사소통 즉, 커뮤니케이션이 얼마나 잘 이루어지는가에 따라 조직의 성패가 좌우되는 만큼 협상장에서 의사전달이 제대로 이루어지지 않는다면 아무런 협상성과를 거둘 수 없습니다. 협상에서 쓰이는 커뮤니케이션 기법을 네 가지 국면으로 나누어 알아봅시다.

• 먼저 협상 커뮤니케이션의 변화입니다. 협상에 있어 참여자 간에 원활한 커뮤니케이션은 필수입니다. 커뮤니케이션이 되지 않는 상황에서는 협상이 진전될 수가 없습니다. 협상장에서 일방적인 지시나 명령, 심지어 복종을 강요하는 것은 아무런 성과를 이끌어낼 수 없습니다. 커뮤니케이션의 기본 원칙은 어떤 커뮤니케이션수단을 활용하든 상대방에 대한 관심을 담아 인간적인 내용, 유익한 내용, 즐거운 내용으로 커뮤니케이션을 할 수 있어야 한다는 것입니다. 직접적인 대면에 의한 대화가 가장 좋겠지만 그것이 여의치 않다면 문자, e-mail, 전화, 우편 등을 최대한 활용할 수 있어야 합니다. 가장 중요한 것은 형식적인 내용을 주고 받지 않는 것입니다.

커뮤니케이션

❷ 협상 커뮤니케이션의 기본원칙

○ 이름과 직함을 부른다.
○ 칭찬을 자주하며 성공체험을 공유한다.
○ 경청하되 자신의 입장은 분명하게 표명한다.
○ 팀워크를 적극 활용한다.
○ 고마움을 느끼는 언행을 한다.
○ 당사자들의 눈높이에 맞춘다.
○ 마음과 정성이 다가가는 커뮤니케이션을 한다.
○ 상대에게 감동을 주는 배려는 작은 일에서부터 시작한다.
○ 직위나 계급의식은 철저히 버린다.
○ 상대방을 칭찬하고 자랑할 줄 안다.

- 협상 커뮤니케이션의 기본원칙들은 매우 다양하게 제시됩니다.

- 우리가 한 가지 분명하게 명심하여야 할 것은 이와 같은 커뮤니케이션의 기본원칙들을 구사하는 것도 중요하겠지만 이러한 기술들이 하루아침에 생겨나는 것이 아니라는 점입니다.

- 나의 인격과 재능을 향상시키려는 노력이 병행되어야 합니다. 오랜 시간을 두고 자신을 깊이 응시하면서 변화를 시도해야 합니다. 다른 사람을 배려하고 업무수행 능력을 높이면서 설득을 위한 기술을 배양해야 합니다.

- 커뮤니케이션의 중요성이 강조되고 있지만 말만 유창하게 잘하는 것이 전부는 아닙니다. 달변보다는 따스한 인간미를 느낄 수 있는 대화가 효과적인 커뮤니케이션이 될 수 있음을 잊지 말아야 합니다.

· 커뮤니케이션

❸ 개인 커뮤니케이션의 유형

○ 만약 협상 상대방의 커뮤니케이션 유형과 그에 따른 협상유형을 체계적으로 파악하는 것이 가능하다면

○ 그리고 그 유형에 따라서 일정한 협상행동을 예측할 수 있다면 보다 더 효과적인 협상이 가능할 것이다.

○ 사실적 / 직관적 / 분석적 / 규범적 유형의 4가지

• 만나는 사람과 상황에 따라 변화하는 대화 즉, 커뮤니케이션에는 일정한 구조와 틀이 있습니다.

• 대화가 갖는 유동성 때문에 커뮤니케이션을 지배하는 구조나 틀이 있다는 사실은 깨닫기 어렵습니다. 문장의 구조를 서술어로 분석하는 것처럼 명료하거나 정형성이 높은 것은 아니지만 커뮤니케이션에도 일정한 구조나 틀이 있습니다.

• 커뮤니케이션은 화제가 계속 이어짐과 동시에 상대방의 이야기를 잘 경청하고 응대어를 구사하여 그와 관련한 이야기가 이루어지도록 하는 것입니다. 이러한 연속적인 과정이 주로 어떤 유형으로 전개되는가에 따라 개인 커뮤니케이션의 유형을 몇 가지로 구분할 수 있습니다.

• 커뮤니케이션 유형을 구분하는 것은 협상을 할 때 상대방의 유형에 따라 어떻게 대처해야 하는지 그 방법을 분석가능하게 합니다.

• 개인 커뮤니케이션은 크게 사실적, 직관적, 분석적, 규범적인 유형, 이렇게 4가지로 나누어볼 수 있습니다.

커뮤니케이션

(1) 사실적 유형

눈으로 봐야 직성이 풀리는 타입

객관적인 데이터와 사실 및 구체적인 내용을 중심으로 판단하는 유형
주요 특성은 다음과 같다.

○ 사실로 밝혀져야 수용한다.
○ 우연이란 없다고 믿는다.
○ 상대에게도 사실에 입각하여 설명한다.
○ 어려움이 닥치면 현실적 해결방법을 찾는다.
○ 협상 도중에 제시되는 구체적 숫자는 잘 기억한다.

- 사실적 유형은 중립적인 입장에서 사실을 밝혀내고 토론된 문제를 정확히 파악하는 유형을 말합니다. 따라서 주로 연구 및 개발부분에 종사하는 사람들에게서 이와 같은 유형이 많이 발견됩니다. 커뮤니케이션에서도 객관적인 데이터와 사실 및 구체적인 내용을 중심으로 판단하는 경향이 많이 나타납니다.

- 사실적 커뮤니케이션 유형에 속하는 사람은 "사실이나 진실은 반드시 밝혀진다."라는 태도를 가지고 협상에 임하게 됩니다. 나아가 중립적인 입장에 서서 사실을 밝혀내고, 데이터 중심으로 제시된 내용은 잘 기억합니다.

- 이러한 유형의 사람들은 협상에서 다루는 주제를 정확히 파악하고, 다른 사람들과 협상할 때 사실이나 경험을 중심으로 접근하고자 합니다. 감정을 잘 표현하지 않으며, 증거 중심으로 커뮤니케이션할 뿐만 아니라 그 내용을 적절한 절차에 따라 문서화하는 것을 좋아합니다.

- 이처럼 사실적 유형에 근거한 커뮤니케이션은 감정이 아닌 사실에 근거하여 움직이기 때문에 현실적인 해결방법을 찾는 데 유용합니다. 그러나 사전의 사례들이나 데이터에 의존하기 때문에 창의성과 상상력이 다소 부족하다는 점이 지적됩니다.

커뮤니케이션

사실적 유형을 대하는 방법

○ 간단명료하게 의견을 전달한다.
○ 데이터 중심으로 대화하는 것이 바람직하다.
○ 서류 등은 세부사항까지 방대한 자료를 준비하는 편이 좋다.
○ 협상에서 논의된 내용을 문서화를 통해 증거로 활용 가능하게 한다.

- 사실적 유형을 대할 때는 의견은 간단명료하게 전달하고 데이터를 중심으로 대화하는 것이 바람직합니다. 객관적이고 사실적인 대화를 원하는 상대방에게 개인의 느낌이나 감정을 이야기하는 것은 역효과를 불러 일으키기 쉽습니다. 협상에 관련된 자료나 서류 등은 세부사항까지 깔끔하게 문서로 정리하고 진행되고 있는 내용이나 논의 등도 서류로 증명하려는 자세가 상대의 호감을 살 수 있습니다.

커뮤니케이션

영화에서 머니볼 이론에 대한 설명이 나온다. 몸값 높은 스타선수보다는 철저한 데이터 분석을 기초로 타율보다는 출루율이 높은 선수 위주로 팀을 구성하는 것.

- 빅 데이터를 일반인들에게 소개할 때 '머니볼(2011)'이라는 영화가 단골로 인용됩니다. 제84회 미국 아카데미시상식에서 6개 부문에 걸쳐 후보에 오르기도 한 이 영화는 실화를 바탕으로 한 영화여서 많은 주목을 받았습니다.

- 미국 메이저리그 소속의 만년 하위 프로야구단인 "오클랜드 애슬레틱스 : Oakland Athletics"의 빌리 단장이 기존의 평가지표인 타율 대신 OPS(타율+출루율)를 기준으로 가성비 좋은 선수들을 모아서 저예산으로 최선의 결과를 만들어 낸다는 내용의 영화입니다.

- 방대한 데이터를 완벽하게 분석할 때 혁신이 일어날 수 있다는 것을 영화에서 쉽게 볼 수 있습니다. 빌리 빈이 야구계의 '스티브 잡스'로 불리는 이유입니다.

- 영화를 통해 객관적 데이터와 팩트를 기반으로 한 분석, 이를 반영한 전략적 의사결정이 얼마나 큰 경영성과를 거둘 수 있는지 알 수 있습니다.

커뮤니케이션

(2) 직관적 유형

나는 나를 믿어 타입

아이디어가 많고 번쩍이는 창의성이 돋보이는 경우로 사실이나 데이터보다는 자신의 직관력을 높이 산다.
주요 특성은 다음과 같다.

○ 나무를 보기보다 숲을 보려고 노력한다.
○ 문제의 핵심을 정확하게 파악하고 지적한다.
○ 자신의 감각과 경험을 중심으로 대처한다.
○ 때로 감정에 호소한다.
○ 순간적인 발상에 따르는 경향이 있다.

- 직관적 유형은 사실적 유형의 반대편에 있는 유형입니다. 이 유형은 사실을 초월하여 창의적인 방법으로 문제를 해결하고자 합니다.

- 이러한 커뮤니케이션 유형에 속하는 개인은 협상장에서 창의적으로 접근하면 어떤 문제라도 해결이 가능하다고 믿습니다. 이들은 창의적 사고에 익숙하고, 주제를 전체적 맥락에서 다룹니다. 이들은 상상력을 즐겨 활용하고 세부적이고, 내면적인 측면보다 숲을 보는 데 더 많은 중점을 두기 때문에 경우에 따라서는 불확실한 추측을 할 가능성도 있습니다.

- 이러한 커뮤니케이션 유형에 속하는 사람은 아이디어가 많고 번쩍이는 창의성이 돋보이는 유형입니다. 미술이나 음악 등과 같은 예술부문에 종사하는 사람들이 이 같은 특성을 지닙니다. 이들은 사실이나 데이터 보다는 자신의 직관력에 크게 의존합니다.

- 직관에 의존하면 그것을 언제든지 논리로 변환할 수 있다는 확신이 있어야 합니다. 논리적인 오류가 발생하면 언제든지 직관도 새로 고칠 수 있어야 합니다.

- 논리와 직관은 균형을 이루어야 합니다. 그러지 않고서는 직관력이 설득력을 얻기란 어렵습니다. 또한 직관적 유형의 사람들은 세부적인 데이터나 사실 등에 익숙하지 않아 인내가 부족하며 특히 부정확한 정보에 의존하는 경향이 높습니다. 커뮤니케이션 과정에서 대답하기 쉽지 않은 질문을 자주 하기도 합니다. 협상상대가 직관적 유형의 커뮤니케이션에 가까우면 협상을 할 때 다음과 같이 접근하는 것이 이상적입니다.

커뮤니케이션

직관적 유형을 대하는 방법

○ 전체 맥락을 파악하고 통크게 협상을 진행한다.
○ 창의적 아이디어를 발상할 수 있는 시간을 가진다.
○ 상대방의 반응에 따라 유연하게 행동한다.
○ 작은 것에 신경쓰지 않는다.
○ 상대방의 상상력과 창의력을 예측하고 이에 따른 대응방안을 생각한다.

• 상대방을 논리로 설명하기 보다는 그냥 느낌대로 상대방에게 자료를 제시하고 설득하는 것이 더 효과적인 유형입니다.

- 협상 테이블에서 사소하고 작은 이슈보다는 전체 맥락을 제시하는 것이 좋다.
- 협상을 진행할 때 잘 진척되지 않으면 창의적 아이디어를 발상할 수 있는 시간을 가진다.
- 협상 상대방의 반응을 유심히 살펴보고, 이에 따라 유연하게 행동한다.
- 상대방이 가진 상상력과 창의력을 예측하고 이에 따른 대응 방안을 생각할 수 있어야 한다.

커뮤니케이션

- 아무리 방대한 데이터에 기초한 인공지능이라 하여도 인간을 따라갈 수 없는 영역이 바로 창의성입니다. 창의성은 인간의 직관력을 바탕으로 합니다.

- 2016년에 개봉한 '설리, 허드슨강의 기적(Sully:Miracle on the Hudson)'이라는 영화는 허드슨 강으로 비행기가 불시착한 실화를 바탕으로 한 이야기입니다.

- 비행기 조종을 했던 설리 기장은 승객들을 살리기 위해 4분 이내의 짧은 시간 안에 수많은 선택을 해야 했습니다. 155명의 승객들이 모두 안전하게 구조되었지만 설리 기장의 판단이 과연 합리적인 과정이었는지 조사를 받게 됩니다. 설리는 조사에서, 당시 상황에서는 허드슨강에 착륙할 수밖에 없었으며 그것은 데이터나 논리가 아니라 그의 오랜 경험, 직관력, 그리고 안전한 착륙을 위한 상식에서 나온 판단이었다고 답합니다.

- 세계 시장의 흐름을 바꾼 아이폰과 아이패드로 유명한 스티브 잡스 역시 사업에 직관을 활용하였고 아인슈타인 또한 논리보다 직관력을 바탕으로 우주의 원리와 구조를 풀어냈습니다. 뇌는 세계 최고의 슈퍼 컴퓨터보다 처리 능력이 높다고도 합니다. 그 능력을 공유할 수 없겠지만 만약 위급하거나 해야할 일이 동시에 닥쳐오게 되면 직관적인 결정은 상당히 유효하다는 것입니다.

커뮤니케이션

(3) 분석적 유형

데이터를 분석해서 가져오란 말이야 타입

협상을 할 때 논리적으로 접근하며 상대가 비논리적으로 접근하는 것은 수용하지 못하는 경우가 많은 유형이다.
주요 특성은 다음과 같다.

○ 냉정한 마음으로 협상에 임한다.
○ 감정에 흔들리지 않고 이성적으로 사고한다.
○ 상대방의 감성에 매우 둔감하다.
○ 단계적 접근방법을 쓴다.
○ 협상주제와 동떨어지지 않아야 한다.

- 이 유형은 하나의 사안을 다시 개별적인 요소 혹은 성질로 나누어 살펴보고 이 요소들 간의 논리적인 과정을 통해 협상을 진행해 나가고자 하는 것으로, 협상 당사자가 비논리적인 것을 수용하지 못하는 경향이 있습니다.

- 커뮤니케이션에 있어 분석적이라 함은 단순한 사실에 입각하기 보다는 사실을 육하원칙으로 살펴보거나 대화할 때 배경의 흐름도를 작성하여 현재의 커뮤니케이션 수준을 결정하는 방식입니다.

- 이러한 분석적 유형은 자칫 각각의 구성요소를 지나치게 생각한 나머지 구성요소 사이의 관계에 대해서는 간과하기 쉽습니다. 따라서 어떠한 사고나 사물에 대한 가치평가를 전혀 다르게 할 수 있는 위험이 있습니다. 또한 지나치게 분석적인 태도와 대화는 격렬한 논쟁으로 비화하기 쉽고 그러다 보면 상대방과의 인간적인 관계도 멀어질 가능성이 높습니다. 쉽게 생각해서 주위사람들로부터 아주 괜찮은 평가를 받는 사람들로만 어떤 조직을 구성하면 아주 잘 될 것이라고 생각 하지만 막상 실제로 해보면 기대에 미치지 못하는 경우가 있을 수 있습니다. 그것은 개인 간의 상호작용을 전혀 고려하지 않은 데서 오는 부작용입니다. 따라서 분석적 유형의 사람은 지나친 분석보다는 통합적 사고를 할 수 있어야 합니다.

커뮤니케이션

분석적 유형에 대한 바람직한 대처

○ 분석적·논리적으로 접근한다.
○ 감정적 호소는 약자로 보일 따름이다.
○ 논리적 비약을 하지 않는다.
○ 자료 준비와 분석 등 많은 인내와 끈기가 필요하다.
○ 다양한 대안을 분석한다.

• 분석적 유형에 대할 때는 감정적 호소를 자제하는 것이 좋습니다. 또한 논리적 비약은 금물이며 언제나 원인과 결과에 입각해서 커뮤니케이션을 해나가는 것이 바람직합니다.

잠깐만! 쉬어가는 협상 코너

• 악마의 변호인(The Devil's Advocate)은 로마 가톨릭 교회가 성인추서를 위해 특정 후보자의 결함을 철저히 검증하기 위해 의도적으로 부정적 역할을 담당하게 하는 직책을 말한다. 이에 대비되는 것으로 반대편에 서서 후보자의 긍정적인 면만을 부각시키는 역할을 하는 직책을 변호인(The God's Advocate)이라 부른다.

• 악마의 변호인을 두어 활용하는 것은 성인추서에 완벽함을 추구하기 위한 방법으로 볼 수 있다. 조직과 리더에 쓴소리를 하는 가상의 적군 레드팀(Red Team)도 여기서 연유한다. 협상에서도 협상과정 중에 시뮬레이션 등의 철저한 분석을 통해 돌발변수에 대비하고 BATNA를 준비하는 등 자신이 속한 팀의 논리와 근거를 끊임없이 보완해야 한다. 특히 협상에서 창의성이 발휘되기 위해서는 정보를 빠르고 정확하게 분석한 다음 획득한 정보의 의미를 포착하고 통찰하는 것이 우선되어야 한다.

커뮤니케이션

햄버거를 30초 안에 만들기 위해 햄버거 조리를 분업화하고 직원의 모든 움직임마다 상세한 매뉴얼을 설계한 맥도날드 형제, 바로 패스트푸드의 시작이다.

- 2017년에 개봉된 영화 <파운더(The Founder)>는 세계적인 프랜차이즈 맥도날드의 설립자에 관한 이야기를 담고 있습니다.

- 맥도날드 형제는 사업이 정체되자 고속으로 요리가 나오는 창의적인 식당으로 탈바꿈시킵니다. 햄버거와 감자튀김, 음료수 세 가지로 과감하게 메뉴를 축소하고 패티굽기, 빵굽기, 포장까지 동선을 설계하는 등 철저한 분석을 통해 햄버거 대기시간을 30초로 줄이는 시스템을 완성합니다. 영화에서 주인공 크록은 마치 헨리 포드의 자동차 공장이 축소된 것 같은 이 식당의 경영방식에 감탄하게 됩니다.

- 이처럼 맥도날드 형제는 최고의 햄버거를 빠른 시간에 제공한다는 목표를 이루기 위해 철저한 분석으로 햄버거를 만들게 되는데 분석적인 커뮤니케이션 스타일도 이와 다르지 않습니다.

- 영업협상에 있어서도 마찬가지입니다. 내가 가진 협상목표를 이루기 위해서는 무엇보다 고객의 마음을 읽고 고객의 감정에 공감부터 해야 하는 것과 같습니다. 고객이 원하는 것을 탐색하고 분석하여 그의 요구를 충족시켜주면서 신뢰를 얻어야 합니다.

- 맥도날드 형제가 성공할 수 있었던 것도 바로 고객의 요구가 어디에 있는지를 파악하고 그것을 달성하기 위한 분석적인 사고를 했기에 가능한 것이었습니다.

커뮤니케이션

(4) 규범적 유형

나의 철학과 가치관은 존중 받아야 마땅하다는 타입.

원칙 중심으로 협상에 접근하며 스스로 정한 규범을 협상의 규칙으로 생각하기 때문에 규범과의 일치성을 강조하는 유형이다.
주요 특성은 다음과 같다.

○ 개인적 가치를 중심으로 사실을 평가한다.
○ 상대가 가진 욕구와 감정에 민감하게 반응한다.
○ 화합하는 데 많은 노력을 한다.
○ 원칙에서 어긋난 것은 잘 받아들이지 못한다.
○ 자신이 정한 원칙의 범위에서 다른 사람의 감정을 이해하고 관용한다.

- 규범적 유형은 분석적 유형에 반대편에 있는 커뮤니케이션 스타일로 협상과정에서 원칙을 중심으로 접근하는 경향을 가집니다. 이 유형의 중요한 특징은 사물을 판단할 때 옳다, 그르다, 혹은 선과 악이라는 규범적인 태도로 접근하는 것입니다.

- 이러한 스타일은 협상과정에서도 어떻게 하면 자신의 가치관을 지킬 것인가를 고심합니다. 상대방의 감정에 호소하거나 자신의 지위와 파워를 이용하여 협상타결을 유도합니다.

- 이러한 규범적 유형은 논리적 사고와 판단력보다는 주관성과 편견을 가지기 쉬워 협상의 진행에 문제가 되기도 합니다. 또한 사안에 대한 면밀한 검토도 없이 상대의 제안을 덥석 받아들이기도 합니다.

커뮤니케이션

규범적 유형에 대한 바람직한 대처

○ 상대의 가치관을 파악하고 공감대 형성에 노력한다.
○ 상대의 감정에 호소하는 방법을 찾는다.
○ 타협할 준비를 한다.
○ 사전에 좋은 인간관계를 맺도록 한다.

- 규범적 주장(Normative Statements)을 즐겨하는 유형의 사람들은 "현실은 어떠하다."라는 실증적 주장을 바탕으로 해서 현실이 어떻게 되어야 한다는 가치관을 개입합니다. 따라서 규범적 유형의 사람들은 단순히 현실적인 데이터나 자료만으로 설득시키기가 어렵습니다. 규범적 유형의 사람들의 판단은 단순한 과학이나 논리의 영역에 머물러 있지 않고 윤리관, 종교, 정치철학 등이 개입되기 때문입니다.

- 또한 규범적 유형에 속하는 사람들은 과정보다는 목적을 더 중시하는 경향을 보여줍니다. 때문에 지배하려는 성격이 있어도 양보는 잘 하지 않는 편에 속합니다. 겉보기에 철저하고 원칙 우선주의자로도 비춰지지만 자신의 가치와 감정이 충분히 고려될 수 있는 상황일 경우에는 협상에서 상당한 배려를 보여주기도 합니다.

- 이러한 규범적 유형에 대처하기 위해서는 상대의 가치관이 무엇인지 먼저 파악하고 그에 대한 협상전략을 세울 수 있어야 합니다. 또한 협상 전에 좋은 인간관계를 맺는 것도 중요합니다.

커뮤니케이션

뮤지컬 레미제라블을 1985년 초연한 이래 최장기 공연기록을 이어가고 있는 영국 런던의 퀸즈 시어터(Queen's Theater)

- <레미제라블>의 자베르는 권위주의적 윤리를 가진 사람으로 나옵니다. 자베르는 국가와 신이 부여한 원칙과 기준에 순종합니다.
  그러나 장발장이 아무 조건 없이, 아무 협상 없이 혁명군의 손에서 자베르를 풀어줄 때 자베르는 자신의 선악 판단, 죄와 의에 대한 구분 등이 무너져버립니다.

- 자베르의 경우는 극단적이지만 실제 협상하기 가장 어려운 상대는 자베르처럼 원칙에 충실한 사람이라고 생각하면 쉽습니다.

- 이런 유형은 아무리 논리적이고 합리적인 대안을 제시하여도 그 내용이 원칙에서 조금이라도 벗어나면 용납하지 않습니다.

- 협상에 있어서 원칙에 충실하다는 것은 대단한 힘으로 작용합니다. 원칙에 충실한 상대에게는 원칙을 벗어나는 요구를 할 수 없을 것이기 때문입니다.
  다만 나의 원칙과 상대의 이해가 걸린 원칙이 일치될 때, 협상은 잘 진행될 수 있습니다.
  원칙은 있으나 지켜지지 않는 협상은 힘이 없게 마련입니다.

커뮤니케이션

사사건건 까다롭게 나온다면 나는?

첫째, 어떤 상황에서 부적절한 분노가 표출되는지 알고 대비한다.
둘째, 화가 날 때 이를 표현할지 말지를 결정한다.
셋째, 화를 줄일 수 있는 행동을 한다.
넷째, 비난이 아닌 분노와 실망을 표하고 편견에서 벗어난다.
다섯째, 신뢰를 높이려 시도한다.

- 협상장에서 감정은 어렵지만 매우 중요한 요소입니다. 상대의 협상 스타일 혹은 커뮤니케이션 유형에 따라 통제하기 어려워지는 경우가 많습니다. 특히 상대가 비협력적이고 표리부동하고 도움을 전혀 주지 않는 등 사사건건 까다롭게 나온다면 나는 도대체 어떻게 해야 할지 정말 고민이 될 것입니다.
  한 가지 분명한 것은 감정이 격해지면 이성적인 행동을 하기 어려워 실질적인 협상을 어렵게 만든다는 것입니다.

- 그러한 경우 나는 어떻게 해야 하는지 알아보도록 합시다.
  첫째, 어떤 상황에서 부적절한 분노가 표출되는지 알고 대비해야 합니다. 가끔 화가 극도로 치밀게 되면 나에게 어떤 증상이 나타나는지 스스로는 알고 있을 것입니다. 어떤 사람은 부르르 떤다거나 말이 헛나오고 목이 아플 정도로 고함을 칠 것입니다. 나만 알고 있는 그런 증상이 나타나면 스스로 화를 다스리는 단계에 들어가야 합니다.
  둘째, 화를 표현해야 할지 말아야 할지 결정해야 합니다. 화가 났다고 상대에게 이야기할 것인지 말 것인지를 상황에 맞게 결정할 수 있어야 합니다.
  셋째, 화를 줄일 수 있는 행동기법을 찾는 것입니다. 제일 좋은 방법은 협상장을 나와 휴식을 취하는 것입니다. 그게 불가능하다면 눈을 감고 10까지 천천히 세어보거나 다른 동료에게 협상을 잠시 맡겨놓고 생각을 정리하는 시간을 가집니다.
  넷째, 상대를 비난하는 것이 아니라 상대의 행동에 대해 분노와 실망을 솔직하게 표현하고 상대에 대한 편견에서 벗어나도록 합니다. 나는 공정하고 합리적인데 당신은 아니다는 식입니다.
  다섯째, 신뢰를 높이는 데 주력합니다.

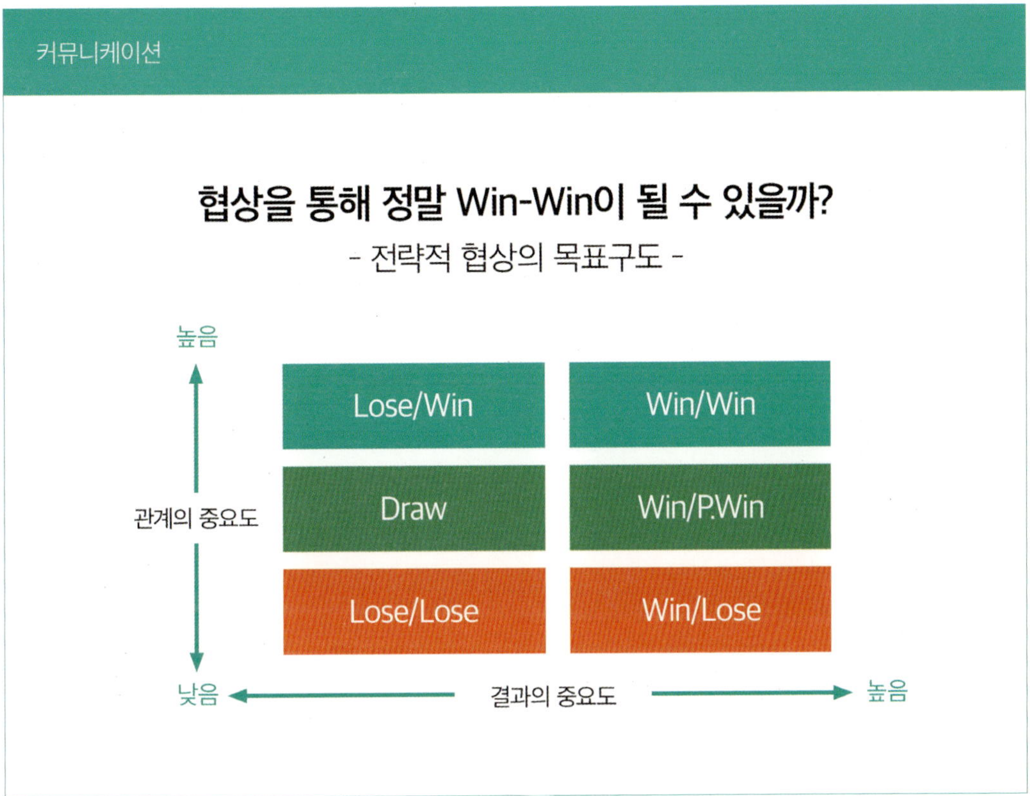

- 이 그림은 전략적인 협상의 구도입니다. 한 축에는 결과의 중요도가 낮음에서부터 높음까지 그리고 다른 한 축에는 관계의 중요도를 낮고 높음에 따라 구분하고 이를 다시 결합하는 정도에 따라 나누었습니다. 각각의 경우를 살펴보겠습니다.

- 첫 번째, 관계와 결과의 중요도가 모두 낮은 경우인데 Lose/Lose단계입니다. 이는 [협상을 하지 않는다]입니다.
  택시를 타고 요금을 조금 깎으려고 생각했다고 합시다. 그러나 짧은 거리였기 때문에 요금이 생각보다 낮게 나온 경우 협상을 하더라도 별 실익이 없을 것입니다. 또한 이 운전기사와의 인간관계 등을 쌓을 필요는 없을 것입니다.

두 번째, Draw Style[손익을 평등하게 나누어 가진다] 입니다.
협상결과와 거래처와의 관계 등이 모두 특별히 중요하지는 않지만 무리하지 않는 범위 내에서 좋은 관계를 유지하고자 하는 스타일입니다. 이러한 경우에는 시간을 들이지 말고 공정한 형태로 결론을 내리는 것이 바람직합니다. 협상조건을 놓고 끈질기게 버틴다고 해서 자신의 이익에 크게 기여하는 것도 아니기 때문입니다. 한정된 자원을 둘러싼 협상이라면 단순하게 서로 비기는 즉, Draw식의 접근이 적절합니다.
예를 들어, 지금까지 거래가 없었던 고객으로부터 일회성이지만 소규모 주문이 들어왔습니다. 마침 재고가 있는 상품이어서 금액에 대해서는 다소 융통성을 발휘할 수도 있는 상황입니다. 상대방은 이를 눈치챘는지 20% 할인을 요청합니다. 그러나 향후의 거래를 기대할 수 있을지 말지는 알 수가 없습니다. 그래서 크게 양보할 필요는 없다고 판단하고 10%를 할

인해 주면 어떻겠느냐고 제안하였습니다.

세 번째, Lose/Win 스타일[일부러 패배하는 협상을 한다] 입니다.
평소에 높은 가치를 제공해주는 중요한 거래선과의 관계를 중시하는 협상 스타일입니다. 상대방의 요청을 모두 수용해도 별 지장이 없으면 상대가 원하는 대로 일부러 져주는 협상을 하는 것이 바람직합니다.

예를 들어, 매월 일정한 주문을 해주는 거래선이 지불기한을 지금보다 10일 정도 더 늦춰달라고 요청하였습니다. 이자 등을 고려한다면 내가 손해입니다. 하지만 미미한 금액이고 그것을 거절하면 지금까지의 관계를 해칠 우려가 있다는 판단이 들면 일부러 패배하는 Lose/Win을 택해도 무방하다는 판단입니다.

네 번째, Win/Lose 스타일[승리하기 위해 협상한다] 입니다.
상대와의 관계보다 협상결과가 더 중요한 협상 스타일입니다. 상대가 결과적으로 당했다고 생각할 정도로 협상을 하는 것이 필요합니다. 무조건 나에게 유리한 결과가 될 수 있는 협상을 해야 합니다.

다섯 번째, Win/ Perceived Win[상대방이 양보를 받았다고 생각하게 하면서 승리한다] 입니다.
가장 흔한 협상 스타일입니다. 상대와의 관계도 소중히 하면서 확실하게 결과를 얻어내는 경우의 협상입니다. 상대가 이겼다 생각하게 하면서 실제로는 이쪽에서 과실을 따먹는 고도의 전략적 협상입니다.
예를 들면 이런 경우입니다. 단발성이긴 하지만 연간 1~2회는 일을 의뢰하는 거래선이 이번에는 특별히 대규모 프로젝트에 대한 이야기를 가지고 왔습니다. 평소 좋은 관계를 유지해왔기 때문에 이번 프로젝트는 자신에게 큰 도움이 되도록 만들어야 합니다. 상대의 만족을 이끌어내면서도 고도의 전략적 협상기법을 사용하여 좋은 결과를 만들어내고자 하는 경우입니다.

여섯 번째, Win/Win 스타일[새로운 가치창조를 통하여 양쪽이 모두 확실하게 승리한다] 입니다.
상대와의 관계와 협상결과 모두가 비슷한 정도로 중요한 경우의 협상 스타일입니다. 거래조건을 유리하게 정하기 위해 시간과 노력을 아낌없이 투자하는 것은 물론이고 상대와의 우호적인 관계도 확실하게 구축할 필요가 있습니다. 때문에 이 협상에서는 정직하고 양심적으로 임하되 지혜와 상상력을 최대한 동원하여 쌍방의 성과가 향상되는 형태의 협상을 해야 합니다.
예를 들면, 우리나라에서 본 적이 없는 진귀한 수입상품을 발견하여 판매 루트를 개척하고 있는데, 지인의 소개로 전국적인 체인망을 가지고 있는 대형 슈퍼마켓으로부터 거래를 하자는 연락이 왔습니다. 이 경우에는 계약 하나로 사업의 성패가 결정될 수 있는 규모이기 때문에 어떻게든 성립시켜야 합니다.

- 이상에서 본 바와 같이 협상은 Win-Win이 되면 가장 바람직하겠지만 실제로는 이루어지기 어렵습니다. 실제로는 Win-Win의 모습을 하고 있지만 어느 한 쪽에서는 Win-P.Win일지 모릅니다. 누가 정말 Win이 될지는 생각해봐야 할 것입니다.

커뮤니케이션

❹ 개인 커뮤니케이션의 기법

○ 커뮤니케이션이 다른 사람에게 어떤 메시지를 전달하여 영향을 미치거나 변화를 불러내고자 하는 일련의 행동적 상황이라고 할 때, 그와 같은 커뮤니케이션의 목표를 효과적으로 달성하기 위한 기법이 무엇인지 알아보자.

(1) 가장 중요한 것은 눈에 보이지 않는다.

○ 흔히 가격이 구매를 결정하는 가장 중요한 요소라고 생각하기 쉽다.

○ 하지만 실제로는 가격 이외의 무언가가 존재한다.

○ 협상이란 눈에 보이는 조건 뿐만 아니라 눈에 보이지 않는 숨겨진 것들도 중요한 역할을 하는 것이다.

• 커뮤니케이션의 중요성이 강조되는 시대에 커뮤니케이션 기법의 적절한 사용은 매우 중요합니다. 우리 사회조차도 어느새 알게 모르게 '말 잘하는 방법 배우기'를 권하고 있습니다. 이러한 현실에서 효과적이면서도 즐거운 커뮤니케이션 기법은 무엇인지 알아봅시다.

• 먼저 가장 중요한 것은 눈에 보이지 않는다는 것입니다.

• 인간은 이해득실에 따라 움직이게 마련입니다. 그래서 인간을 경제적 동물이라고 합니다. 하지만 인간이 항상 이해득실에만 따라 움직이는 것은 아닙니다. 인간은 돈에 의해서만 움직이는 것 같지만 부당한 압력에 대해서 과감하게 반응합니다. 반면에 아주 작은 온정에 쉽게 감동하기도 합니다.

• 협상에서 가격을 가장 중요한 가치로 인식하는 것은 어리석은 것입니다. 가격이 거래의 중요한 요소이기는 하나 결정적인 요소는 아닙니다. 협상과정에서 과연 어느 것이 중요한 가치인가를 판단하는 것은 협상 당사자의 몫입니다.

커뮤니케이션

- 어느 대학교의 자유게시판에 질문이 하나 올라왔습니다. 자취방은 언제가 더 싼가?라는 질문입니다.
  한 학생이 "설 연휴 전에 가야 하나요? 설 지나고 나면 더 쌀 것 같긴한데 좋은 방이 없을 것 같기도 하고. 언제 가야 해요?"가 질문의 요지입니다.
  이런 질문형태는 우리가 흔히 접할 수 있는 질문인데 여러분들이라면 어떻게 대답하겠습니까?

- 개학이 가까워져 올수록 주인이 더 유리해지기 때문에 아직 시간여유가 조금 있는 설 연휴 전에 가는 게 유리할 것입니다.
  설 연휴 이후에 방을 구하러 가면 3월 안에 방을 구해야 하는 학생보다는 방 주인들이 더 유리합니다.
  그러나 만약 경기 침체가 장기화되고 있다면 분명 방을 계약하지 못한 주인들이 있을 것이고 지금보다 훨씬 더 싸게 방을 구할 수도 있을 것입니다. 결국 어느 때도 장단점이 있습니다.

- 어차피 자취를 하기로 결심하였다면 설 연휴 전에 가는 것이 그래도 유리할 것입니다. 왜 그럴까?
  설 연휴 전에 가면 가격도 아직 정확히 형성되지 않아 어느 정도 주인들이 싸게 부를 수 있는 여지가 있습니다.
  또한 아직 경쟁자가 없을 때 좋은 방을 고를 수 있다는 이점도 있습니다.
  이왕 한 학기 이상 살 집이라면 도배도 새로 해달라고 하여 이를 가격에 반영시킬 수도 있을 것입니다.

- 이렇게 본다면 협상에서 단순히 눈에 보이는 가격에만 집중하는 것은 별로 좋지 않습니다.
  더 좋은 위치의, 더 좋은 환경의 자취방을 고를 수 있는 것이 가격보다 더 큰 값어치를 가질 수 있기 때문입니다.

커뮤니케이션

(2) 신뢰감을 어떻게 만들 것인가.

○ 협상의 초점을 가격이나 조건으로 유도하기보다는 신뢰감을 획득하기 위한 방향으로 전개하는 것이 바람직하다.

○ 상대에게 신뢰할만한 사람이라는 믿음을 줄 때, 언제나 정당하고 합리적인 사람이라는 인상을 줄 때 비로소 원하는 가격이나 조건들이 따라온다.

• 그렇다면 눈에 보이지는 않지만 협상에서 사람들에게 결정적인 역할을 하는 것은 무엇일까요? 문서상의 계약조건보다 선행되어야 하는 것은 신뢰를 줄 수 있는 협상가의 자세입니다. 특히 비즈니스는 말 그대로 돈이 오고 가는 상황이기 때문에 무엇보다도 상대방에게 신뢰감과 믿음을 줄 수 있어야 합니다.

• 대부분의 사람들은 협상과정에서 가격, 납기 등과 같은 계약 조건이 가장 중요하다고 생각하지만 사실은 그렇지 않은 경우도 많습니다. 상대에게 신뢰할만한 사람이라는 믿음을 심어 줄 때, 언제나 정당하고 합리적인 사람이라는 인상을 심어 줄 때에 비로소 원하는 가격이나 조건들이 따라 오는 것을 경험할 수 있습니다. 그러면 신뢰감이나 합리적으로 보이는 협상가의 태도와 자세는 어떻게 만들어질까요?

• 백화점에 가서 물건을 살 때는 재래시장에서와 같이 그 물건이 진품이냐고 잘 묻지 않습니다. 왜냐하면 백화점은 믿을 수 있다고 생각하기 때문입니다. 따라서 이 같은 판단에서 라벨에 붙은 값을 주고 물건을 구입합니다. 사람들은 상대가 신뢰할 수 있다고 생각하면 판단을 의지하고 맡깁니다. 나와 생각이 다른 상대를 내가 원하는 방향으로 맞추고 원하는 가격과 조건으로 협상을 타결하고 싶으면 먼저 신뢰감을 쌓도록 노력하여야 합니다.

• 신뢰감을 쌓는 가장 좋은 방법은 성실하고 진지한 태도를 갖는 것입니다. 모든 형태의 협상에서 신뢰감을 쌓기 위해 할 수 있는 가장 현명한 선택은 진지한 자세로 상대방의 말을 듣는 것이며, 자신의 프레젠테이션을 성실하게 하는 것입니다.

• 사실 협상은 신뢰를 바탕으로 둘 때 이미 95%이상 타결된 셈입니다. 왜냐하면 이 같은 사이에서는 최종적인 것만 손보면 서로가 바로 결정을 할 수 있기 때문입니다.

커뮤니케이션

(3) 영향력을 발휘하는 4가지 방법

○ 신뢰형성

○ 신뢰회복

○ 상호성

○ 설득

- 영향력 있는 사람이란 무엇을 의미하는가 먼저 생각해봅시다. 영향력 있는 사람이라 함은 다른 사람에게 말이나 행동 혹은 사고방식에 변화를 가져오게 하는 사람을 말합니다. 그렇다면 내가 다른 사람들에게 영향력을 발휘하기 위해서는 어떤 방법이 있을까요?
- 협상 상대방에게 영향력을 발휘하는 방법은 크게 네 가지로 나누어 볼 수 있습니다. 이를 알아봅시다.

커뮤니케이션

신뢰형성

○ 자기 자신의 이익만을 생각한다면 협상가로서 자격이 없다.

○ 신뢰형성을 위한 행동기준을 다음과 같이 생각해보자.

유익한 행동	해로운 행동
철저히 약속을 지킨다.	변명을 자주 한다.
일을 맡으면 책임을 진다.	시간을 지키지 않는다.
기대에 부응한다.	겉과 속이 다른 행동을 한다.
기타	기타

- 협상 상대에게 영향력을 발휘하기 위해서는 신뢰형성이 가장 중요한 관건입니다.
  신뢰는 사전적인 의미로는 믿고 의지한다 쯤으로 해석될 수 있는데 개인 간의 효과적인 커뮤니케이션이 되기 위해서는 신뢰의 형성이 필수적입니다. 그렇다면 신뢰의 형성은 어떻게 이루어지는 것일까요?

- 신뢰를 형성하는 데 있어서 유익한 행동과 해로운 행동을 한 번 스스로 생각해봅시다.
  그것은 여러분 자신이 먼저 알고 있을 것입니다. 약속을 지킨다, 책임을 진다, 기대에 부응한다 등이 신뢰형성을 위한 기본적 조건입니다.

- 신뢰형성을 저해하는 요인으로는 변명을 자주한다, 시간을 지키지 않는다, 겉과 속이 다른 행동을 한다 등이 있습니다.

- 그 외에도 어떠한 것들이 신뢰형성에 도움이 될 수 있을까요?
  일관된 말과 행동, 현실적인 도움의 제공, 호의적 표현 등도 신뢰형성에 도움이 될 수 있을 것입니다.

- 한 가지 명심할 것은 신뢰는 형성되기는 쉽지 않지만 무너지기는 쉽다는 것입니다. 지금 주변을 둘러보고 자신은 가족이나 직장, 친구들 사이에서 신뢰를 받고 있는 사람인지 아니면 신뢰를 받지 못하는 사람인지 한 번 냉철하게 평가해보고, 신뢰받지 못하는 사람이라면 당장 자신의 말과 행동이 신뢰받을 수 있도록 변화해야 합니다.

커뮤니케이션

신리회복

○ 수용 : 자신의 책임을 받아 들인다.

○ 인정 : 자신의 실수를 공적으로 인정한다.

○ 사과 : 마음에서 우러나는 사과를 한다.

○ 실행 : 실수에 의한 결과를 행동으로 처리한다.

○ 수정 : 실수를 고치려 하고 해결하려 한다.

○ 주의 : 자문을 구하고 주의를 기울인다.

• 이제 신뢰가 손상되었을 때 신뢰회복을 위해 무엇을 해야 할까요? 한 번 생각해봅시다.
한 번 무너진 신뢰는 좀처럼 복원되기 어렵습니다. 신뢰를 얻지 못하는 사람은 언제나 인간관계에서 어려움을 겪기 때문에 손상된 신뢰를 회복하는 것은 반드시 필요합니다.

• 제임스와 베리(James M. Kouzes와 Barry Z. Posner)는 「리더십에 포함해야 할 6가지 책무」라는 책에서 손상된 신뢰를 회복할 수 있는 6가지 방법을 다음과 같이 제시하고 있습니다.

① 수용 : 자신의 책임을 받아들인다.

② 인정 : 자신의 실수를 공적인 자리에서 인정한다.

③ 사과 : 마음에서 우러나는 사과를 한다.

④ 실행 : 실수로 야기된 어떤 결과에 대해서 재빨리 행동으로 처리한다.

⑤ 수정 : 실수를 고치려고 하고, 실수로 야기된 어려움에 뛰어들어 해결하려고 한다.

⑥ 주의 : 자문을 구하고 거기에 주의를 기울인다

커뮤니케이션

상호성

○ 누구든 자신과 같은 편이 될 수 있다고 가정한다.

○ 자신의 목적과 우선순위를 분명히 한다.

○ 관점이 어떻게 다른지 명확히 점검한다.

○ 상대가 갖기 원하는 자산이 무엇인지 판단한다.

○ 상대와의 관계를 원만하게 유지한다.

○ 교환될 것이 결정되면 적절한 수준에서 교환한다.

- 협상력이란 무엇인지 한번 생각해봅시다. 협상력이란 협상에 참여하는 상대방의 협상타결에 대한 기대를 자신에게 유리한 방향으로 변경시킬 수 있는 능력을 말합니다. 이 때문에 협상은 영향력을 떠나 생각할 수 없습니다.
  그렇다면 협상은 영향력 교환모델이라고도 볼 수 있을 것입니다. 협상을 영향력 교환이라고 할 경우 협상의 상호성에 관하여 살펴볼 필요가 있습니다.

① 누구든 자신과 같은 편이 될 수 있다고 가정한다. 오늘의 적이 내일의 동지가 될 수 있다. 협상 대상자와 연합해야 하는 이유들을 충분히 생각하고 협상에 임해야 한다.

② 자신의 목적과 우선 순위를 분명히 한다.

③ 협상에서 서로의 관점이 어떻게 다른지 명확히 점검한다. 협상 대상자의 목표와 목적이 무엇인지 파악하고 협상에 임해야 한다.

④ 협상 대상이 갖기를 원하는 자산이 무엇인지 판단한다. 나의 자산과 협상 대상자의 자산을 비교하여 협상 대상자가 탐낼만한 나의 자산은 무엇인지 고려한다.

⑤ 협상 대상자와의 관계를 원만하게 유지한다.

⑥ 교환될 것이 결정되면 적절한 수준에서 교환한다.

커뮤니케이션

설득

○ 이해 관계자별로 설득의 전술은 다르다.

○ 나의 의견을 지원하는 세력

○ 나의 의견에 반대하는 세력

○ 결정을 못한 세력과 보류세력

○ 중립자의 세력

○ 알려지지 않은 세력

• 협상과정에서 자신의 의견을 큰소리로 말하는 사람은 역설적으로 자신의 의견에 자신이 없다는 것을 의미합니다. 따라서 불필요하게 큰 소리로 설득하는 방법은 효과적이지 못합니다. 이해 관계자별로 설득의 전술을 어떻게 구사하여야 할지를 구체적으로 살펴봅시다.

① 나의 의견을 지원하는 세력 : 이들에게 내 의견에 더 적극적인 지지를 하도록 지원을 요구한다.

② 나의 의견에 반대하는 세력 : 그들의 의견과 비슷한 부분과 상충되는 부분을 지적한 후에 사실을 알리고 그 근거를 제시한다. 문제의 다른 측면(상대방의 관점)을 이해하고 있음을 보여주고 일부분이라도 동의를 얻고자 노력한다.

③ 결정을 못한 세력과 보류세력 : 나의 의견을 명확히 주지시키고 사례, 전문가의 입장 등 증빙자료를 제시한다.

④ 중립자의 세력 : 나의 관심사항을 집중적으로 활용하고 경험한 사례도 활용한다.

⑤ 알려지지 않은 세력 : 상대방이 관심을 갖게 할만한 정보를 제공하고 나의 의견을 명확하게 주지시키며 믿을 만한 인물이라는 것을 보여준다.

커뮤니케이션

이해 관계자별 설득의 전술

대문에 얼굴 먼저 들이밀기 Door in the Face Technique	대문에 발만 먼저 들여놓기 Foot in the Door Technique	헐값으로 거저주기 Low Ball Technique
친구야 100만 원만 빌려줄래? 야! 내게 그런 돈이 어딨겠냐? 그럼, 10만 원이라도 빌려줘. 어 그럴게 …. 고마워? !?	장보러 같이 갈래? 친구야. 어 ! 물론 같이 가야지. 그런데 반찬을 만들 줄 몰라. 반찬 좀 만들어 줄거지? 어 그럴게 …. 바쁘지만 …….	20만 원만 내면 살 수 있어. 진짜? 시중보다 훨씬 싸네. 내가 다 살게. OK. 아 미안. 세금이 포함 안 된 가격이네? 어? 이제와서 왜 그래. 할 수 없지. 그래도 살게.
무리하고 큰 요구부터 먼저 하고 나중에 합리적이거나 더 작은 요구를 들어주게 하는 방식	작은 요구를 듣게 하여 나중에 큰 요구를 들어주게 하는 방식	처음에는 매력적인 가격을 제시하고 후에 가격을 올리는 방식

- 다른 사람을 설득하고자 할 때 흔히 쓰이는 기법으로 Foot in the Door , Door in the Face 그리고 Low Ball Technique을 들 수 있습니다.

- '대문에 얼굴먼저 들이밀기'는 상당히 부담스러운 것부터 먼저 제시하고 그 다음 그에 비하여 아무 것도 아닌 것을 상대방에게 제안하는 방식입니다. 돈을 100만 원만 빌려달라고 하였다가 상대가 거절하자마자 그럼 10만 원만 빌려달라고 하면서 쉽게 돈을 빌리는 경우와 같습니다.

- '대문에 발만 먼저 들여놓기'는 무엇일까요?
우리는 마트에 가면 시식을 하고 옷 가게에 가면 옷을 한번 걸쳐보기도 합니다. 구입할 마음이 없는데도 한 번 맛보거나 한 번 입어 보고는 결국 사게되는 경험을 합니다. 일단 대문에 발만 들여놓아 문을 못 닫게 하여 점차 큰 것을 요구하는 전술입니다.

- '헐값으로 거저 주기'는 일단 상대가 수용하기 쉬운 조건을 내건 뒤에 막상 상대가 수용하면 원래의 조건을 이야기하는 전술입니다. 옷 가격이 정말 싸서 얼른 돈을 주고 옷을 구입하였습니다. 그런데 카드계산을 하던 종업원이 달려오더니 "손님 죄송합니다. 저희가 오르기 전의 가격을 달아 놓았습니다. 정말 죄송합니다."라고 말하는 경우입니다.

- 이 세가지 설득전술은 모두 그 나름대로 상당한 설득효과를 갖고 있습니다. 어느 것이 더 효과적이고 가장 설득적인가 하는 것은 상황과 상대에 따라 달라집니다.

커뮤니케이션

(4) 협상 대상자보다 중요한 조직

○ 협상 담당자는 언제나 자신의 뒤에 숨어있는 조직을 생각하면서 행동하게 된다.

○ 만약 협상에서 상대에게 원하는 대답을 받아 내려면 우선 그가 속한 조직을 이해하는 것이 중요하다.

- 눈에 보이지는 않지만 협상과정에서 결정적인 역할을 하는 것은 협상 대상자가 처해 있는 환경입니다. 협상 대상자도 결국은 어떤 조직에 소속되어 있는데 그 조직의 분위기가 협상의 결과보다 더 중요할 수 있기 때문입니다.

- 노조대표가 한 번의 협상으로 협상타결을 한다면 이것은 노조원들에게 최선의 노력을 다했다는 모습으로 비치기 어렵습니다. 그 대신 충분한 시간적 여유를 가지고 노조 간부들이 많은 노력을 했다는 모습을 노조원들에게 보여 줄 수 있도록 협상을 이끌어 나간다면 이야기는 달라질 것입니다.
  협상 테이블에 앉아 있는 사람은 언제나 뒤에 숨어 있는 조직을 생각하며 협상을 진행해야 합니다.

- 협상 담당자는 언제나 자신이 소속되어 있는 조직을 생각하면서 행동하게 되어 있습니다. 가령 노동조합을 대표하는 교섭위원은 자신의 결정이 조합원들에게 어떻게 비칠까 하는 것에 초점을 맞추고 협상을 진행합니다. 직장이라는 조직에 속해 있는 회사원은 언제나 자신의 동료와 상사들의 평가에 민감해질 수밖에 없습니다. 만약 상대에게 원하는 대답을 받아 내려면 우선 그가 속한 조직을 이해하고 협상을 진행해야 합니다.

- 조직으로부터 어떻게 인정 받을 수 있을지를 이해시키는 것이 협상 자체보다 더 중요할 수도 있습니다. 모든 사람의 결정과정 뒤에는 조직의 이해관계가 자리잡고 있습니다. 조직의 원리를 이해하고 적용하는 것이 필요합니다.

커뮤니케이션

(5) 감정조절의 방법

○ 자기 태도의 중요성을 잊어서는 안 된다.
○ 상대의 행동이나 동기를 심판하지 마라.
○ 감정을 숨기지 마라.
○ 적절한 상징적 제스처를 사용하라.

- 협상의 원활한 진전을 위해서는 첨예한 이익이 대립한다고 하여도 나 자신과 상대방의 감정을 적절하게 통제하는 것이 필요합니다.

- 상대방의 감정을 다치게 한다면 협상은 끝난 것이나 마찬가지입니다.
  특히 치열한 말싸움이 오가는 협상에서 감정은 대화 그 자체보다 더 중요해질 수도 있습니다. 극단적인 대화가 되지 않도록 상대방과의 협상 과정에서 감정을 조절하기 위한 방법을 알아봅시다.

- 첫째, 자기 태도의 중요성을 잊지 마라.
  어떤 황당한 경우를 당하더라도 그에 맞서 똑같이 감정적인 태도를 보이는 것은 현명하지 못한 처신입니다.

- 둘째, 상대의 행동이나 동기를 심판하지 말라.
  다른 사람의 행동, 태도, 논리, 가치관, 지성 등에 대해 심판을 하지 말아야 합니다. 'Message'야 말로 감정대결을 효과적으로 피하는 방법입니다. 또한 상대방을 코너로 몰지 말아야 합니다.

- 셋째, 감정을 숨기지 말라.
  억누른 감정은 폭발하기 쉽습니다. 협상장면에서 가장 위험한 감정은 '분노'입니다. 이를 잘 컨트롤하는 것은 협상을 파경으로 이끌어가지 않는 주요전술입니다.

- 넷째, 적절한 상징적 제스처를 사용하라.
  협상 쌍방이 공통점을 찾을 수 있는 상징적 제스처에는 '회사의 경영이념', '회사의 슬로건' 등이 있습니다. 이는 이해관계는 달라도 한 방향으로 가는 배를 타고 있는 느낌을 줍니다.

커뮤니케이션

(6) 관심을 표현하라.

○ 협상에서 자신의 의사전달을 제대로 하고 싶다면 우선 상대방에 대한 관심을 표현하는 것이 좋다.

○ 인간은 누구든지 자신에게 관심이 있는 사람에게 호감이 가기 마련이다.

• 협상에서 제대로 의사전달을 하고 싶다면, 상대방에 대한 관심을 표현하는 것이 우선입니다. 인간은 누구든지 자신에게 관심이 있는 사람에게 호감이 가기 마련입니다. 자신이 좋아하고 호감을 가지고 있는 사람은 그렇지 않은 사람보다 더 좋은 아이디어를 내고 더 신뢰할만 하다고 사고하는 경향이 있습니다. 관심을 표명하고, 이것을 상대에게 알리는 것은 기본입니다. 표현되지 않는 관심에 대해서는 상대방이 절대로 알아주지 않습니다.

• 감정표현은 대단히 중요한 협상기법입니다. 그 대신 표현되지 않은 감정, 억누른 감정은 협상에서의 적입니다. 자신의 현재 감정을 정확하게 상대에게 알리는 것이 협상에서는 우수한 전술입니다.

• 특히 협상장에서 상대방에 대한 관심을 표현하는 중요한 기술 중 하나로 질문 기법이 있습니다. 협상테이블에서 유용한 질문과 유용하지 못한 질문들이 있는데 이를 알아보기로 합시다.

커뮤니케이션

협상 테이블에서 유용한 질문

개방형 질문	우리 제안에 대해 어떻게 생각하십니까?
유도형 질문	우리 제안이 합리적이라고 생각하지 않으세요?
의문사형 질문	그 입장을 취하시는 이유는 무엇인가요?
사무형 질문	부품이 추가되면 비용의 합계는 얼마인가요?
계획형 질문	부품이 추가되면 언제쯤 받게 되나요?
대우형 질문	선생님의 탁월한 직관력으로 비추어본다면요?
창문형 질문	어떻게 그런 제안이 나올 수 있었나요?
지정형 질문	추가부품을 포함하면 생산 원가는 얼마이죠?

• 협상 테이블에서 쓰일 수 있는 유용한 질문으로 몇 가지를 제시할 수 있습니다.

• 먼저 개방형 질문입니다. 이는 대답을 하는 사람이 자신의 의견을 자유롭게 표현할 수 있도록 하는 질문을 말합니다. 상대의 동기나 배경은 물론 상대가 무슨 생각을 하고 있는지 파악하는 데 도움이 됩니다.

• 유도형 질문은 대답의 방향을 상대에게 제시하여 대화의 주도권을 이끌어가는 방식입니다.

• 의문사형 질문은 상대가 "예." 혹은 "아니오." 로 대답할 수 없는 의문사를 사용하는 방식입니다. 누가, 무엇을, 어떻게, 언제, 어디서, 왜 등의 의문사를 쓰는 것입니다.

• 사무형 질문은 감정을 배제한 채 협상의 이슈에 냉철하게 몰입하는 스타일입니다. 사실중심의 분석적 대화 스타일에 유용합니다.

• 계획형 질문은 미리 개발한 일련의 논리적인 질문을 말합니다. 협상 준비과정에서부터 준비한 질문으로 상대에게 핵심 되는 사안에 관한 것입니다.

• 대우형 질문은 질문을 하는 동시에 상대를 칭찬하는 방식입니다.

• 창문형 질문은 상대의 속마음을 알아보기 위한 질문입니다.

• 지정형 질문은 특정 사안에 초점을 맞추는 질문입니다.

커뮤니케이션

협상 테이블에서 삼가해야 할 질문

폐쇄적 질문	유리한 것만 가져가는 거 아닙니까?
감정적 질문	말도 안 되는 제안인 거 알고 계시죠?
충동적 질문	이 협상을 지켜보는 다른 팀은 어떡하라고요?
음모적 질문	진짜 요구가 무엇인가요? 법대로 하든지요?

출처:Nierenberg(1973), Fundamentals of Negotiating, p.125

- 협상장에서 삼가해야 할 질문 4가지가 있습니다. 폐쇄적 질문은 상대가 "예스" 아니면 "노"로 대답할 수밖에 없게 하는 질문, 혹은 사전에 답변형태를 질문자가 사전에 제시해놓고 그 안에서 선택하도록 하는 질문형태입니다. 이러한 폐쇄적 질문은 신속하게 상대의 의견을 아는 데 도움이 되지만 상대의 속마음이나 행동의 배경 등을 알기에는 역부족입니다.

- 감정적 질문은 질문에 감정이 들어가 있는 경우로, 일부러 상대의 감정적인 대응을 예상하고 하는 경우가 많습니다.

- 충동적 질문은 아무 계획 없이, 또는 뜬금없이 하는 질문으로 대화를 처음으로 되돌리려 하는 경우가 많습니다.

- 음모적 질문은 상대의 솔직한 대답을 요구하는 것으로도 보이지만 실제로는 질문자의 의도를 나타내거나 상대의 속마음을 알아내기 위한 경우가 많습니다.

커뮤니케이션

(7) 감동을 주면 지더라도 이기는 것이다.

○ 협상은 적과 아군으로 만나는 자리가 아니다.

○ 상대방에게 인간적인 관심을 보이고 감동을 준다면 협상의 결과와 상관없이 유력한 지지자를 얻게 될 것이다.

- 협상은 치열한 이익이 대립하는 곳이기도 하지만 협상장에서 상대방에게 인간적인 관심을 보이고 그에게 감동을 준다면, 협상의 결과와 상관없이 또 한 명의 좋은 지지자를 얻을 수 있습니다. 세상이라는 것이 단 한 번의 협상만으로 모든 것이 해결되는 곳이 아니기 때문입니다.

- 지금 마주 앉은 상대자를 또 다른 협상 장소에서 얼마든지 만나게 될 수 있습니다. 평생 두 번 다시 만나지 않게 되더라도, 그는 당신에 대한 기억이 있을 것이고, 그 기억은 다른 사람들의 입을 통해서 끊임없이 당신을 평가할 것입니다. 다음의 협상 장소에서 당신의 신뢰도에 큰 영향을 미치게 될 것입니다. 당신보다 당신에 대한 소문이 먼저 협상장소에 도착해 있을 것이기 때문입니다.

커뮤니케이션

(8) 협상 커뮤니케이션 및 프로세스를 늘 평가하라

○ 협상의 목적 단계

- 협상목적을 분명히 알고 있었는가?
- 협상의 이슈와 관계되는 자료를 사전에 준비하였는가?
- 협상 시작 전에 시간적 여유를 가지면서 상견례를 하였는가?
- 협상 참여자들은 협상목적에 대하여 비슷한 생각을 하였는가?
- 협상 시작 전에 주제에 대한 우리 측의 입장이 결정되었는가?

• 효과적인 협상은 협상의 목적, 진행과정, 타결된 결과에 대한 객관적인 근거로 평가합니다. 협상의 목적이라는 단계에서는 위에서 제시한 내용들이 평가기준이 될 수 있습니다. 그 다음으로 진행과정과 결과에 대한 평가단계에서의 중요한 기준들은 다음과 같이 정리할 수 있습니다.

○ 진행과정

- 협상과정에 투입된 시간은 생산적이었는가?
- 협상 테이블에서 참여자들은 자기생각을 충분히 주장하였는가?
- 상대 측 발언을 충분히 경청하였는가?
- 협성과정에서 나타나는 의견차이 혹은 갈등이 잘 해소되었는가?
- 협상대표는 협상과정에 적극적으로 참여하였는가?
- 서로 다른 협상 스타일도 협상에서 존중받았는가?

○ 결과에 대한 평가

- 협상은 성공적이었나?
- 협상을 통해 참여자 상호 간의 공동목표를 이루었는가?
- 협상종료 후에도 참여자 간 신뢰를 유지하고 있는가?

Section 5

협상가의 자질과 프레젠테이션

강의 9

프레젠테이션 기법

어느새 제9강입니다. 협상, 주고받기를 마지막까지 함께 해주시기 바랍니다.

지난 강의에서는 협상가의 자질 그리고 커뮤니케이션 기법까지 알아보았습니다.

이번 강의에는 프레젠테이션 기법에 대하여 알아봅시다.

프레젠테이션 기법

1. 프레젠테이션 기법

○ 훌륭한 커뮤니케이터가 되기 위해서는 철저한 학습과 훈련이 필요하다. 그 중에서 가장 기본이 바로 프레젠테이션이다.

○ 개인적 능력은 결국 말과 글로써 드러나기에 현대에서 프레젠테이션의 중요성은 날로 커지고 있다.

1) 프레젠테이션의 불안감 극복
2) 프레젠테이션의 구조
3) 시각 보조 자료와 활용미디어
4) 비언어적 프레젠테이션

• 커뮤니케이션은 개인이나 기업 할 것 없이 생존과 성장의 관건입니다. 특히 직장생활은 커뮤니케이션의 연속이라고 할 수 있습니다.

• 이러한 커뮤니케이션 중에서도 그 핵심은 프레젠테이션입니다. 이처럼 훌륭한 커뮤니케이터가 되기 위해 프레젠테이션 능력이 필요한데 "프레젠테이션 그 자체가 인생이다"라는 말이 있을 만큼 대부분의 업무분야에서 그 능력이 중요하게 평가되고 있습니다. 어떤 분야에서 리더가 되고 누군가에게 영향력을 미치려 한다면 프레젠테이션은 피할 수 없습니다.

• 또한 설득을 목적으로 하는 프레젠테이션은 단순한 말의 전달이 아니라 일관된 주제를 갖고 이를 일목요연하게 표현해야 한다는 측면에서 대화나 연설보다 더 효과적인 기술이 필요합니다.

프레젠테이션 기법

스티브 잡스의 프레젠테이션

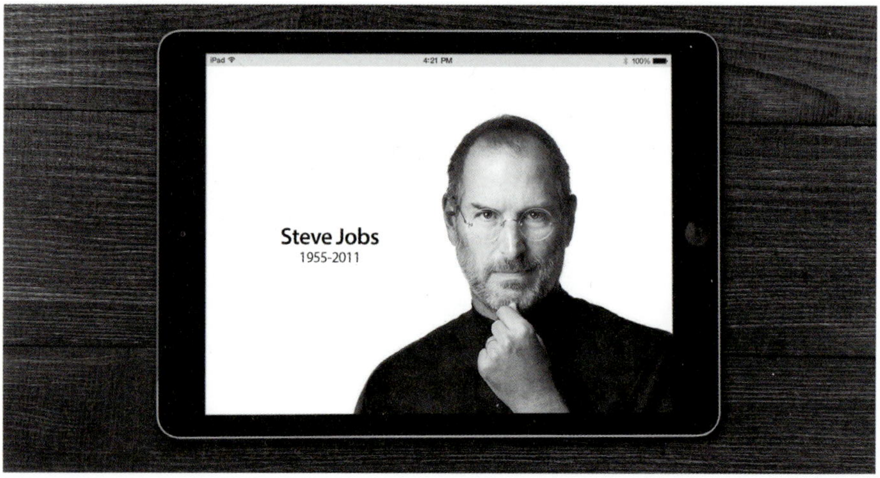

- 빌 게이츠도 부러워하는 것이 바로 스티브 잡스의 프레젠테이션 능력이라고 합니다. 스티브 잡스의 프레젠테이션에는 언제나 함축의 미가 있다고 평가받습니다.

- 2007년 아이폰을 출시하면서 「오늘 우리는 휴대폰을 재창조한다」, 2008년 맥 에어를 출시하면서 「세상에서 가장 얇은 노트북」 이라고 메시지를 전합니다.

- 간단하면서도 핵심적인 Keyword를 제시하면서 프레젠테이션 화면도 최대한 간결하게 한다는 것이 그의 장점입니다. 또한 신제품을 소개하면서 단순한 숫자나 기능의 나열이 아닌 영감을 불러 일으키는 스토리텔링 기법을 쓴다는 것이 차별화되는 점입니다.

- 2010년 스티브 잡스는 아이패드를 노트북과 스마트폰의 가운데 있는 뭔가 새로운 것으로 소개합니다. 그때 바로 포스트 PC 시대의 서막을 선언한 것입니다.

프레젠테이션 기법

❶ 불안감 극복

○ 프레젠테이션에 대한 공포나 불안감은 모두에게 존재하는 일반적인 것임을 명심하여야 한다.

○ 프리젠터가 철저한 준비를 통해서 자신감 및 확신감을 갖게 되면 공포감은 점진적으로 감소된다.

○ 청중들에게 이야기하고 싶은 자신의 아이디어와 욕구 등에 집중하며 그에 대한 확신을 갖고 행동함으로써 불안감은 극복될 수 있다.

• 프레젠테이션에 대한 불안감은 일반적입니다. 특히 남 앞에 나서기를 꺼리는 우리의 문화적 특성 때문에 발표기회가 주어지면 가슴이 두근거리고 목소리가 떨리며 숨이 가빠지는 사람들이 많습니다.

• 불안감은 누구나 가지고 있는 것입니다. 그러나 철저한 준비와 다양한 경험을 통해 얼마든지 극복될 수 있습니다. 또한 불안이 너무 없으면 준비를 안 하게 되고 불안이 너무 심하면 집중이 안 되어 두 경우 모두 능률이 저하됩니다. 따라서 적당한 불안감은 오히려 성과를 좋게 한다는 것을 새겨둡시다.

프레젠테이션 기법

(1) 장소의 숙지

○ 프레젠테이션을 할 장소에 대해 친숙해져야 한다.

○ 장소를 제대로 알아야만 적절한 프레젠테이션의 계획수립이 가능하다.

- 발표자는 프레젠테이션을 할 장소에 대해서 친숙해져야 합니다. 가능한 한 미리 장소에 도착하여 연단과 청중석을 둘러볼 수 있는 기회를 가지는 것이 좋습니다.

- 연단에도 서보고 마이크를 이용하여 실제로 말을 해 보십시오. 처음 프리젠터가 소개되는 장면을 상상하면서 의자에서 일어나 연단까지 걸어 보십시오. 이는 절대적으로 필요합니다. 만약 이러한 것이 사전에 불가능하다면 관계자를 통하여 발표할 장소에 대해 미리 숙지하고 부족한 것이 있으면 자신의 강의동선을 설명해야 합니다. 이처럼 발표장소의 관계자에게 요구사항이 있으면 미리 부탁해야 합니다.

- 프레젠테이션을 하기 전에 어떤 기자재를 사용할 것인지를 결정하여야 합니다.

- 공간이 넓은지, 객석과 거리가 먼지, 청중들과 상호작용은 가능한지, 화이트보드, 칠판, 파워포인트 등 어떤 기자재 사용이 바람직한지를 사전에 결정하여야 합니다. 장소와 환경을 알아야만 적절한 프레젠테이션 계획수립이 가능하기 때문입니다.

프레젠테이션 기법

(2) 청중의 분석

○ 프레젠테이션은 청중과의 상호작용 속에서 이루어지는 것이 가장 효과적이다.

○ 가능하면 청중들이 도착하기 전에 먼저 도착하여 몇 명의 청중들과 인사도 하고 담소를 하라.

- 프레젠테이션을 통해 청중이 필요로 하는 정보를 전달할 수 있어야 합니다.
- 프레젠테이션은 사람을 설득하는 데 그 목적이 있기 때문에 어떤 사람들을 대상으로 이야기하는지에 따라 내용이나 표현양식이 달라져야 합니다.
- 프레젠테이션에서 청중을 분석하는 것은 매우 중요합니다. 청중의 연령은 어느 정도인지 청중의 성향은 무엇인지, 생산자인지 소비자인지, 전체 직원을 대상으로 하는지, 임원을 대상으로 하는지, 부하를 대상으로 하는지, 타 부서 사람들에게 하는지 등을 파악하고 그들이 프레젠테이션에서 어떤 내용을 듣고 싶어하는지를 알아보는 것이 선행되어야 합니다.
- 가능하면 발표 당일에도 청중들이 오기 전에 먼저 도착하여 몇 명의 청중들과 인사도 하고 담소도 나누십시오. 전혀 모르는 사람들보다는 친분을 만들어 친밀감이 생긴 사람들에게 말하는 것이 더 쉬울 것입니다.

프레젠테이션 기법

(3) 자료의 철저한 이해

○ 프레젠테이션 자료에 익숙하지 않거나 또는 그것에 대해 불편하게 느낀다면 긴장하게 되는 것은 당연하다.

○ 사전에 반드시 프레젠테이션 연습을 하고 자신감을 가질 때까지 계속해서 반복하라.

- 프레젠테이션 자료에 친숙하지 않거나 또는 그것에 대해 불편하게 느낀다면 긴장하게 될 것입니다. 따라서 사전에 반드시 프레젠테이션 연습을 하고 자신감을 가질 때까지 계속해서 반복하십시오.

- 자료의 철저한 이해와 더불어 한가지 잊지 말아야 할 것은 청중의 주의와 관심을 사로잡을 수 있는 발표문을 준비하는 것입니다.

- 아무리 좋은 내용을 담고 있다고 하여도 상대방의 호기심을 자극하지 못하면 그 프레젠테이션은 이미 실패 가능성을 내포하는 것이 되기 때문입니다. 따라서 청중의 관심사를 어떻게 이끌지 먼저 스토리보드를 만드는 것도 필요합니다.

프레젠테이션 기법

(4) 긴장의 해소

○ 연습을 충분히 함으로써 긴장을 줄일 수 있다.

○ 소개되어 연단에 가기 전에 의자에 편안하게 앉아라.

○ 심호흡은 긴장해소에 가장 좋은 방법이다.

(5) 프레젠테이션 장면을 시각화

○ 연단에 자신있게 걸어나갈 때 청중들이 박수치는 모습을 상상하라.

○ 스스로 성공한 모습을 시각화할 수 있을 때 성공의 가능성은 더욱 높아진다.

• 연습을 충분히 함으로써 긴장을 줄일 수 있습니다.

• "다른 사람들도 긴장하고 있어. 좀 떨리면 어때!" 혹은 "나는 최선을 다하면 돼. 그 다음 결과는 상관없어."라는 식으로 긍정적인 자세를 가지는 것도 긴장을 푸는 데 도움이 됩니다.

• 소개되어 연단에 가기 전에는 의자에 편안하게 앉아 숨을 천천히 들이 마시고 4-5초 정도 멈춘 다음에 천천히 내쉬십시오. 심호흡은 긴장해소에 좋은 방법입니다. 안면 근육을 이완시키기 위해 입을 벌리고 눈을 크게 떴다가 꽉 감으십시오.

• 앉아서 기다리는 동안에 주먹에 힘을 꽉 쥐었다가 일시에 힘을 빼는 것도 한 방법입니다.

• 연단에 자신 있게 걸어 나갈 때 청중들이 박수치는 모습을 상상해 보십시오. 프레젠테이션 하고 있는 장면, 목소리가 크고 또렷하고 확신에 찬 모습을 상상하십시오. 스스로 성공한 모습을 시각화할 수 있을 때 당신은 성공할 것입니다. 이같은 비쥬얼리제이션은 올림픽 선수 트레이닝에도 널리 활용되고 있습니다.

프레젠테이션 기법

(6) 청중들은 성공하기를 원한다

○ 청중들은 발표자가 성공하기를 바라지 절대로 실패하기를 원하지 않는다.
○ 발표자가 스스로 자신을 과소평가해서는 곤란하다.

(7) 사과하지 마라

○ 청중들의 눈에는 발표자의 긴장한 모습은 전혀 보이지 않는다.
○ 자신의 긴장한 상태를 말하지 않으면 그 누구도 눈치채지 못할 것이다.

(8) 메시지에 집중하라

○ 메시지와 청중들에 집중한다면 불안감은 사라질 것이다.

• 겸손하다고 하여 청중 앞에서 "불초소생 천학 비재한 몸으로 배운 것도 없고 아는 것도 없는데 제가 오늘 여러분들에게 말씀을 드리게 되어 너무나 송구합니다."라고 말해야 할까요?

• 이러한 대사가 옛날에는 겸양의 미덕이었는지 모르나 현대에 와서는 이런 표현이 과도할 경우 오히려 역효과를 냅니다. 스스로가 철저히 준비하여 열심히, 자신 있게 발표하는 자세가 더 중요합니다. 청중들은 프리젠터가 프로같이 성공하기를 원한다는 것을 알아야 합니다. 청중들은 프리젠터가 흥미롭고, 자극적이며, 유익한 정보와 즐거움을 제공하기를 원합니다. 이처럼 청중들은 프리젠터가 성공하기를 바라지 절대로 실패하기를 원하지 않습니다.

• 청중들의 눈에는 프리젠터의 긴장한 모습은 전혀 보이질 않습니다. 따라서 발표자가 자신의 긴장한 상태를 말하지 않으면 그 누구도 눈치채지 못할 것입니다.

• 만약 발표자가 자신의 긴장에 대해 언급하거나 또 어떤 문제에 대해 사과를 한다면, 이것 때문에 발표자는 더욱 신경을 쓰게 될 것입니다. 자기 자신의 긴장 상태에 대해 언급하지 않는다면 청중들은 전혀 모를 것입니다.

• 메시지에 집중하십시오. 발표자가 불안감에 대해 생각하지 않고 메시지와 청중들에 대해 집중한다면 불안감은 사라질 것입니다.

프레젠테이션 기법

메시지는 이성 대신에 감성에도 호소

Youtube, TED와 같이 메시지에 집중

- 왼쪽 화면은 어느 프레젠테이션의 모습입니다. 매우 진지하고 심각한 듯합니다. 이런 분위기는 누구라도 금방 지치기 쉽고 빨리 끝나기만을 기다릴지도 모릅니다.

- 반면 오른쪽 사진은 유튜브를 촬영하는 모습인데 자신의 메시지를 전달하기위해 감성이 넘치고 있습니다. 이제 딱딱한 프리젠테이션은 감동을 주지 못하는듯합니다. 차라리 유튜브의 B급 감성이 더 유효할수 있습니다.

- 더 중요한 것은 메시지에 상대방이 집중하도록 하는 것인데 감성에 호소하는 방법이 좋습니다. 히틀러는 대중을 조종하고 싶으면 가능한 쉬운 말로 호소하라, 하고 싶은 말을 끝없이 반복하라, 중요한 요점을 전달하라, 이성보다는 감정에 호소하라고 했습니다.

- 히틀러는 "유럽국가들을 식민지로 삼으면 엄청난 이익을 올릴 수 있고 그 결과 국민들이 호의호식하며 살 수 있다." 라는 이성적이고 논리적인 문구를 사용하지 않았습니다. 대신에 "1차 대전 이후에 맺어진 베르사유조약은 너무 부당하다. 그 조약은 우리 독일인들을 완전히 모욕했다. 예전의 땅을 되찾고 복수해야 한다." 라는 식이었습니다.

- 사형제도를 두고 대통령 후보 간의 토론이 시작되었습니다.

  A: 사형이 범죄를 억제한다는 증거는 없다. 사형에 처한다고 해도 피해자가 다시 살아 돌아올 수 없다. 그래서 사형에 반대한다.

  B: 만약에 당신이 사랑하는 딸이 난폭하게 성폭행당한 뒤 살해당했다고 하자. 그래도 사형을 반대할 텐가?

- 사람들은 누구의 말에 더 움직였을까요? 물론 B입니다. 이 사람이 바로 미국의 제41대 대통령 조지 부시였습니다.

프레젠테이션 기법

(9) 긴장감을 긍정적 에너지로 전환

○ 긴장감도 오히려 큰 자산이 될 수 있다. 긴장감을 생명력과 열정으로 변화시켜라.

(10) 경험을 얻어라

○ 경험은 확산을 가져온다.

○ 이것은 효과적인 프레젠테이션의 왕도이다.

○ 프레젠테이션의 기회가 있으면 바로 지금이야말로 프레젠테이션 기술을 연습할 수 있는 절호의 기회이다.

- 긴장감을 긍정적 에너지로 전환하십시오. 무대공포증을 일으키는 긴장감도 프리젠터에게는 큰 자산이 될 수 있습니다. 긴장감을 생명력과 열정으로 변화시켜야 합니다.

- 경험을 쌓으십시오. 경험은 확신을 가져옵니다. 이것은 효과적인 프레젠테이션의 왕도입니다. 대부분의 프리젠터들은 프레젠테이션이 끝난 뒤에는 자동적으로 불안감이 사라진다는 것을 알게 됩니다.

- 프레젠테이션 기회가 있으면 바로 지금이야말로 프레젠테이션 기술을 연습할 수 있는 절호의 기회라고 받아들입시다. 당신과 똑같이 뛰어난 프리젠터들 역시 처음에는 몇 명 안 되는 작은 청중 앞에서도 긴장했었습니다. 보다 경험이 많은 사람들의 경험담을 듣고 그들이 어떻게 하는지를 실제 장면에서 관찰하고 배우는 것이 중요합니다.

프레젠테이션 기법

가족과 친구들도 활용하자

• 우리는 프레젠테이션이라고 하면 딱딱한 자리에서의 발표만을 생각하기 쉽습니다. 그러다 보니 프레젠테이션이라고 하면 무슨 형식의 어떤 프레젠테이션인지도 모르고 긴장부터 먼저 하게 되는 것입니다.

• 이러한 불안감을 없애는 데 가족이나 친구들이 큰 도움을 줄 수 있습니다. 회식이나 동창회 등과 같은 술자리는 좋은 프레젠테이션 연습 기회입니다. 일부러 일어서서 '건배'하자면서 목소리를 높여 제의하거나 인사말을 나서서 한 번 해보는 것입니다. 프레젠테이션 연습을 해서 좋고 참석자들을 즐겁게 할 수 있어서 좋습니다.

• 가족들 앞에서 자신의 의견을 이야기해보는 연습도 프레젠테이션의 불안감과 긴장감을 해소할 수 있는데 도움이 될 것입니다. 부담이 없는 상태에서 연습해두지 않으면 정작 중요한 곳에서는 아무것도 할 수 없습니다.

• 긴장하게되면 내 프리젠테이션은 딱딱해지고 재미가 없기 마련입니다.

• 가족이나 친구들 앞에서와 같이 적절한 제스처가 필요합니다. 특히 몸에 팔을 붙인채 하는 프리젠테이션은 더욱 자신을 움츠리게 만듭니다.

프레젠테이션 기법

❷ 프레젠테이션의 구조

○ 프레젠테이션은 일반적으로 도입 부문 10~15%, 본론 부문 70~80%, 결론 부문 10~15%로 구성된다.

○ 발표내용으로 계획한 것을 도입 부분에서 말하고 그 다음 본론 부문을 말한 뒤, 결론 부문에서는 말했던 것을 반복하고 요약해서 다시 말한다.

• 프레젠테이션이 성공적으로 전개되기 위해서는 프레젠테이션의 구조가 명료하게 정리되는 것이 필수적입니다. 구조가 정리된다고 하는 것은 대부분 도입(Introduction), 본론(Body), 결론(Conclusion)으로 나누어 볼 수 있습니다. 이러한 구조는 어떠한 프레젠테이션의 경우에도 지켜져야 할 기본적인 구조입니다. 주제의 핵심이 담긴 본론 부문도 이러한 기본구조가 응용되는 것이 바람직합니다.

• 프레젠테이션의 기본적인 전제는 청중에게 프레젠테이션의 주제에 처음부터 집중할 수 있는 동기를 만들어주거나 유인책이 있어야 한다는 것입니다. 이를 위해서 유능한 프리젠터들은 프레젠테이션을 시작하면서 다양한 방법으로 청중의 이목을 집중하게 합니다. 무대나 강단에서 돌발행동을 하거나 청중에게 뜬금없는 질문을 한다거나 하는 것입니다. 그리고 초반에 청중들이 받아들이기 어려운 결론을 먼저 말한 후 그를 설명하고 보충하는 방식으로 전개하여 청중들을 이해와 설득을 시키는 두괄식 구조를 채택하기도 합니다. 보통은 10분 이상 하는 프레젠테이션은 두괄식이 효과적이라고 알려져 있습니다.

프레젠테이션 기법

(1) 도입

○ 도입 부문은 시작 말, 목적, 일정이라는 세 가지 부문으로 구성된다.

○ '시작 말'의 목적은 청중의 주의를 사로잡는 데 있다.

○ '목적'은 프레젠테이션을 하는 이유를 말하는데, 발표내용이 청중들에게 어떠한 이점을 주는지가 초점이다.

○ '일정'은 논의될 주요 포인트와 제시되는 순서이다.

• 도입 부문은 시작 말, 목적, 일정이라는 세 가지 부문으로 구성됩니다. 시작 말은 처음 도입부에 하는 말로서 인용문을 이용하기도 합니다. 시작 말의 목적은 청중의 주의를 사로 잡는 데 있습니다. 목적은 프레젠테이션을 하는 이유 말합니다. 이는 발표가 청중들에게 어떤 이점을 주는지에 초점을 맞추어야 합니다. 일정은 논의될 주요 포인트와 제시되는 순서를 말하는 것입니다.

프레젠테이션 기법

(2) 본론

프레젠테이션은 흔히 PREP 법을 따른다.

- Point
- Reason
- Example
- Point

- 이제 발표의 본론을 간결하고 명확하게 전달하여야 합니다. 프레젠테이션의 몸통에 해당되며 본론은 준비하는 보조자료에 따라 3-5가지 정도의 주요 포인트로 구성되어야 합니다. 프레젠테이션은 흔히 PREP법을 따릅니다.

  - Point : 말하고자 하는 요점 및 논리를 전달한다.
  - Reason : 왜 이런 말을 하는가? 왜 이런 포인트를 강조하는가? 등의 이유를 밝힌다.
  - Example : 이때는 실제 사례를 보여주면서 주장하는 POINT를 입증한다.
  - Point : 다시 한 번 요약하여 강조한다.

- 단, 우리가 여기서 반드시 명심하여야 할 것은 청중 앞에서 발표를 풀어 나가는 형태입니다. 청중 앞에서 화술을 감격적으로, 혹은 웅변적으로 하는 시대는 지나간 지 오래입니다. 자기 스타일을 유지하면서 자연스럽게 대화하듯이 발표하는 게 좋습니다.

프레젠테이션 기법

(3) 결론

○ 재검토, 행동유도, 마무리의 세부분으로 구성

○ 재검토는 청중들에게 발표의 목적을 재언급

○ 행동유도는 청중들에게 지금까지 제시된 정보로 무엇을 해야 하는지를 말한다.

○ 마무리에서는 청중들에게 기억할 만한 무엇인가를 남겨준다.

- 결론은 재검토, 행동유도, 마무리의 세 부분으로 구성되는데 재검토는 청중들에게 프레젠테이션의 목적을 다시 한 번 더 언급하는 것입니다.
  행동유도는 청중들에게 지금까지 제시된 정보로 무엇을 해야 하는지를 말합니다.
  마무리에서는 최종 마무리 말을 포함하여 청중들에게 기억할 만한 무엇인가를 남겨주어야 합니다. 마무리를 할 때는 반드시 결론을 강조하며 마무리하고 새로운 정보는 언급하지 않습니다.
  부정적인 어조나 상투적인 말도 금물입니다. 마지막 감사의 말을 하기 전에 2초 정도의 여유를 갖는 것이 좋습니다. 다 끝나기 전에 자료를 챙기지 않습니다.
- 현명한 발표자는 5분 늦게 시작하고 5분 일찍 끝낸다는 말이 있습니다. 10분쯤 발표시간을 단축하라는 말이 아니고 주어진 시간을 절대로 넘겨서는 안 된다는 엄한 경고입니다.
  "시간이 다 되었지만 조금만 더 하겠다."든가, "준비는 많이 해왔는데 시간이 짧아서 그만두겠다."고 하는 것은 불필요한 변명입니다.

프레젠테이션 기법

프레젠테이션 제작과정의 6단계

1단계	기획안 구성
2단계	스토리보드 작성
3단계	파워포인트 작성
4단계	발표연습과 수정작업
5단계	발표
6단계	사후관리 및 피드백

- 프레젠테이션의 직접적인 제작과정은 보통 6단계를 거치게 됩니다. 먼저 기획안의 구성입니다. 발표일자, 발표시간, 참석자, 발표대상자 등 프레젠테이션의 일반적인 사항은 물론 프레젠테이션에서 무엇을 말할지가 결정되면 그에 따르는 핵심사항 등을 어떻게 표현하고 발표할 것인가를 기획하는 단계입니다.

- 두 번째 단계로 스토리보드의 작성이 필요합니다. 주제를 가장 효율적으로 전달할 수 있는 각 핵심사항을 어떻게 파워포인트 화면에 나타낼 것인가를 먼저 그림으로 작성하고 그에 맞는 발표문의 개략적인 사항을 작성합니다.

- 세 번째로 이제 기획안과 스토리보드에 따라 기술적인 작업으로서 파워포인트 작업이 이루어지게 됩니다. 파워포인트는 기획안이나 스토리보드의 작성자가 해도 되지만 파워포인트 기술을 전문적으로 구사할 수 있는 전문가에게 일임할 수도 있습니다.

- 네 번째, 작성된 파워포인트에 따라 발표연습을 하면서 동료들 간의 회의와 토론으로 수정작업이 이루어집니다.

- 다섯 번째는 발표가 이루어집니다.

- 마지막으로 사후관리 및 피드백 단계입니다. 프레젠테이션이 끝난 후 질문에 답하는 것은 물론 향후 일어날 수 있는 문제사항까지 성실하게 답하며 프레젠테이션에 사용된 각종 자료와 발표문 등은 다음 프레젠테이션에 반영하도록 합니다.

프레젠테이션 기법

❸ 시각 보조자료와 활용미디어

○ 시각 보조자료는 효과적인 커뮤니케이션에 강력한 도구가 될 수 있다.

○ 가장 중요한 시각 보조자료는 바로 발표자 자신임을 명심하여야 한다.

- 적절한 시각 보조자료는 커뮤니케이션의 효과성을 높여주는 장점이 있습니다. 정보의 전달과 이해가 쉬워지며 청중으로 하여금 오랫동안 정보를 기억하게 하는데 도움을 줍니다. 또한 커뮤니케이션의 시간이 단축될 수 있으며 설득효과도 높아진다는 등의 장점이 많습니다.
- 그뿐만 아니라 발표자에게 집중된 시선을 시각 보조자료로 돌려주기 때문에 발표자가 긴장을 풀거나 시간적인 여유를 가질 수 있도록 도와줍니다.

프레젠테이션 기법

(1) 시각 보조자료의 장점

○ 이해를 증진시킨다.

○ 시간을 절약한다.

○ 주의력을 높인다.

○ 주의집중을 촉진한다.

○ 불안감을 줄이는 데 도움을 준다.

• 모델, 도표, 지도, 챠트 그래프, 그림, 칠판, 사진, 영화 등과 같은 시각 보조자료는 효과적인 커뮤니케이션에 강력한 도구가 될 수 있습니다. 따라서 이들 보조자료를 프레젠테이션에 도입하면 효과를 높일 수 있습니다. 시각 보조자료는 다음과 같은 장점을 지니기 때문에 성공적인 프레젠테이션을 하기 위해서는 이를 십분 활용해야 합니다.

- 이해를 증진시킨다 : 우리가 살고 있는 환경은 시각적 세상이다. 우리는 매일 1,200여 개 이상의 시각적 자극에 노출된다. 사람들의 학습은 귀가 아니라 눈을 통해서 대부분 이루어진다. 때문에 우리는 시각보조자료를 이용하면 자신의 메시지를 가장 잘 이해시킬 수 있도록 전달 가능하다는 것을 알 수 있다.
- 시간을 절약한다 : 시각적으로 제시되는 정보는 언어 메시지보다 더 빠르게 듣는 사람의 뇌 속에 정보 처리된다.
- 주의력을 높인다 : 사람들은 프레젠테이션에 노출된 뒤 1주일이 지나면 언어 메시지의 경우 평균 10%만을 기억하지만 보고들은 메시지의 경우는 75%까지 기억한다.
- 주의집중을 촉진한다 : 사람들은 상대방이 말하는 속도보다 훨씬 더 빠른 속도로 생각한다. 따라서 남의 말을 듣는 동안에도 계속 사고를 한다. 시각자료를 활용하면 청중들은 제시되는 메시지에 지속적으로 주의를 기울이게 된다. 나아가 이것은 프레젠테이션에 다양성과 흥미를 더해준다.
- 불안감을 통제하는 데 도움을 준다 : 시각보조자료를 활용하면 청취자들의 주의산만을 피할 수 있고 발표자는 긴장감에서 벗어날 수 있는 도움을 받는다.

프레젠테이션 기법

(2) 시각 보조자료 준비원칙

○ 단순하고 도움이 되고 쉽게 볼 수 있게 한다.

○ 보조자료는 주제와 관련성있게 한다.

○ 프리젠터는 보조자료에 익숙해져야 한다.

○ 시각자료를 가리키면서 청중을 향해 발표한다.

○ 자료의 복사본을 얻을 수 있다.

• 시각 보조자료 준비과정에서는 해야 할 것과 해서는 안 되는 원칙을 고려하는 것이 좋습니다. 먼저, 해야 하는 것을 보면 다음과 같습니다.

- 내용의 양이 적고 단순하고 도움이 되고 또 쉽게 볼 수 있도록 만듭니다.
- 보조자료는 주제와 관련성이 있어야 합니다. 또한 일관성이 있어야 합니다.
- 프리젠터는 한 번만 보아도 알 수 있을 정도로 보조자료에 익숙해져야 합니다.
- 프리젠터는 시각자료를 가리키면서 청중을 향해 발표합니다.
- 프레젠테이션을 한 뒤에 보여준 자료의 복사본을 얻을 수 있습니다.

프레젠테이션 기법

하지 말아야 할 것

○ 글자를 너무 작게 쓰지 않는다.
○ 보조자료 앞에서 청중의 시야를 가리지 않는다.
○ 보조자료를 향해 말하지 않는다.
○ 청중들을 불편하게 만드는 행위는 하지 않는다.
○ 챠트를 넘기면서는 이야기하지 않는다.
○ 주제와 관계 없는 자료를 배포하지 않는다.

- 하지 말아야 할 것
  - 글자를 너무 작게 쓰지 마라. 표준 글자체를 이용하지 말고 큰 글자체를 이용하라.
  - 보조자료 앞에 서서 청중들의 시야를 가리지 마라.
  - 보조자료를 향해 말하지 마라. 청중을 보고 이야기하라.
  - 보조자료를 만지작거리지 마라. 이는 청중들을 불편하게 한다.
  - 플립차트를 넘기면서 이야기하지 마라.
  - 주제와 관계없는 자료 등을 배포하지 마라. 사람들은 당신이 이야기할 때 그것을 읽고 있을지도 모른다.

- 추가
  - 최상의 시야를 확보하기 위해, 스크린과 플립차트는 무대의 좌우측면에 위치하게 해야 한다. 왜냐하면 이렇게 함으로써 발표자가 무대의 중앙에 머물 수 있게 되어 청취자들의 시야를 가리지 않기 때문이다.
  - 문자로 된 시각자료를 이용할 때에는 한 장당 문장이 최대 8-9줄이 되도록 한정하라.
  - 한 줄당 8단어 이상은 사용하지 마라.
  - 주요 포인트를 강조하기 위해서 컬러를 이용하라. 그렇지만 너무 많은 컬러를 사용하는 것은 피하라(3가지 색정도가 적당함).
  - 너무 많은 시각자료는 사용하지 마라(주객전도 발생).
  - 파워포인트나 슬라이드 등 기계 조작법 및 사용법을 숙지하라.

프레젠테이션 기법

(3) 목소리의 다양성

○ 시각적 프레젠테이션과 더불어 발표자의 목소리도 청중에게 큰 영향을 미친다.

○ 목소리가 청중들에게 영향을 미칠 수 있는 방법.

- 감정을 전달하기 위해서는 목소리를 높인다.
- 청중들의 동감을 불러오려면 목소리를 낮춘다.
- 청중들과 어울리려면 말의 속도에 변화를 준다.
- 프레젠테이션 속도에 변화를 준다.
- 강조하는 엑센트에 변화를 준다.

• 단조로운 목소리를 듣는것 만큼 재미없고, 졸립고 비효과적인 것은 없습니다.
시각적 프레젠테이션에 더해 발표자의 목소리도 청중에게 큰 영향을 미칩니다.
발표자가 소리를 내는 방법, 음성의 강약, 고저 등 다양한 방안을 구사해야만 청중들에게 강한 영향을 미칠 수 있습니다.

- 흥분된 감정을 전달하기 위해서는 목소리를 높여라. 작은 소리로 우물우물 말하지 마라.
- 청중들의 동감을 불러 일으키기 위해서는 목소리를 낮추어라.
- 청중들과 어울리기 위해서는 말하는 속도에 변화를 주어라.
- 제시하는 내용에 맞도록 프레젠테이션 속도에 변화를 주어라.
- 흥미와 즐거움을 주기 위해 강조하는 엑센트에 변화를 주어라.

프레젠테이션 기법

목소리의 설득력을 더욱 높이는 요소

바른 자세

청중에 대한 정확한 시선처리

핵심과 사실을 간단명료하게 전달

나 자신에게 먼저 솔직한 자세

• 좋은 발표자가 될 수 있으려면 목소리를 잘 활용할 수 있어야 합니다. 목소리는 프리젠터의 감정을 가장 효과적으로 전달할 수 있는 무기이기 때문입니다.

• 이러한 목소리가 청중들에게 설득력 있게 들리려면 무미건조한 목소리가 아닌 나의 진심을 전달하는 감정이 밴 목소리어야 합니다. R & B가수가 부르는 노래들은 대부분 호소력이 있다고 합니다. 목소리가 호흡에 실리면서 설득력 있는 목소리로 들리는 것입니다.

• 프리젠터의 목소리와 더불어 목소리의 효과를 배로 높여주는 부가적인 요소가 결합되어야 합니다.
먼저 바른 자세를 유지하여야 합니다. 프리젠터가 단상에 올라서서 불필요한 행동을 한다거나 바르지 못한 자세를 보이는 것은 프리젠터에 대한 신뢰감을 상실하게 만듭니다. 반듯하고 깨끗한 자세와 태도가 신뢰감을 증진시킵니다.
둘째, 청중에 대한 정확한 시선처리가 필요합니다. 청중을 바라보고 이야기하여야 합니다. 자료만 보고 발표한다면 청중들은 프리젠터의 이야기가 아닌 자료의 신빙성에만 신경을 쏟게 됩니다.
셋째, 핵심과 사실을 간단명료하게 전달합니다. 부풀려지거나 반복된다면 청중들이 발표자의 이야기에 몰입하지 않는 요인이 되고, 발표의 설득력이 떨어집니다.

• 마지막으로 나 자신에게 솔직하여야 합니다. 나 자신에게 솔직하지 않은 사람은 프리젠터가 되어도 역시 솔직하지 못합니다. 청중들이 봐도 어딘가 부자연스럽다고 느끼게 되고 그때부터 청중들은 프리젠터의 잘못된 점을 찾아내기 시작합니다.

프레젠테이션 기법

(4) 미디어를 통한 프레젠테이션 법칙

○ 프레젠테이션을 통해 상대방 및 청중을 설득하고자 한다면 ADAM의 법칙을 참조하라.

Attention / Desire / Acceptance / Memory

○ 프레젠테이션은 다양한 미디어를 활용하게 되는데 VSOP가 대표적이다.

VTR/ Speech/ OHP/ Print

- 프레젠테이션 법칙을 ADAM의 법칙으로, 미디어의 특성은 VSOP로 기억하면 유용합니다. 프레젠테이션을 통해 상대방 및 청중을 설득하고자 한다면 ADAM의 법칙을 참조하는 것이 바람직합니다. ADAM은 Attention(주의), Desire(욕구), Acceptance(수용), Memory(기억) 등의 첫 글자를 따서 만든 것으로 우선 상대방으로 하여금 내용에 주의를 기울이게 하고, 욕구가 생기게 하며 나아가 그 내용을 수용하여 마침내 기억하게 하는 것이야말로 프레젠테이션의 목적입니다.

- 프레젠테이션은 다양한 미디어를 활용하는데, 기본적으로 VTR과 같은 동영상, 프리젠터가 언어를 통해서 하는 대화(Speech), OHP와 같은 정지화상, 발표 컨텐츠를 담은 인쇄물(Print) 등이 있습니다. 이 같은 미디어의 첫 글자를 VSOP로 축약하여 기억하도록 합니다.

- 한편 미디어를 사용할 때 동영상 화면과 정지화면 중 어떤 것을 사용할 것인가를 결정하는 것은 대단히 중요합니다. 일반적으로 동영상 화면보다 정지화면이 청중의 주의를 끌기에 유용합니다.

프레젠테이션 기법

❹ 비언어적 프레젠테이션

○ 우리의 몸 전체는 메시지 표현의 도구이다.

○ 청중들은 프리젠터가 제시하는 내용뿐 아니라 발표자의 모습을 통해서도 내용을 판단한다.

- 우리의 몸 전체는 메시지 표현의 도구로 활용될 수 있습니다. 우리가 프레젠테이션을 할 때 청중들은 제시되는 내용을 판단할 뿐만 아니라 프리젠터의 모습도 판단하게 마련입니다. 이때 많은 경우 말보다 비언어적 행동들을 통해서 더 명확한 의사소통이 가능합니다.

- 비록 프리젠터의 목소리는 청중들에게 기쁨을 표현하고 있다 할지라도, 전달하는 비언어적 메시지는 "나는 지금 매우 고통스럽군요."라고 말하고 있는 것으로 전달되게 마련입니다. 이러한 시각적 메시지는 발표자 자신도 모르게 무의식적으로 만들어집니다. 이 같은 행동은 발표자를 불성실하고, 능력이 없는 사람으로 인식되도록 만듭니다.

- 정중한 자세는 신뢰감의 또 다른 표현입니다. 특히 비즈니스는 말 그대로 돈이 오고 가는 상황이기 때문에 무엇보다도 상대방에게 신뢰감과 믿음을 줄 수 있어야 합니다. 프레젠테이션에서 기법도 중요하지만 우리 몸 전체 그 자체가 상대방에게 신뢰감을 줄 수 있는 중요한 메시지인 것입니다.

- 단상에 올라가 발표하기 전에 머리를 옆으로 기울이고 있거나 다리를 떨거나 손가락을 안절부절못해서 휴대폰의 숫자를 계속 만지작거리거나, 고개를 푹 숙이고 걷거나 하는 행위들은 청중들의 신뢰감을 상실시키는 데 즉시 효과를 발휘할 것입니다.

프레젠테이션 기법

(1) 손

○ 손은 자신의 메시지를 강조하고자 할 때 놀라운 도구가 될 수 있다.

○ 크기, 모양, 위치, 기능 등을 시각화하는 데 쓰이는 묘사적인 제스처

○ 말하고 있는 내용을 강조하는 제스처

○ 아이디어나 감정을 상징하는 제스처

○ 원하는 반응을 유도하는 권유적 제스처

• 제스처-언어 메시지를 강조하는 구체적인 방법은 신체 움직임입니다. 이것은 대부분의 경우 손과 발에 의해 표현되는데 손이야말로 의사소통을 할 때 놀라운 도구가 될 수 있습니다.

① 분명하게 하고 강조하기 위해, 손을 이용하여 크기, 모양, 위치, 기능 등을 시각화하는 묘사적인 제스처를 표현해봅시다.

② 말하고 있는 내용을 강조하는 제스처로 가령, 꽉 쥔 주먹은 강한 감정, 분노나 결심을 보여줍니다.

③ 아이디어나 감정을 상징하는 감정의 제스처. 가령, 손바닥을 내미는 것은 주고 받는 것을 표현하고, 그 반면 어깨를 으쓱하는 것은 무시, 당황, 아이러니와 같은 감정을 나타냅니다.

④ 청중들로부터 원하는 반응을 유발하기 위해 사용되는 권유적 제스처. 만약 청중들이 손을 들게 하거나 또는 박수를 치게 하도록 행동을 유도하고자 한다면 발표자 스스로가 이 같은 행동을 해 보임으로써 반응을 유도할 수 있습니다.

• 절대 손을 주머니에 넣고 프레젠테이션을 해서는 안 됩니다. 남자들은 주머니에 잔돈을 넣고 다니는 경우가 많은데, 손을 주머니에 넣고 잔돈을 만지작거리면서 소리까지 내는 경우가 있습니다. 여성들은 발표할 때 머리카락이나 옷을 만지는 경향이 많습니다. 나아가 윗저고리를 밑으로 당기면서 옷매무새를 고치거나 손가락으로 머리카락을 쓸어 넘기는 행동을 하는 경우도 빈번합니다.

프레젠테이션 기법

손의 위치는?

- 발표과정에서 손을 어디에 둘 것인가는 쉬운 것 같으면서도 참 어려운 문제입니다. 이 두 장의 사진들에서 발표자들의 손은 어디에 있는가를 한번 봅시다. 대부분 허리 부근에 있음을 알 수 있습니다. 발표 시의 특정한 동작 등을 제외하고는 원칙상 손은 가급적 허리 위쪽에 두는 것이 좋습니다. 발표자의 성실성이나 신뢰성을 높일 수 있는 좋은 위치입니다.

- 발표 내내 손이 허리 부분에만 있어서는 곤란합니다. 그 위치는 청중들에게 심리적인 거리를 강화시키는 "닫힌 바디랭귀지(Closed Body Language)"로 보일 가능성이 있습니다.

- 발표자는 가급적 양발을 어깨너비로 벌리고, 손을 자연스럽게 옆으로 내린 것이 가장 기본적인 자세입니다. 발표가 진행되면서 발표자는 프레젠테이션 슬라이드의 오른 편에 서는 것이 좋습니다. 청중들은 대개 왼쪽부터 문장을 읽어가는 습관이 있어 청중들이 프레젠테이션을 보다 쉽게 이해할 수 있기 때문입니다. 발표가 진행되는 동안에는 손의 위치를 다양하게 두면서 긍정적인 표정과 함께 청중들에게 프리젠터의 자신감있는 모습을 연출할 수 있도록 하는 것이 좋습니다.

프레젠테이션 기법

(2) 표정

○ 발표자의 얼굴은 다른 어떤 신체부위보다 명확하게 자신의 감정, 태도, 느낌을 전달한다.

○ 만약 마음을 편안히 갖고 자신의 생각을 자연스럽게 표현할 수 있다면 표정 역시 자연스럽게 나타날 것이고 진지함, 확신, 신뢰감을 심어주게 될 것이다.

• 무표정한 얼굴은 도박꾼의 좋은 무기일 수 있습니다. 그러나 발표자가 효과적인 커뮤니케이션을 하는 데는 장애가 됩니다. 표정은 종종 메시지 뒤에 숨어있는 의미를 전달하는 아주 좋은 방안입니다.

• 청중들은 프레젠테이션을 하는 동안 발표자의 얼굴을 쳐다봅니다. 발표자가 발표를 할 때, 그 얼굴은 다른 어떤 신체부위보다 명확하게 자신의 감정, 태도, 느낌을 전달합니다.

• 우선 발표자가 주제와 관련 없는 표정은 짓지 않는 것이 원칙입니다. 많은 경우에 발표자들은 무의식적으로 산만한 제스처를 하기도 합니다. 긴장한 발표자들은 종종 무의식적으로 안면근육을 움직여(혓바닥을 낼름 거리거나, 입술을 핥거나, 턱을 내미는 등) 긴장을 해소하려고 합니다. 청중이 쉽게 판독할 수 없는 무의식적인 안면근육 움직임 중의 하나가 눈살을 찌푸리는 것입니다. 이와 같은 무의식적인 행동은 발표자가 발표내용을 기억해내려고 시도할 때 나타납니다.

• 얼굴표정을 이용하는 표현에는 아무런 규칙이 없습니다. 따라서 당신이 만약 마음을 편안하게 갖고 자신의 생각, 태도, 정서 등을 자연스럽게 표현할 수 있다면, 표정 역시 자연스럽게 나타날 것이고 진지함, 확신 그리고 신뢰감을 심어주게 될 것입니다.

프레젠테이션 기법

(3) 눈 접촉

○ 눈 접촉은 발표자와 청중을 함께 묶어주는 접착제와 같다.

○ 효과적인 눈 접촉을 갖는 방법.

- 자료를 충분히 파악하라.
- 청중 개개인과 연결고리를 만들어라.
- 시각적 피드백을 모니터링하라.

- 발표는 일종의 구애의 행위와 같다고 할 수 있습니다. 청중을 사랑하는 사람으로 생각하고 사랑을 얻기 위해 노력해야 하는 것과 같이 발표할 때 청중의 눈을 쳐다보는 것은 매우 중요합니다.

- 눈 접촉은 발표자와 청중을 함께 묶어주는 접착제와 같습니다. 발표자가 말을 할 때 그 내용에 청중들을 몰입시키는 것은 바로 눈 접촉이기 때문입니다.

- 효과적인 눈 접촉을 위해서는 다음과 같은 방법들이 필요합니다.
  - 자료를 충분히 파악하라: 자료를 사전에 충분히 파악하고 발표를 하는 것이 중요하다. 충분히 연습해서 메모에 의존하지 않도록 한다. 다만 메시지를 전달할 때 메모가 결코 나쁜 것이 아니다. 반드시 메모노트를 간결하게 만들어야 한다.
  - 청중 개개인과 개인적 연결고리를 만들어라: 한 사람을 선정하여 그와 개인적으로 이야기하면서 프레젠테이션을 시작하라. 그 사람의 눈을 시각적으로 연결할 수 있을 만큼 충분히 길게(약 5-10초) 쳐다보아라. 그 다음에 발표자는 다른 사람에게 눈을 옮긴다. 개인적인 연결고리를 만든다면, 청중들 개인은 발표자가 자기 자신과 직접적으로 이야기하고 있다는 인상을 받게 될 것이다.
  - 시각적 피드백을 모니터링하라: 발표자는 자신의 눈을 이용하여 주요 청중들의 반응 메시지를 적극적으로 파악해야 한다. 만약 청중들이 발표자를 보고 있지 않다면 그들은 듣고 있지 않는 것이다. 발표자는 사전에 점검하고 발표 동안에도 수시로 점검을 하여야 하고 혹시 이러한 사태가 발생하였다면 청중들의 관심을 끌지 말고 자연스럽게 고치도록 한다. 반면에 청중들의 얼굴이 밝고 흥미를 보이고, 집중을 하고 있는 것으로 보이면 바꿀 것이 없다. 그대로 계속하면 된다.

프레젠테이션 기법

(4) 외모

○ 외모에 가장 좋은 해답은 청중들 중에서 옷을 가장 잘 입은 사람의 수준으로 복장을 반드시 갖추는 것이다.

○ 발표자가 프레젠테이션을 하기 전에 이미 발표자에 대한 첫인상이 청중들에게 전달되게 마련이다.

- 외모에 관한 가장 좋은 해답은 청중들 중에서 가장 잘 차려 입은 사람만큼은 복장을 갖추어야 한다는 것입니다. 만약 청중들이 정장을 입고 온다면 발표자도 최상의 정장을 입어야 합니다. 옷에 티가 묻었거나 얼룩이 졌는지를 확인하고 깨끗하고 몸에 잘 맞는 것을 골라 입습니다.

- 같은 이유로, 움직일 때마다 소리가 나는 물건들을 주머니에 넣어서는 안 됩니다. 또 주머니가 불룩 튀어나올 정도로 물건들을 넣어서는 안 됩니다. 사실 발표자가 프레젠테이션을 하기 이전에 이미 발표자에 대한 첫인상이 청중들에게 전달됩니다. 발표자가 프레젠테이션 내용을 잘 모르는 청중을 대상으로 할 때는 최초의 몇 분이 가장 중요한 순간이 될 것입니다. 청중은 발표자가 확신감을 갖고 있는지, 진지한지, 우호적인지 그리고 열정을 갖고 있는지 등을 판단하고 정말 귀를 기울여 들어볼 만한지를 결정하게 될 것입니다.

프레젠테이션 기법

(5) 걸음걸이

○ 움직임은 청중들로 하여금 주의집중을 하게 만들고 발표자를 시각적으로 따르게 만든다.

○ 걸음걸이는 중요한 아이디어를 강조하는 효과적인 방법이다. 따라서 의도적이고 목적성이 있어야 한다.

- 움직임은 사람들로 하여금 주의집중을 하게 만들 뿐만 아니라 발표자를 시각적으로 따르게 만듭니다. 또한 걷는 것은 발표자에게는 긴장을 이완시켜주는 가장 효과적인 방법입니다. 발표자가 소개될 때, 사형대에 끌려가는 것처럼 마지못해 나서는 모습을 보여서는 안 됩니다. 그 대신 발표에 기꺼이 응한다는 당당한 모습을 보여주어야 합니다. 앉은 자리에서 발표 위치까지 확신감을 보여주며 걷도록 합니다. 걸어가기 전에 일어나서 몇 초간은 그 자리에 멈춰 서 있어야 합니다. 그러고 나서 발표 위치로 걸어가 자리를 잡습니다. 프레젠테이션 단상을 강단에서 움직이는 출발점으로 활용해야 합니다. 이것을 숨기 위한 장벽으로 사용해서는 안 됩니다.

- 첫마디를 꺼내기 전에 먼저 미소를 지으십시오. 청중의 제일 앞에 너무 가까이 서지 않도록 주의하고 또 너무 멀리 떨어지지 않도록 하십시오. 먼 위치는 발표자와 청중 사이를 소원하게 만듭니다. 너무 많이 걸어 다니지 마십시오. 그것은 청중들로 하여금 적대감을 갖게 합니다. 또 계속 움직이면 청중들의 정신을 산만하게 만듭니다.

- 걸음걸이는 중요한 아이디어를 강조하는 효과적인 방법입니다. 발표자의 걸음걸이는 의도적이고 목적이 있어야 하며 단순히 위치를 바꾸기 위해 가끔씩 움직이는 것이 되어서는 안 됩니다. 보통 한 번에 2-3 걸음 정도가 적당하며 될 수 있으면 작은 각도로 움직입니다.

- 발표자는 한 곳에 서 있을 때, 흔들거리지 않도록 주의합니다. 양발을 약간 벌리고 어깨를 펴고 똑바로 서 있도록 합니다. 기대지 말고 똑바로 서 있어야 합니다.

Section 6

글로벌 국제협상과 한국인의 협상문화

강의 10

글로벌 국제협상

어느새 10강의 순서가 되었습니다.
협상, 주고받기도 이제 한 번의 강의를
남겨두고 있습니다.

이번 시간에는 글로벌 국제협상에 대해
알아보고자 합니다.

국제협상의 원칙과 특성

1. 국제협상의 원칙과 특성

○ 세계화 시대로의 급속한 진전, 특히 FTA 협상과 같이 자국의 이익을 확보하기 위한 치열한 외교전 등으로 국제경쟁이 심화되고 있는 상황에서 국제적인 경쟁력을 확보하기 위해서는 국제협상에 대한 지식과 경험은 필수적이다.

1) 원칙
2) 특성
 (1) 선진국과의 협상
 (2) 발전도상국가와의 협상
 (3) 이문화협상의 전략옵션

- 최근 급속한 성장을 보이고 있는 국제무역과 자본이동의 결과 이른바 국경 없는 경제로 치닫게 됨에 따라 국가적으로는 자국기업의 개념이 모호해져가고 있으며 국가의 정책 또한 국제적인 협조 없이는 그 효과를 기대하기 어렵게 되어가고 있습니다.

- 뿐만 아니라 국가 경제의 지속적인 성장과 안정을 위한 정책의 형성에 있어서도 국가 간의 협조 없이는 그 효과를 발휘할 수 없는 등 국제적인 고려가 필수요소로 자리잡고 있습니다.

- 이러한 환경하에서는 국가 간 통상측면에 있어서도 자국 산업의 육성과 시장보호를 위해 국경장벽을 경쟁적으로 쌓던 과거와 달리 이제는 해외자본 및 직접투자의 유치와 자국 기업이 국제시장에서 경쟁력을 강화하기 위한 고도의 협상기술과 능력이 절실히 요구되고 있습니다.

국제협상의 원칙과 특성

❶ 원칙

○ 전제조건 : 평등호혜, 상호이익의 존중

(1) 일치된 원칙의 모색
(2) 쌍방이 받아들이는 원칙
(3) 선의의 경쟁을 통하여 승리를 획득하는 원칙

• 국제협상의 주요한 원칙과 특성을 알아보면 다음과 같습니다.

• 국제협상의 원칙의 전제조건은 평등호혜의 정신과 상호이익의 존중이 지켜져야 한다는 것입니다. 현재 지구상의 국제관계의 흐름을 살펴보면 군사 최강국인 미국과 소련이 자유주의와 공산주의 양대 진영으로 서로 대치하며 각축을 벌이던 냉전시대의 이원론적, 양극적 사고에서 벗어난 지 오래입니다.

• 이에 국제관계는 곧 전 인류가 공영할 수 있는 평등호혜의 정신이 실천되어야 합니다. 따라서 상호이익이 존중되는 관계가 국제협상의 중대한 전제조건입니다.

• 이를 위해 국제협상 참가자 간의 일치된 원칙을 모색해야 합니다. 그 원칙을 쌍방이 받아들일 수 있어야 하며 상호 간 정당한 경쟁을 통해 승리를 획득할 수 있어야 합니다.

국제협상의 원칙과 특성

❷ 특성

○ 문화와 제도상의 차이에 따른 협상전략의 차이

○ 가령, 선진국과 발전도상국 사이의 협상전략은 다음과 같다.

(1) 선진국과의 협상

○ 철저한 정보수집과 분석

○ 효율성과 합리성에 중점

○ 다양한 인사와 전문가로 구성된 협상 전문팀의 육성 필요

○ 제도화된 선진국의 협상과정에 관한 사전이해

• 국제협상은 이문화 간의 협상을 의미하므로 문화의 제도상의 차이에 따라 협상전략이 다르기 마련입니다. 가령 선진국과 발전도상국 사이의 협상전략은 다음과 같이 예시를 들 수 있습니다.

• 선진국과의 모든 국제협상이 이러한 경향을 따른다고 말할 수는 없으나 대게 선진국과의 협상은 다음과 같은 특성이 자주 나타납니다. 철저한 정보수집과 분석, 효율성과 합리성에 중점을 두며 보다 다양한 인사와 전문가로 구성된 협상 전문팀이 육성되거나 이미 육성되어 있는 경우가 많습니다. 따라서 원활한 협상진행을 위해서는 제도화된 선진국의 협상과정에 관한 사전적 이해가 필요합니다.

국제협상의 원칙과 특성

(2) 발전도상국과의 협상

○ 인간관계의 정립이 중요

○ 협상 당사자들은 협상을 통해 자신이 속한 기관이나 제도의 이익보다는 자신의 개인적인 이익이나 성과를 얻으려는 욕구가 강함

• 선진국과의 협상과는 달리 발전도상국과의 협상은 사실적인 데이터나 자료보다는 인간관계가 더 중요한 경우가 많습니다. 또한 협상 당사자들은 협상을 통해 자신이 속한 기관이나 제도의 이익보다는 자신의 개인적인 이익이나 성과를 얻으려는 욕구가 강하게 나타나기도 합니다. 이러한 점들은 국제협상에서 상대국가의 문화적 배경이 무엇인가에 따라 협상전략이 달라져야 한다는 것을 말해주고 있습니다.

국제협상의 원칙과 특성

(3) 서로 다른 문화 간의 협상전략과 옵션

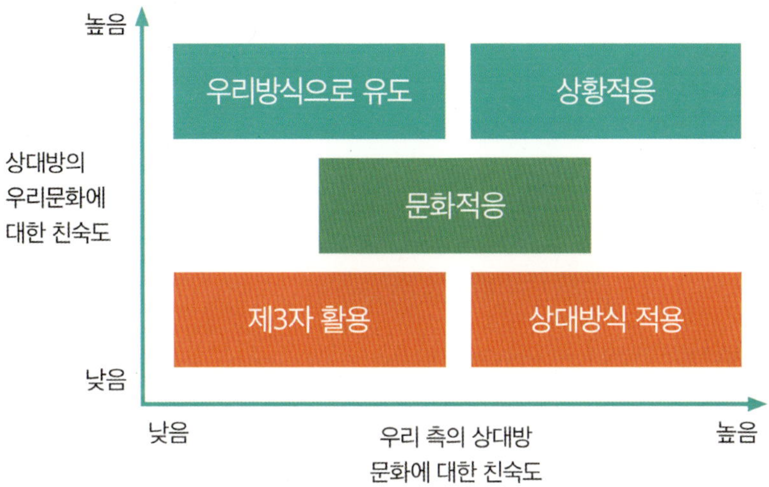

- 그렇다면 다른 문화를 가진 국가와의 국제협상에서 어떤 전략으로 접근해야 할까요?

- 협상상대의 우리 문화에 대한 친숙도가 어느 정도인가? 협상 상대가 가지고 있는 문화에 대한 우리의 친숙도가 어느 정도인가?에 따라 다섯 가지 정도의 전략으로 구분할 수 있습니다.

국제협상의 원칙과 특성

❶ 제3자 활용
○ 전문 에이전트나 자문을 활용
○ 최초 접촉을 위한 관계자의 주선
○ 협상 상대방의 문화를 잘 이해하는 에이전트 (변호사, 브로커 등)의 고용

❷ 우리 방식으로 유도
○ 협상의 투명성 유지
○ 협상 타결의 의지 표현

❸ 문화적응
○ 상대방의 관습, 문화에의 적응
○ 시간의 여유를 갖고 상대방 협상 방식에 적응

• 협상 상대가 우리 문화에 대한 친숙도가 낮고 협상 상대의 문화에 대한 우리의 친숙도가 낮은 경우에 사용할 수 있는 이문화 협상 전략으로 제3자 활용방식(Employe Agent or Advisor)이 있습니다. 서로가 상대 국가에 대하여 잘 모르기 때문에 양 국가를 잘 아는 전문 에이전트나 자문을 활용하는 방식입니다.

• 우리 방식으로 유도하는 경우(Induce Counterpart to Follow One's Own Script)는 협상 상대가 우리문화에 대한 친숙도가 높고 협상 상대의 문화에 대한 우리의 친숙도가 낮은 경우에 사용할 수 있는 협상전략입니다. 이러한 경우는 가능한 한 협상을 우리의 방식대로 이끌어갈 수 있도록 유도하는 것이 좋습니다. 협상의 과정 동안에도 협상의 투명성을 지켜나가야 합니다. 또한 상대 국가와 협상 타결의 의지가 적절하게 표현될 수 있어야 합니다.

• 그다음으로 상호 문화적응이 요구되는 전략(Coordinate Adjustment of Both Parties)은 협상상대가 우리 문화에 대한 친숙도는 물론 협상 상대의 문화에 대한 우리의 친숙도가 중간 정도인 경우에 해당합니다. 이 경우 양 국가의 노력으로 상대방의 관습이나 문화에 적응하면서 시간의 여유를 갖고 상대방 협상 방식에 상호 적응하는 것이 요구됩니다.

국제협상의 원칙과 특성

❹ 상대방식의 적용

○ 협상 현안 이외의 정치, 사회, 경제 전반에 대한 이해를 적극적으로 활용

○ 상대방의 언어사용

○ 상대방과 개인적 관계 정립

❺ 상황활용

○ 협상 주체 개인에 대한 정보수집

○ 비공식적 만남 활용(식사, 운동 등)

• 협상상대가 우리 문화에 대한 친숙도는 낮지만 대신에 우리가 협상상대의 문화에 대한 친숙도가 더 높은 경우 상대의 방식을 적용(Embrace the Counterpart's Script)하는 것을 검토해볼 필요가 있습니다.

• 실례로 1970년대에 코카콜라사는 중국 진출을 위한 협상을 어떻게 할 것인가를 심각하게 고민하였습니다. 그래서 중국 태생의 화학분야 연구원을 캠브리지대학에서 1년간 중국문화를 공부시켜 협상장에 파견하게 됩니다. 이 연구원은 코카콜라사에서 가장 두각을 나타낸 협상가로 활약하게 되었습니다.

• 협상당사자들이 상대방 문화에 대한 친숙도가 매우 높을 경우에는 그러한 상황을 잘 활용하는 것이 바람직합니다.

• 즉, 지금까지와는 다른 접근방법(Improvise an Approach)이라고 할 수 있습니다. 실례로 1978년 미국의 지미 카터 대통령은 30여년간 네 번의 전쟁을 치른 중동의 숙적 이집트의 사다트대통령과 이스라엘의 베긴총리를 캠프 데이비드(Camp David) 별장으로 초청하여 중동평화협상을 추진합니다. 그렇지만 협상은 진전이 없었습니다. 그러자 카터는 이스라엘 총리의 손자들이 자신의 사인을 받고 싶어한다는 것을 알고 자신의 사진에 8명의 손자들 이름을 일일이 쓰고 직접 사인을 하여 베긴총리에게 전달하였습니다. 이로 인하여 캠프 데이비드에 있던 협상단 모두가 자신의 가족 그리고 개인의 소망을 생각하는 계기가 되어 정부간 협상이 다시 진전되는 결과를 가져오게 되었습니다.

국제협상의 원칙과 특성

서로 다른 문화에서의 의사전달의 어려움

- 서로 다른 문화를 가지고 있으면 의사소통이 여간 어려운 것이 아님은 앞에서 본 바와 같습니다.

- 언어와 문화적 차이 때문에 새로운 환경에서 선전 문구가 전혀 다르게 번역된 경우가 있습니다. KFC의 광고 중에 '손가락 뜯어 먹는 좋은 시간'이라는 부분입니다. 바로 'Finger Lickin? Good' 이라는 캐치프레이즈인데 이 문구가 중국에 가서는 번역자의 실수로 "당신의 손을 뜯어 먹어라." 라는 말이 되어 버렸다는 것입니다.

- 반면에 KFC는 중국에 진출하면서 현지화를 위해 중국어 한자로 네이밍을 하게 되는데 "긍덕기(肯德基)" 라고 짓게됩니다. Kentucky와 발음이 비슷하면서도 중국인들에게는 '긍정적이고 덕을 갖춘 기본태도'로 여겨져 현지화에 성공한 케이스로 꼽습니다.

- 이것 말고도 대만에서는 펩시 콜라의 선전 문구인 "펩시 세대와 같이 살아나라" 라는 말은 '펩시와 사망한 당신의 선조들을 다시 살아나게 할 것'이라고 번역된 일이 있습니다.

- 이것 말고도 문화와 언어의 차이로 인한 의사소통의 왜곡이 일어나는 경우는 허다합니다. 간단한 케치프레이즈나 선전 문구도 오역되는 일이 허다한 이상 협상장에서도 이러한 일들이 일어나지 않도록 철저한 준비가 필요합니다.

국제협상의 원칙과 특성

• 다민족 국가 말레이시아 사람들을 대할 때 가장 중요한 것은 머리를 절대 만져서는 안된다는 것입니다. 그들은 머리를 영혼이 머무르는 곳으로 생각한다고 합니다. 집게 손가락으로 사람을 가리키는 것도 매우 무례한 행동으로 여깁니다. 왼손을 부정하게 여기는 경향이 있어 왼손으로 물건을 건네지 않습니다.

• 멕시코 사람들은 이방인에 대하여 상당히 우호적입니다. 때문인지 사람들과 어울려 노는 것을 좋아합니다. 또한 가족을 상당히 중시합니다. 친해졌다 싶으면 약속장소에 가족을 데려오는 경우도 많습니다. 멕시코에서는 협상이 성공적으로 끝나면 포옹을 합니다. 강하게 포옹하고 양 볼에 세 번 키스하는 것이 상대를 극히 존중한다는 뜻을 내포하고 있습니다.

• 아랍과 이슬람문화에서는 알라신을 제외하고는 머리를 숙여서 인사하지 않습니다. 또 발바닥을 남에게 보여주는 것은 상대를 모욕하는 행동으로 봅니다. 때문에 신발은 유난히 상대를 멸시하는 말로 사용됩니다. 부시의 이라크 침공으로 사담 후세인 정권이 무너졌을 때 이라크 전역에서 볼 수 있었던 것이 신발로 후세인을 때리는 모습이었습니다. 신발은 인간으로서 가장 멸시받아야 할 대상에 내려지는 정의의 심판인 셈입니다.

국제협상의 원칙과 특성

16개국 경영인 협상 스타일 평가항목별 순위

	이기심	사회적 책임감	협상주도력	계급의식
1	**한국**	태국	팔레스타인	팔레스타인
2	팔레스타인	팔레스타인	이스라엘	홍콩
3	이스라엘	인도	남미	태국
4	스페인	일본	인도	중국
5	미국	홍콩	프랑스	러시아
6	프랑스	남미	스페인	남미
7	독일	미국	태국	**한국**
8	태국	스페인	미국	이스라엘
9	홍콩	중국	브라질	인도
10	중국	프랑스	중국	스페인
11	스웨덴	브라질	러시아	일본
12	남미	이스라엘	독일	브라질
13	일본	**한국**	홍콩	프랑스
14	인도	러시아	일본	독일
15	브라질	스웨덴	스웨덴	미국
16	-	독일	**한국**	스웨덴

출처: KOTRA, (2007. 12). 「한국인들의 협상스타일에 대한 조사분석보고서

- 앞에서 살펴본 바와 같이 각 국가가 가지고 있는 문화에 따라 협상을 전략적으로 접근하여야 합니다. 이와 관련하여 우리나라의 무역진흥공사가 '16개국 경영인 협상 스타일 설문조사' 결과를 발표한 적 있습니다. 오래된 자료이기는 하나 우리의 협상 모습을 반추해 볼 수 있다는 점에서 살펴볼 필요가 있습니다. 이에 따르면 한국 기업인들의 협상능력이 주요 국가 간 비교에서 최하위 점수를 받았습니다.

- 우리 한국은 상대방의 입장과 이익을 고려하지 않고 자기 이익만을 추구하는 경향이 어느 나라보다 강하다는 것입니다. 연구진은 "나의 이익만큼 상대방의 이익도 중요하다는 사실을 인식해야만 양쪽의 기대치를 모두 충족하는 원만한 결과를 도출할 수 있는데 한국인들은 그런 점이 미흡하다."고 말했습니다.

- 한국인은 협상을 나의 의도대로 이끌어 가는 능력에서도 최하위를 기록했습니다. 연구진은 가부장적인 문화, 군대 문화의 경험, 학교에서의 협상 교육 부재 등을 그 이유로 꼽았습니다.
  한국인들은 사회적 책임감 항목에서도 최하위권인 13위에 머물렀습니다. 이기심과 비슷한 맥락에서 협상의 결과가 사회 전반에 미칠 영향에 대해 별로 신경을 쓰지 않는다는 얘기입니다.

- 협상에서의 '계급의식'도 비교적 강한 것으로 조사됐습니다. 연구진은 "한국을 포함한 아시아 문화권에서는 기업이나 개인의 지위에 따라 협상의 방향과 결과가 좌우되지만, 서구 문화권에서는 해당 협상이 결렬됐을 때 즉각 대응할 수 있는 대안들을 얼마나 많이 갖고 있는가를 중시한다."고 말했습니다. 이어 "한국인들은 '최선의 대안'을 미리 확보해 두는 것이 협상의 주도권과 성공을 위해 얼마나 중요한지 좀 더 깊이 인식할 필요가 있다."고 조언했습니다.

국제협상의 원칙과 특성

2. 국제협상의 복잡성

❶ 의의 ❷ 양면게임

❶ 의의

○ 국제협상은 국가간 협상으로 단순한 개인 간 협상과는 다르다.
○ 복잡한 국제협상을 이해하기 위해 일정한 이론 혹은 모델이 필요하다.
○ 대부분 국제협상의 경우 국민들의 이해관계와는 이질적이다.
○ 협상의 결과로 서로 다르게 영향을 받는 여러 집단이 있게 된다.

• 국가 간의 협상은 개인 간의 단순한 협상과는 다릅니다. 가령, 시장에서 생선 가격을 흥정하는 주부는 집의 남편이나 부모에게 전화를 걸어 이 가격에 이런 정도의 물건이면 괜찮은지를 묻지 않고, 물건을 파는 상인 역시 이 물건을 이 가격에 팔아도 되는지를 누군가에게 묻지는 않습니다. 자기 자신을 위하여 협상하기 때문입니다.

• 국제협상의 경우는 그렇지 않습니다. 대표로 나갔다고 하여도 사전에 정부로부터 일정한 지침을 받은 상태에서 협상 테이블에 앉고, 또 수시로 본국 정부로부터 일정한 지침을 받기도 합니다.

• 이런 측면에서 보면 노사 간의 임금협상은 국제협상과 유사합니다. 그러나 노조원들의 이해관계는 기본적으로 그들 모두가 가급적 많은 임금인상을 원한다는 점에서 '동질적'이라고 할 수 있지만, 특정한 사례를 제외한 대부분의 국제협상에서는 국민들의 이해관계가 '이질적'이라는 점에서 차이가 있습니다. 협상의 결과로 서로 다르게 영향을 받는 여러 집단이 있어 어떤 집단은 득을 보고 어떤 집단은 손해를 보기도 하는 것입니다.

• 이렇게 볼 때, 국제협상의 대표들은 어느 한 사람, 혹은 이해관계가 같은 한 집단을 대표하는 것이 아니라 이해관계가 서로 다른 여러 집단을 대표하는 것입니다.

국제협상의 원칙과 특성

❷ 양면게임

○ 협상자인 국가 지도자는 제2면의 국내적 차원의 게임에서 협상결과가 수용(비준)될 가능성을 고려하여 제1면에서의 행동을 결정.

○ 제1면에서의 국제적 합의가 제2면에서 국내적으로 수용되는 과정은 '비준' 으로 설명된다.

○ 여기서 비준이란 국회의 동의를 말할 수도 있다. 보다 넓은 의미에서 제1면에서의 합의가 지지를 받거나 이행되기 위해 요구되는 모든 결정과정을 포함하는 것으로 사용된다.

• 앞서 보았듯이 복잡한 국제협상을 이해하기 위해서는 일정한 이론 혹은 모델이 필요합니다. 국제협상과정과 국내 정치과정이 어떻게 연관되어 있는가를 보여주는 이론이 Putnam의 '양면게임이론'입니다.

• 이 양면게임을 통해 볼 때, 국제협상은 두 차원(면)의 게임으로 이루어져 있습니다. 제2면(Level II)인 국내적 차원의 게임에서는 국내의 여러 집단들이 자국정부로 하여금 그들에게 유리한 정책을 취하도록 압력을 가하여 자신들의 이익을 추구하는 한편, 정치가들은 그 과정에서 정치적 지지연합을 재편함으로써 자신의 권력기반의 확대를 추구합니다. 정부의 정책은 국내집단들의 정치적 지지와 교환되는 것입니다.

• 제1면(Level I)인 국제적 차원의 게임에서는 국가의 대표자들이 각각 외교상의 불리한 결과를 극소화하면서 국내적 압력을 만족시킬 수 있는 능력을 극대화하려고 합니다. 대외적으로 국가의 대표자인 국가지도자는 두 게임 판에 모두 나타납니다.

• 국제 게임판(제1면)의 건너편에는 외국의 당사자가 있고 무릎에는 외교관이나 기타 국제문제 보좌관이 앉아 있습니다. 그의 뒤에 있는 국내 게임판(제2면)에는 정당과 의회 지도자들, 국내 각 기관의 대변인들, 주요 이익집단의 대표들, 그리고 자신의 정치보좌관들이 앉아 있습니다.

• 양면게임이론에서는 실제로는 협상 대표들이 복수이며 서로 다른 이해관계를 국제협상의 대표를 국가지도자라는 단일의 행위자로 가정함으로써 복잡한 현실을 단순화시킵니다. 협상자인 국가지도자는 제2면의 국내적 차원의 게임에서 협상 결과가 수락될 가능성을 고려하여 제1면에서의 행동을 결정하게 됩니다.

- 제1면에서의 국제적 합의가 제2면에서 국내적으로 수용되는 과정을 '비준'이라는 개념을 사용하여 설명합니다. 비준이란 국회의 동의와 같은 공식적인 투표 절차를 거치는 것일 수도 있지만 보다 넓은 의미에서 공식적이든 비공식적이든 제1면에서의 합의가 지지를 받거나 실행이 되기 위해 요구되는 모든 결정 과정을 포함하는 것으로 사용됩니다.

- 예를 들어 채무국의 노동조합들이 정부와 국제통화기금(IMF)이 합의한 긴축정책에 필요한 조치를 결사적으로 거부한다면 그 합의는 사실상 제2면에서의 비준을 얻지 못한 것이라고 할 수 있습니다. 조약의 비준이 무조건 전체에 대해 이루어지는 것으로, 조건부 또는 부분적 비준은 비준의 거절 혹은 새로운 조약내용의 제안이라고 간주됩니다. 동전의 양면이 하나의 동전을 구성하듯이, 제1면과 제2면에서의 두 게임은 서로 밀접하게 연결되어 있습니다. 위의 예에서 제2면에서 비준을 얻지 못할 가능성에 대한 사전의 기대는 정부와 국제통화기금 사이의 제1단계 협상에 확실히 영향을 줄 것입니다.

잠깐만! 쉬어가는 협상 코너

- 비싸고 허세로 가득한 옷차림이 나에 대한 응대를 높여주는 것이 아니다. 나 자신이 스스로를 얼마나 소중하게 여기고 있는가 하는 것이 더욱 중요하다. 나 자신을 먼저 귀중하게 대할 줄 알아야 남들도 나를 귀중하게 대하는 법이다.

- 협상장에서도 마찬가지이다. 내가 상대보다 잘 차려입어야 한다기보다는 나 스스로를 소중히 아끼고 사랑하는 마음으로 옷을 차려입는 것이 필요하다. 그래야 협상에 참여하는 상대도 "저 사람이라면 나도 귀중하게 대우받을 수 있겠구나."라는 생각이 들게 된다. 협상의 전개도 달라지게 마련이다.

양면게임으로 본 국제협상

3. 양면게임으로 본 국제협상

❶ 윈셋의 개념
❷ 윈셋의 중요성
❸ 윈셋의 크기 결정
❹ 윈셋의 확대축소전략

❶ 윈셋의 개념

○ 윈셋(Winset)은 주어진 상황에서 국내적 비준을 받을 수 있는 모든 협상안의 집합

- 양면게임이론에서 가장 핵심이 되는 것이 '윈셋'(Winset)이라는 개념입니다. 제1면에서의 국제적 합의는 제2면에서의 명시적 혹은 묵시적인 비준을 필요로 합니다. 윈셋은 "주어진 상황에서 국내적 비준을 받을 수 있는 모든 협상안의 집합"이라고 정의할 수 있습니다. 이 윈셋 개념이 중요한 이유는 크게 두 가지입니다.

- 첫째, 다른 조건이 같다면 윈셋이 클수록 제1면에서의 합의의 가능성도 높아집니다. 양면게임의 시각에서 보면 합의가 가능하기 위해서는 양 당사자의 윈셋이 서로 교차하는 부분이 있어야 하는데, 윈셋이 클수록 교차할 가능성이 높기 때문입니다.

- 둘째, 협상 당사자의 윈셋의 상대적 크기가 국제협상에 따르는 공동이익의 분배에 영향을 미칩니다.

양면게임으로 본 국제협상

❷ 윈셋의 중요성

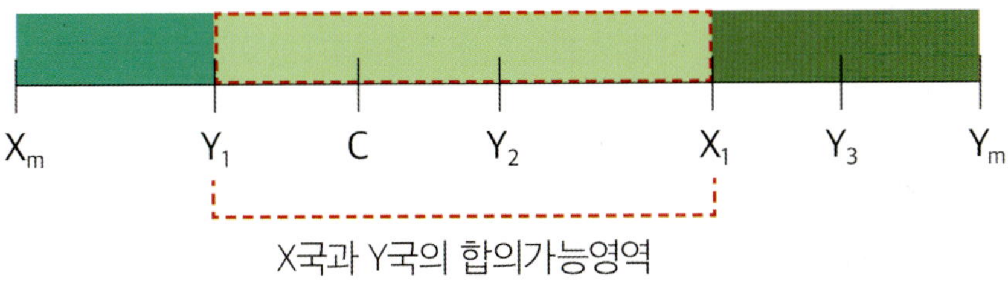

○ Y국의 최소 협상안이 Y_3로 이동한다면?

○ Y_1과 X_1에서 C로 타결했을 때 Y국이 Y_2로 이동한다면?

- 위 그림에서 X_m과 Y_m 사이의 모든 점은 협상자 X와 Y가 가지는 협상안의 최대집합으로서, 어떤 점이 X_m에 가까울수록 X에 유리한 협상안이고 Y_m에 가까울수록 Y에 유리한 협상안이라고 가정합시다.

- X_1과 Y_1은 각각 비준을 받을 수 있는 최소한의 협상안으로서, X_1의 오른쪽에 있는 협상안은 X의 국내적 비준을 받을 수 없고, Y_1의 왼쪽에 있는 협상안은 Y의 국내적 비준을 받을 수 없다고 합시다. 즉, X의 윈셋은 구간 $[X_m, X_1]$이고, Y의 윈셋은 구간 $[Y_m, Y_1]$입니다. 양국 국내에서 비준 받을 수 있는 협상만이 성사될 수 있으므로, 두 협상자의 윈셋의 교집합인 구간 $[Y_1, X_1]$에 속하는 협상안만이 가능한 합의의 대상이 될 수 있습니다.

- 따라서 구간 $[Y_1, X_1]$이 '합의가능영역'을 구성합니다. 그런데 만일 Y의 국내적 이유에서 받아들일 수 있는 최소의 몫이 Y_1에서 Y_3로 이동하여 Y의 윈셋이 구간 $[Y_m, Y_3]$로 된다면, 합의가능영역 자체가 존재하지 않게 됩니다. 따라서 다른 조건이 같은 한 윈셋이 클수록 합의가능영역이 존재하기 쉬워 합의의 가능성도 높아집니다.

- 위 그림에서 C는 합의가능영역이 구간 $[Y_1, X_1]$일 때의 협상 결과를 나타낸다고 합시다. 그런데 어떤 이유로 Y의 윈셋이 구간 $[Y_m, Y_1]$에서 구간 $[Y_m, Y_2]$로 축소되었다고 합시다. 이 경우 새로운 합의가능영역은 구간 $[Y_2, X_1]$이 되고, 이 새로운 합의가능영역 내의 어느 곳에서 협상이 타결되더라도, Y는 C보다는 더 나은 결과를 확보할 수 있습니다. 설사 합의가능영역 내에서 가장 불리한 협상안인 Y_2에서 최종합의가 이루어지더라도 여전히 Y는 그 이전보다 유리한 결과를 얻는 것입니다.

양면게임으로 본 국제협상

○ 앞에서 살펴본 바와 같이 다른 조건이 같다면 한 협상자의 윈셋이 클수록 국제적 합의도출 가능성이 높아지는 반면에 오히려 그의 윈셋이 작을수록 협상에서는 유리해진다.

↓

UR농산물 협상이 그나마 성과를 올린 것은 쌀시장 개방을 반대하는 국내여론이 그만큼 거셌기 때문이다.

- 다른 조건이 같다면, 한 협상자의 윈셋이 크면 클수록 국제적 합의가 도출될 가능성이 높아지는 반면, 오히려 그의 윈셋이 작을수록 협상에서는 유리해진다는 것을 살펴보았습니다. 노련한 외교관은 종종 "나는 당신의 제안을 받아들이고 싶지만 국내에서 그것을 받아들이게 할 자신은 도저히 없다."라는 식으로 국내적 제약에 대해 한탄을 합니다. 윈셋의 크기가 축소되면 협상에 유리하다는 것을 의식한 발언입니다.

- 한국이 쌀시장 개방을 비롯한 농산물 협상에서 개도국 지위를 인정받으면서 그나마 이 정도의 성과를 올린 것은 쌀시장 개방을 반대하는 국내 여론이 그만큼 거셌기 때문입니다. 당시 대통령은 쌀시장 개방을 대통령직을 걸고서라도 막겠다고 선언했고, 국회의원과 농민단체가 제네바까지 가서 시위를 벌였습니다. 1300만 명이 참가한 쌀시장 반대 서명운동이 일어났고, 네 차례에 걸친 국회의 쌀개방 반대 결의문이 채택되었습니다. 이런 국내적 사정을 감안할 때, 우리 협상 대표단의 협상 여지는 축소될 수밖에 없었고, 우리의 협상 상대방도 이런 사정을 감안하지 않을 수 없었던 것입니다. 우리 협상 대표단들이 의도하였든 의도하지 않았든 나타났던 윈셋의 축소가 그나마 그 정도의 협상 결과로 나타난 것입니다.

양면게임으로 본 국제협상

❸ 윈셋의 크기결정

첫째, 국내 여러 집단들간의 이해 및 제휴관계
둘째, 국내의 비준제도
셋째, 협상에 동원되는 전략

• 국제협상에서 자신과 상대방의 윈셋의 크기를 알 수 있다면, 협상 결과를 설명할 수도 있고 어느 정도 예측도 가능할 것입니다. 윈셋의 크기는 어떤 요인에 의해 영향을 받을까요? (1) 국내 여러 집단의 이해 및 제휴관계 (2) 국내의 비준제도 (3) 협상에 동원되는 전략을 3가지 중요한 요인으로 들고 있습니다.

양면게임으로 본 국제협상

첫째, 국내 여러 집단들간의 이해 및 제휴관계

○ 윈셋 크기는 제2면에서의 국내 집단들 간 세력분포, 선호, 가능한 연합에 의해 결정된다.

○ 따라서 다른 조건이 같다면 정치 쟁점화가 될수록 윈셋의 크기가 줄어든다.

○ 한 가지 사안이 아니라 여러 사안에 관한 협상도 일반적으로 윈셋의 크기를 축소시킨다.

- 윈셋의 크기는 제2면에서의 국내 집단들 간의 세력 분포, 선호, 가능한 연합에 의해 결정됩니다. 협상자가 협상안을 준비할 때는 어떤 국내 이익이 관련되어 있는데 의회, 관련부처, 국내 이익집단의 의견뿐만 아니라 여론의 향배까지 고려합니다.

- 이 과정에서 모든 국내집단의 견해가 골고루 반영되는 것은 아닙니다. 국제협상에 따르는 이득과 손실이 상대적으로 집중되어 있다면, 특히 자신의 이해관계가 크게 걸려 있는 집단이나 개인이 보다 활발하게 압력을 행사할 것이고, 결국 이들의 견해가 협상에서 더 반영됩니다.

- 금융협상보다 무역협상 과정에서 국내적 지지의 문제가 더 중요한 이유는 무역문제보다 금융문제에 대해 국민들이 일반적으로 덜 관심을 가지기 때문입니다.

- 이런 측면에서 보면 정치 쟁점화의 정도도 윈셋의 크기에 영향을 줍니다. 정책의 결과로 영향을 받는 개인이나 집단이 그 정책 사안의 내용이나 효과에 대해 별로 알지 못하는 경우가 흔히 있는데, 이 경우 이 정책 사안이 언론의 보도, 시민단체의 활동 등으로 정치 쟁점화 되면 잠자던 이들을 일깨워 이들이 정책 과정에 영향을 미치려 하게 됩니다.

- 따라서 다른 조건이 같다면, 정치 쟁점화가 될수록 윈셋의 크기가 줄어든다고 할 수 있습니다. 위에서 언급한 농산물 분야의 UR 협상이 그 좋은 예입니다. 한 가지 사안이 아니라 여러 사안에 관한 협상의 경우도 일반적으로 윈셋의 크기를 축소시킵니다.

- 다수 사안에 관한 협상의 경우 국내집단들은 각 사안에 대해 매우 다른 이해관계를 가질 수 있고, 특정 사안에 대해 가장 큰 이해관계를 가진 집단이 그 사안

의 비준에 가장 큰 영향력을 행사하고 또한 그 사안에 대해 가장 강경한 입장을 취할 가능성이 큽니다.

• 협상자는 예를 들어 휴대전화 수출을 위해 마늘 수입에서 얼마나 양보할 것인가를 고민해야 하는데, 관련 집단 모두가 관심 사안에 대해 강경한 입장을 고수할 경우 두 사안에 대해 동시에 국내적 비준을 받기는 어려워집니다. 물론 다수 사안에 관한 협상의 경우, 예를 들어 협상자가 마늘 농가에 대한 소득 보전을 해주는 등, 특정 사안에 있어서 양보를 얻어내기 위하여 금전적 지불이나 다른 사안에서의 물질적 양보를 통하여 보상을 해주는 '이면보상'(裏面補償, Side-Payment)을 하여 자신의 윈셋을 확장하는 등의 다양한 전략을 동원할 수 있습니다.

잠깐만! 쉬어가는 협상 코너

• 영화 「킹스맨 : 퍼스트 에이전트 (The King's Man: First Agent)」에는 "Manners Maketh Man : 매너가 사람을 만든다."는 유명한 대사가 나온다.

• 아무리 첨예한 이익이 충돌하는 협상의 자리에서도 매너는 매우 중요하다. 상대방이 앉은 후에 앉는다거나 상대가 여성일 경우 의자를 뒤로 빼주는 작은 매너에서부터 협상을 원활히 풀어나갈 수 있는 협상의 신뢰 관계가 싹틀 수 있기 때문이다.

• 실제 2009년에 우리나라의 통상교섭본부장이 첨예한 통상협상을 앞두고서도 협상장에서 미국측 여성인 통상담당 집행위원과 인사한 뒤 의자를 빼준 장면은 유명하다.

• 상대방을 흥분시키고 때로는 전략적으로 거짓을 말하기도 하여 자신에게 유리한 협상을 이끌어나가는 협상장에서는 자칫 매너가 실종되기 쉽다. 그러나 사람들은 상대가 이야기하는 메시지 자체보다는 메시지를 전달하는 상대방의 매너에 더 큰 영향을 받는다는 것을 감안한다면 협상장에서 매너를 지키는 것은 기본이다.

• 특히 국제협상의 경우 전혀 다른 문화를 가진 국가와 협상할 때 매너를 지키지 않고서는 협상이 제대로 진전되기가 매우 어려울 것이다.

양면게임으로 본 국제협상

둘째, 국내의 비준제도

○ 윈셋의 크기는 제2면의 공식적, 비공식적 정치제도에 영향을 받는다.

○ 정치문화도 윈셋의 크기에 영향을 미친다.

○ 정당의 당내규율 역시 윈셋 크기에 영향을 준다.

• 윈셋의 크기는 제2면의 공식적, 비공식적 정치제도에 영향을 받습니다. 조약의 비준에 미국과 같이 의회(상원)의 ⅔의 동의를 필요로 하는 것은 우리와 같이 과반수의 동의를 필요로 하는 것과는 다릅니다. 확실히 ⅔의 찬성투표가 필요한 경우가 과반수 찬성투표가 필요한 경우보다 윈셋의 크기가 작을 것입니다. 공식적 제도 외에도 정치문화도 윈셋의 크기에 영향을 미칩니다. 예를 들면 일본의 경우 국제협상을 위한 교섭에 들어가기 전에 되도록 광범한 국내적 합의를 도출하려는 성향이 있습니다. 다수결을 중시하는 정치문화를 가진 국가보다 윈셋의 크기가 축소되리라는 예상을 쉽게 할 수 있습니다. 정당의 당내 규율 역시 윈셋의 크기에 영향을 미칩니다. 집권당이 다수당이고 그 규율이 엄격할 경우, 협상자의 윈셋이 커질 것입니다. 그 외에도 다른 조건이 같은 한 국가의 정책 결정이 국내적 압력으로부터 자율적일수록 윈셋이 크다고 할 수 있습니다. 비민주적 국가의 외교관은 민주적 국가의 외교관에 비해 국내적 여론을 이유로 협상을 수락할 수 없다고 주장하기는 어려울 것입니다.

양면게임으로 본 국제협상

셋째, 협상에 동원되는 전략

○ 양면게임으로 본 국제협상에서 협상 당사국의 협상력은 자국과 상대국의 윈셋의 크기에 영향을 받는다.

○ 자국 및 상대국의 윈셋크기를 조작할 수 있다면 협상력을 증대시킬 수 있다.

• 윈셋의 크기를 확대하거나 축소하는 결과를 가져오는 협상전략의 활용입니다. 양면게임으로 본 국제협상의 협상 당사국의 협상력은 자국과 상대국의 윈셋의 크기에 영향을 받습니다. 따라서 자국 및 상대국의 윈셋의 크기를 조작할 수 있다면 협상력을 증대시킬 수 있다는 결론이 나옵니다. 이 협상전략은 그 주체에 따라 협상자(정부)와 국내의 개인·집단으로 나누어질 수 있고, 협상전략의 목표에 따라 자국 윈셋의 변경과 타국 윈셋의 변경으로 나누어질 수도 있습니다. 양면게임에서의 협상전략을 보다 구체적으로 논의해 봅시다.

양면게임으로 본 국제협상

❹ 윈셋의 확대축소전략

(1) 자국의 윈셋을 변경하는 전략
① 자기손목 묶기 전략(Tying Hands Strategy)
② 고삐늦추기 전략(Cutting Slack Strategy)

(2) 상대국의 윈셋을 변경하는 전략
① 사안의 연계(Issue Linkage Strategy)
② 반향전략 (Reverberation Strategy)

• 협상자는 자국의 윈셋의 크기를 변경하거나 타국의 윈셋을 변경함으로써, 보다 유리한 협상결과를 얻을 수도 있고 비준이 불가능한 협상안을 비준을 받을 수 있도록 할 수도 있습니다.

• 우선 자국의 윈셋을 변경하는 전략을 살펴봅시다. 협상자는 자국의 윈셋의 크기를 축소하여 협상에서 유리한 고지를 차지할 수 있습니다.
그 한 가지 방법은 국내의 매파 즉, 강경파 집단에 돌이킬 수 없는 공개적인 약속을 하여 윈셋을 축소시키는 것입니다.
또 다른 방법으로 사안을 정치 쟁점화하여 국내여론을 보다 강경한 쪽으로 끌고 갈 수 있습니다. 이러한 전략은 '자기 손목 묶기 전략'(Tying Hands Strategy)이라고 불립니다.

• 국가 지도자로서의 협상자가 본인(principal)이라고 할 수 있는 국내 집단들의 의사를 충실히 반영하는 단순한 대리인이라면, 윈셋 크기의 축소가 협상 자체의 결렬을 가져오지 않는 한, 자국의 윈셋을 축소할지언정 윈셋의 크기를 확대할 유인은 없을 것입니다.
그러나 '본인-대리인 이론'이 함축하는 바와 같이 대리인 역시 다양한 행동의 동기를 가질 수 있습니다. 국가 지도자인 협상자는 때로는 국가이익에 관한 자신의 견해를 국제적 맥락에서 추구할 수도 있습니다. 때로는 사적인 동기에서 특정 집단의 이익을 위해 행동할 수도 있습니다.
이러한 경우 윈셋의 크기를 축소하기보다는 오히려 확대하는 것이 협상자의 입장에서는 바람직할 수도 있습니다. 협상자는 이면보상을 통하거나 사안의 성격을 국가안보에 중요한 것이라고 새롭게 정의하는 등의 방법으로 자국의 윈셋 크기를 확대하려고 노력할 수 있는데, 이를 '고삐 늦추기 전략'(Cutting Slack Strategy)이라고 부릅니다.

• 협상자는 때로는 상대국의 윈셋의 크기를 확대하려고 시도합니다. 여론주도층을 포섭하고, 야당 국회의원들을 만나고, 자기 나라에 우호적이지만 불안정한 국가에 원조를 하는 등 자국 대사관을 중심으로 한 통상의 외교적 활동 역시 상대국의 윈셋의 크기를 확대시키려는 노력으로 볼 수 있습니다.

국제협상에 당면하여 상대국의 윈셋의 크기를 확대하는 한 가지 방법으로 '사안의 연계'(Issue Linkage)가 있습니다. 예를 들어, 상대국 국내세력의 다수가 자동차 수입자유화에 반대한다고 합시다. 그러나 그 다수 중의 일부는 더 많은 일자리가 창출된다면 자동차 수입자유화에 대한 반대를 철회할 의사가 있다고 합시다.

이 경우 이들을 '표적'으로 삼아 국내 자동차 생산시설을 상대국에 이전하여 일자리를 창출하는 사안을 협상에 포함함으로써 상대국 내에서의 비준을 가능하게 할 수 있습니다. 둘 이상의 사안이 연계될 경우 상대국 국내 집단 간의 이해관계가 변하고 그들 간의 영향력의 균형이 바뀔 수 있는 것입니다. 사안의 연계는 보통은 당초의 협상사안에서 양보를 얻기 위해 다른 사안에서 일정한 양보를 하는 것인 만큼, 필요한 최소의 집단을 표적으로 삼아 양보를 극소화해야 할 것입니다.

• 그 외에도 협상자는 소위 '반향전략'(Reverberation Strategy)을 사용할 수도 있습니다. 반향전략은 상대방의 국내집단에 직접 호소하여 협상사안에 대한 기대나 그 사안의 이미지를 바꿈으로써 상대방의 윈셋을 확대하는 전략을 의미합니다.

사안의 연계와 반향전략은 이와 같이 상대방의 윈셋의 크기를 확대하기 위하여 사용될 수도 있지만, 자신의 윈셋의 크기를 확대하는 고삐 늦추기 전략으로도 사용될 수 있습니다.

예를 들어, 정상회담에 참가한 국가지도자들은 종종 정상들의 공동성명을 자신들의 정책을 합리화하기 위한 수단으로 사용하는데, 이는 반향전략을 상대국이 아니라 자국의 윈셋을 확대하는 데 활용하는 것에 해당합니다.

또한 사안의 연계와 반향전략은 협상자가 항상 자국의 윈셋의 크기를 줄이고자 하는 것은 아니며 때로는 확대를 원한다는 점에서 '협상자(정부) 간 담합'(COG Collusion: Chief Of Government Collusion)의 방안으로 사용되기도 합니다.

양면게임으로 본 국제협상

양면게임의 구조와 협상전략

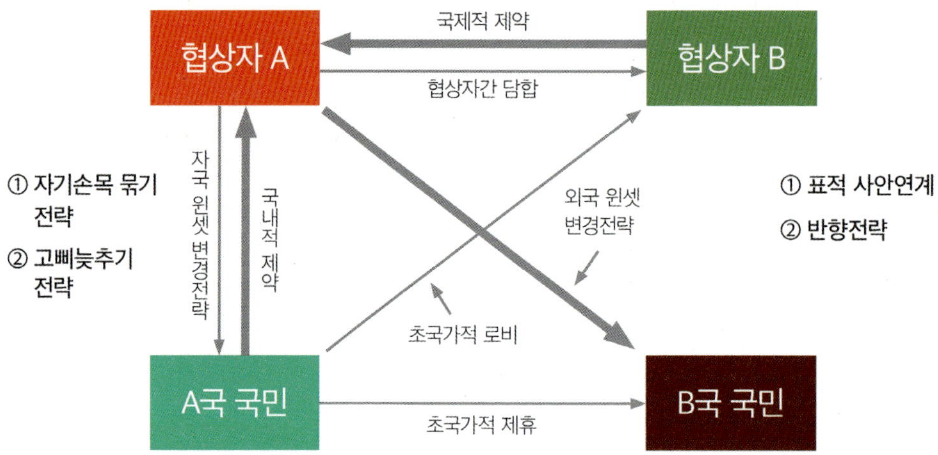

• 협상자를 주체로 한 윈셋의 변경과 함께 국내의 개인이나 집단 역시 상대국 윈셋의 크기 변경을 시도할 수 있습니다.

양면게임의 논리를 확장하면 <그림>의 굵은 화살표로 표시된 '국내적 제약'이 의미하는 국내의 개인이나 집단이 국내 정책결정과정에 영향력을 행사하는 공식·비공식의 비준과정뿐만 아니라, 이들이 상대국의 정책결정과정에 초국가적 로비(Transnational Lobby)나 초국가적 제휴(Transnational Alliance)를 통해 영향력을 행사하는 과정 역시 분석의 대상에 포함시킬 수 있습니다.

초국가적 로비는 정책결정자를 직접 접촉하거나 법률가나 전문가를 통하여 외국의 정책결정과정에 직접적으로 영향을 주는 것이고, 초국가적 제휴는 공동의 이해관계를 가진 외국의 국내집단·개인들과 제휴·연대를 통하여 외국의 정책결정과정에 간접적으로 영향을 주는 것입니다.

• 그림은 지금까지 논의한 양면게임의 논리 및 이로부터 도출되는 협상전략 등을 협상자 A와 A국 개인 및 국내집단의 입장에서 요약하고 있습니다.

여기서 협상자는 기본적으로 국내, 국제라는 안팎으로부터의 제약을 받고 있는 것으로 나타납니다. 협상자는 상대 협상자와의 담합을 통하여 국제협상을 자신이 원하는 방향으로 끌고 가기도 하고, 국내집단과 외국의 국내집단을 대상으로 윈셋 크기를 조작하는 여러 조치를 취하기도 합니다. 국내집단 및 개인도 초국가적 로비와 제휴를 통하여 국제협상에 영향을 미치는 행위 주체가 될 수 있습니다.

국제협상가의 체크리스트

4. 국제협상가의 체크리스트

❶ 협상의 사전준비와 목적 ❷ 협상과정

❶ 사전준비와 목적

○ 협상을 하기로 결정할 때는 상황, 목적, 정책대안에 대한 사실들을 고려하여야 한다.

○ 국가들은 합의를 도출해내기 위해 협상을 한다.

① 분쟁의 해결(ex. 국경협정)
② 가치의 과시(ex. 불가침 조약)
③ 자원의 배분(ex. 어획량 쿼터 협정)
④ 관계의 관리(ex. 항공협정)

• 협상의 사전준비

협상은 외적인 관계를 관리하는 데 있어서 하나의 도구입니다. 협상을 하기로 결정할 때는 상황, 목적(무엇이 이루어져야 하는가), 정책대안(무엇을 할 수 있는가)에 대한 사실들을 고려해야 합니다. 국가지도자는 협상과정의 가치를 국가이익의 관점에서 판단하여야 하며, 또한 협상에서 자국이 어떠한 역할을 할 수 있는지를 평가하여야 합니다.

• 협상의 목적

국가들은 보통은 합의를 도출해 내기 위하여 협상을 합니다. 합의는 다음 네 가지 목적을 충족시킬 수 있습니다. ① 분쟁의 해결(국경협정), ② 가치의 과시(불가침 조약), ③ 자원의 배분(어획량 쿼터 협정), ④ 관계의 관리(항공협정). 대부분의 협상은 한 가지 이상의 목적을 가지고 있습니다. 적절한 협상전략은 협정의 목적에 따라 달라질 것입니다.

국제협상가의 체크리스트

❷ 협상과정

○ 협상은 협상의 준비단계, 문제해결단계, 합의단계의 세 단계를 거친다.

○ 협상은 양면적 성격을 띠기 때문에 협상 당사자는 외국정부들과 관련된 외적인 요소를 고려함과 동시에 국내정부와 관련된 내적 요소도 고려하여야 한다.

• 대부분 협상은 시간에 따라 세 단계를 거칩니다. 연속적인 각 단계에서 두드러진 행동은 각각 (1) 협상의 준비단계, (2) 문제해결단계, (3) 합의단계입니다. 협상은 양면적 성격을 띄기 때문에 협상 당사자는 외국정부(들)와 관련된 외적인 요소를 고려함과 동시에 국내정부와에 관련된 내적인 요소도 고려하여야 합니다.

국제협상가의 체크리스트

(1) 준비단계

○ 문제와 목적을 정의하고, 협상의 틀과 절차를 확립하며, 초기입장을 준비한다.

○ 외적 고려 요소

이득/ 상대방의 인식/ 협상절차들/ 협상전략 /주요 동맹국

○ 내적 고려 요소

관련법규/ 국내 이해관계 집단/ 훈련/ 협상팀/ 지원조직/언론매체

• 준비 단계에서는 문제와 목적을 정의하고, 협상의 틀과 절차를 확립하며, 초기 입장을 준비합니다.

이의 외적인 요소들로는 이득, 상대방의 인식, 협상절차들, 협상전략, 주요동맹국 등입니다.

① 협상을 통하여 우리정부가 얻고자 하는 이득이 무엇인가? 즉, 협상과정을 통하여 무엇을 달성하려고 하는가?

② 상대국(들)의 상황에 대한 인식은 어떠한가? 상대국(들)이 공식적으로 표명하는 입장이 실제의 입장과 일치하는가? 상대국(들)이 원하는 바를 파악하기 위해 모든 노력을 다했는가?

③ 적절한 협상절차들과 지도적 원칙, 즉 협상의 틀이 확립되었는가? 이러한 절차들은 공통 기반을 충분히 탐색하고 있는가?

④ 어떠한 협상전략을 택할 것인가? 특히 후퇴선이나 양보의 정도에 대한 결정은 이루어졌는가? 채택된 협상전략이 이 분야에서의 기존 외교 및 미래의 외교와 일치하는가? 초기의 교착상태를 피할 수 있는 준비가 되어 있는가? 상대국이 제기할지도 모르는 사안에 대응할 준비는 되어 있는가?

⑤ 자국의 입장이 동맹국들과 사전조율이 되어 있는가? 협상이 제3국에 미칠 영향을 고려하였는가?

• 내적인 요소들로서는 관련법규, 국내 이해관계 집단, 훈련, 협상팀, 지원조직, 언론매체 등입니다.

① 관련 법규, 어떤 행정명령, 법률 혹은 의회 청문회가 협상과 관련되어 있는가?

② 국내 이해관계 집단이나 어떤 국내 이익이 (정부 부처 혹은 이익집단) 협상에 관련되어 있는가? 그들의 입장은 무엇인가? 그들과 협상에 대하여 사전협의를 하고 내용을 알려주었는가?

③ 적절한 수준의 전략적인 유연성을 유지할 수 있게 하는 적정한 정도의 실질적 훈령을 받았는가? 주어진 훈령 속에 추후 협상에서 양보할 수 있는 부

분과 양보할 수 없는 부분을 확인했는가?

④ 협상팀이 정부 부처들의 이익을 반영할 수 있도록 구성되어 있는가? 협상팀이 충분한 품위와 아울러 문제를 다룰 적절한 전문성을 가지고 있는가? 협상팀이 같은 주제에 대한 과거의 협상을 포함하는 협상의 정치적 배경에 대해 잘 알고 있고 익숙한가? 팀 내부의 협조가 잘 이루어지도록 팀이 구성되어 있는가?

⑤ 최종 합의의 관련 구성요소들에 대한 팀 내부 지원조직이 제대로 구성되어 있는가? 합의를 돕기 위한 어떤 법적 혹은 기타 수단이 필요한지에 대해 고려하였는가? 정부 내의 지원기구는 유효한가?

⑥ 언론매체와의 관계는 어떻게 유지할 것인가? 언론매체가 협상의 진전에 도움을 주거나 자국의 입장을 강화시키는 데 도움을 주는 방향으로 활용될 수 있는가?

잠깐만! 쉬어가는 협상 코너

협상의 상징 에셔박스

- 1983년에 설립된 컨소시움 형태의 하버드대학의 협상스쿨과 Negotiation Journal 등에서 협상의 상징으로 사용하는 에셔상자 그림이다.
  에셔(Esher, 1898-1972)는 잘 알려진 바와 같이 네덜란드 출신의 유명한 판화가이다.

- 에셔의 그림은 누구나 한번 이상은 보았을 것이다. 그 중에서 그림에서 보이는 박스는 에셔가 그렸다고 하여 에셔 박스라고 부르고 있는데 현재 협상의 상징으로 사용하고 있다.

- 이 상자는 윗부분을 가리고 보면 상자의 아랫부분이 정상이고, 아랫부분을 가리고 보면 윗부분이 정상이다. 이는 상호관계를 의미하면서 협상을 상징한다.

국제협상가의 체크리스트

(2) 문제해결단계

○ 정해진 일정에 따라 협상을 수행한다.

○ 외적 고려 요소
중요한 관심사/ 교육/ 조정/ 진전

○ 내적 고려 요소
국내적 지지 유지/ 유연성/ 지원조직의 적절성과 효율성

• 문제해결단계는 정해진 일정에 따라 그날의 협상을 수행하는 것입니다. 예를 들면, 회의 참석, 대안의 분석, 본국과의 협의, 각 사안에 대한 입장의 조정, 가능하면 대체적인 합의에 도달하는 것 등입니다.

• 외적인 고려 요소들로는 중요한 관심사, 교육, 조정, 진전 등이 있습니다.

① 협상절차가 덜 중요한 관심사로부터 중요한 관심사를 따로 분리시키고 있고, 이 중요한 관심사에 대한 상호 의사소통이 이루어지도록 보장하고 있는가? 상대국(들)의 중요한 관심사는 무엇인가?

② 협상과정이 상호교환, 양보, 합의가 가능한 영역을 밝혀내고 있는가? 협상과정이 양 당사자를 '교육'하는가?

③ 전반적인 협상전략이 하루 하루의 전술과 잘 조정되어 있는가? 다자 간 협상의 경우, 자국의 입장이 같은 입장을 가지고 있는 국가들과 잘 조정되어 있는가?

④ 나날의 협상이 타결을 향하여 진전되고 있는가? 진전되고 있지 않다면, 자국이 더 양보할 수 있는가? 아니면 상대국에 더 많은 압력을 가하여 양보를 끌어낼 수 있는가? 협상의 사안이 재구성될 수 있는가?

• 내적 고려 요소들로는 국내적 지지유지, 유연성, 지원조직의 적절성과 효율성이 있습니다.

① 의회, 관련 부처 그리고 이익집단으로부터의 협상에 대한 국내적 지지가 유지되고 있는가? 국내 여론의 향배를 잘 알고 있는가? 협상의 진척에 대하여 국내 관련 집단에게 적절한 수준의 정보를 제공하고 있는가?

② 주어진 훈령이 타결을 허용할 정도로 유연한가? 설득이나 교환을 통하여 국내에서의 유연성을 더 확보할 수 있는가?

③ 협상팀과 지원조직이 적절하고 효율적으로 운영되고 있는가? 새로운 사태 진전에 제대로 적응하고 있는가?

국제협상가의 체크리스트

(3) 합의단계

○ 협상을 평가하고, 가능하면 중요사안에 대한 협정을 맺고, 협상을 종료한다.

○ 외적 고려 요소

상대국/ 기회비용/ 쟁점사안들/ 협상수준/ 협상시한

○ 내적 고려 요소

국익/ 반대세력/ 언론매체/ 통제력

- 합의 단계는 협상을 평가하고, 가능하면 중요사안에 대한 협정을 맺고, 협상을 종료합니다. 예를 들면, 제시된 조건을 수용할 것인가 아니면 협상을 종료할 것인가를 결정합니다.

- 외적 고려요소들입니다.
  ① 상대국(들)이 합의를 원하는가? 원한다면 어떤 조건하에서인가?
  ② 기회비용 합의가 협상을 지속하였을 때 드는 기회비용만큼의 가치를 가지고 있는가?
  ③ 쟁점사안들 중요한 사안들이 일괄타결안 속에 포괄될 수 있는가? 아니면 사안들을 분리하여 부분적인 합의를 유도할 것인가?
  ④ 협상수준 하나 혹은 그 이상의 사안에 대해 협상의 수준을 높이는 것(더 고위급 회담 개최)이 도움이 될 것인가?
  ⑤ 유효한 협상시한이 설정되어 있는가? 협상시한의 설정이 협상타결에 도움이 되고 또 협상시한의 설정이 상대국에게 신뢰성 있게 보일 것인가?

- 내적 고려요소들입니다.
  ① 현재의 합의가 국가이익을 형성해가고 있는가? 자국의 입장이 재평가되어야 하는가?
  ② 합의에 대한 국내의 주요 반대세력은 누구인가?(의회, 정부 부처 혹은 이익집단) 협정내용의 홍보나 설득을 통하여 국내 반대세력과의 타협이 가능한가? 반대를 극복하기 위하여 상급기관(대통령)의 지지를 끌어내거나 국가이익의 개념을 동원할 수 있는가?
  ③ 협상의 결과가 언론에는 어떻게 보도될 것인가? 협상의 전말에 대하여 언론에 철저한 설명을 하였는가?
  ④ 협상 대표단이 효과적이고 냉정하게 일하고 있으며, 적절한 통제력을 보유하고 있는가?

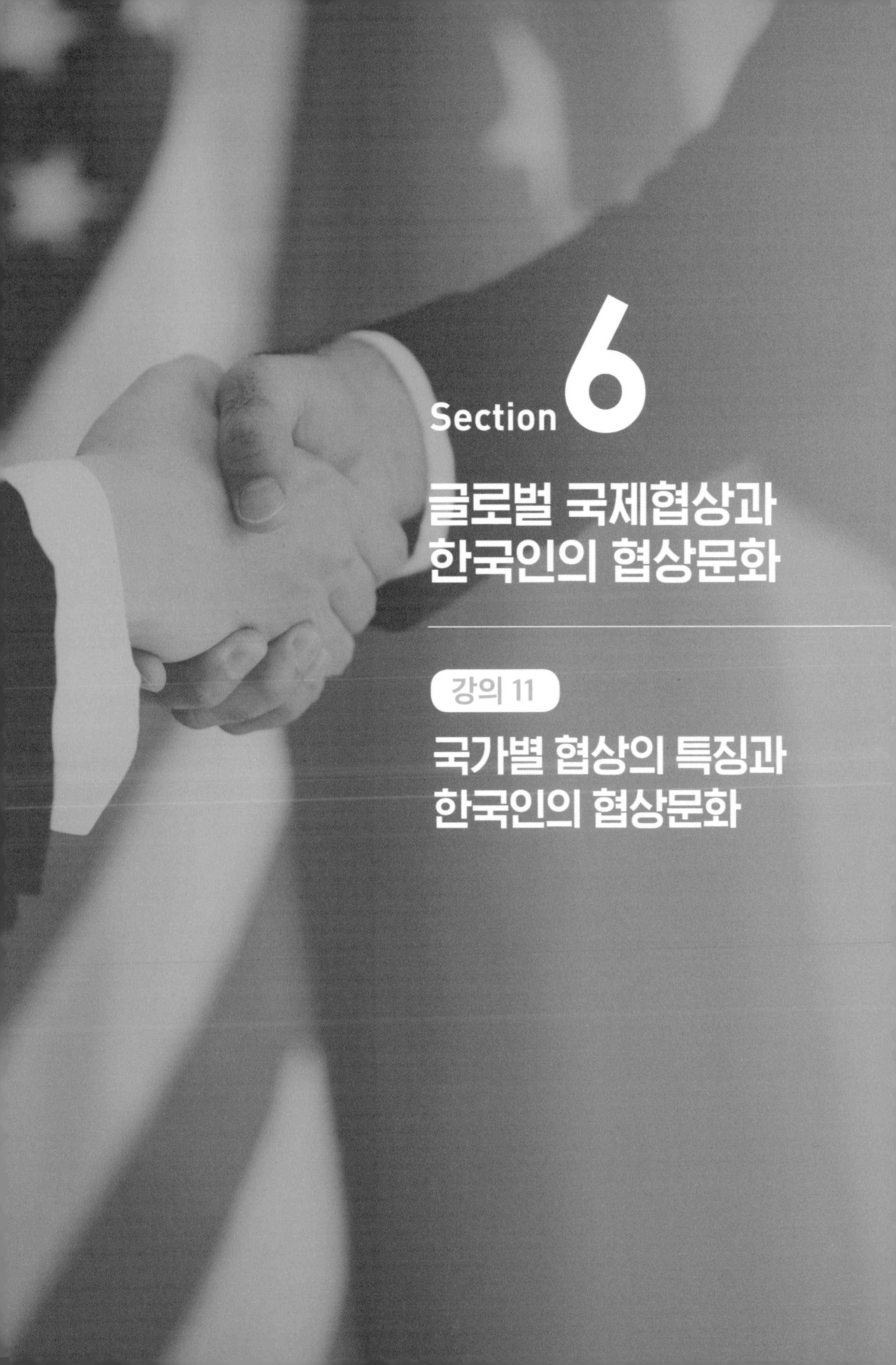

Section 6

글로벌 국제협상과 한국인의 협상문화

강의 11

국가별 협상의 특징과 한국인의 협상문화

어느새 마지막 강의입니다.
그동안 고생 많았으리라 생각됩니다.

좋은 마무리하시길 바랍니다.

오늘은 지난 강의에 이어 국가별 협상의 특성 그리고 한국인의 협상문화에 대해 알아보고 협상, 주고받기를 마치고자 합니다.

국가별 협상의 특징

1. 국가별 협상의 특징

○ 국제협상은 문화적으로 완전히 다른 사람들 간의 합의 도달 과정이기에 국내협상보다 훨씬 복잡하고 변수가 많아질 수밖에 없다.

○ 다른 문화나 협상유형을 많이 알수록 국제협상에서의 성공율도 높아질 수 있다.

❶ 세계 3대 협상유형
❷ 영미형 협상
❸ 아랍형 협상
❹ 중국형 협상
❺ 일본형 협상

• 한국의 계약문화를 처음 접해본 미국인은 대부분 깜짝 놀란다고 합니다. 지금은 이러한 경우가 많이 없어졌지만 한국에서는 계약을 하고 6개월이 지나면 그 계약이 아무런 의미가 없어진다는 것입니다. 미국인이 "우리는 이미 계약서에 사인하지 않았냐."고 하여도 상대 한국인은 이렇게 대답한다고 합니다. "계약한 것은 사실이지만 우리는 6개월 전의 조건에 근거해서 사인한 것입니다. 따라서 그 조건이 지금 더 이상 존재하지 않으니까 그 계약도 의미가 없어졌습니다."

• 중동지역에 간 미국인은 물건을 파는 계약서에 사인을 하면 처음에는 무척 기뻐한다고 합니다. 계약서 서명에 별 어려움을 겪지 않기 때문입니다. 그러나 아랍세계에서는 계약서 서명이 협상의 끝이 아니라 협상의 본격적인 시작 선언임을 알게 되고 기겁을 하게 된다는 것입니다.

• 이처럼 똑같은 양식의 계약을 두고도 각 국가별로 계약을 이해하는 방식이 다르듯이 협상도 국가별로 어떠한 문화와 배경을 가지고 있는지 아는 것은 협상의 성과를 위해 매우 중요한 요소입니다.

국가별 협상의 특징

❶ 세계 3대 협상유형

(1) 논리적 사실귀납형
(2) 원칙주장적인 공리연역형
(3) 인간중심형

(1) 논리적 사실귀납형

○ 구미에서 일반적으로 볼 수 있고 세계적으로 확장되고 있는 추세
○ 사실이나 데이터에 근거를 두고 논리적 협상패턴을 채택

- 수없이 많은 국제협상이 지구촌 곳곳에서 벌어지고 있지만 크게 세 가지 유형으로 나누어볼 수 있습니다.

- 논리적 사실귀납형은 합리적이고 정당한 논리에 근거하여 설득하여 상대방이 납득하도록 하는 것을 말합니다. 사실이나 데이터에 근거를 두고 논리적 협상패턴을 채택하는 것으로 서구에서 일반적으로 볼 수 있는 국제협상유형입니다.

- 이는 세계적으로도 대표적인 국제협상 유형으로 자리잡아가고 있습니다.
  아시아인들의 직관적 감성적 유형과 달리 사실로부터 도출된 현실적이며 실현가능한 이슈에 집중하는 스타일입니다.

국가별 협상의 특징

(2) 원칙주장적 공리연역형

○ 러시아, 동구, 관료 타입의 비즈니스맨들에게서 볼 수 있는 유형

○ 원리, 원칙, 주의, 정책, 방침 등 자기 측 조건을 주장하면서 한치도 양보하지 않는 밀어붙이기식의 협상유형

(3) 인간중심형

○ 아랍사람 등에서 볼 수 있는 인간관계 우선형

○ 정보교환 등에 의한 정서적 요소가 담긴 협상유형

- 원칙주장적 공리연역형은 협상과정에서 원리나 원칙, 혹은 주의, 정책, 방침 등 자기 측의 조건을 주장하면서도 정작 자신이 가진 것에 대하여는 한치도 양보하지 않는 밀어붙이기식의 협상유형을 말합니다. 주로 러시아, 동구, 혹은 관료 타입의 비즈니스맨들에게서 볼 수 있는 유형입니다.

- 옛날 아랍의 속담에 '중국인의 손, 유럽인의 두뇌, 아랍인의 혀'라는 말이 있습니다.
  아랍인은 그만큼 말을 잘하고 많이 한다는 뜻입니다. 실제로 바이어와 한국기업 간 주고받는 메일 내용을 보면, 한국기업은 필요한 말 위주로 군더더기 없이 전달하는 데 비해 아랍인의 메일은 서정적이다 싶을 정도로 길게 묘사하는 경향을 보여줍니다.

- 인간중심형은 협상과정에서 인간관계가 우선되는 협상유형으로 정보교환 등에 의한 정서적 요소가 많이 내포된 협상유형을 말합니다.
  이러한 방식에 익숙하지 않은 우리 기업이 보기엔 답답하고 핵심이 뭔지 헷갈릴 수 있기에 이들의 표현방식을 이해할 필요가 있습니다.

- 다음은 권역별로 협상의 특징을 살펴보겠습니다.

국가별 협상의 특징

❷ 영미형 협상(논리형)

○ 영미형 협상은 객관적 데이터나 사실에 근거를 둔 논리적 설명에 의한 설득을 중시하는 스타일

○ 영미형 협상의 일반적 특징

- 시간 전술
- 사전준비형
- 합리성과 공정성의 존중
- 사람보다는 제도를 중시

• 영·미인들이 주로 사용하고 있는 협상유형은 객관적인 데이터나 사실에 근거를 둔 논리적 설명·설득을 중시하는 스타일입니다.
아시아인들이 비교적 직관적이거나 감성적인 유형인 반면에 영·미인들은 사실로부터 도출된 현실적이며 실현 가능성 있는 이슈에 집중하며 합리성과 공정성을 지키려고 하는 경향이 강합니다.
따라서 협상과정에 임할 때에는 사전에 철저한 준비를 하며 자신들의 주장과 논리를 상대방에게 솔직하고 분명하게 이야기하는 경향을 보여줍니다. 이러한 협상의 경우 그들에게 개별적인 사정이나 느낌 등을 표명하는 것은 협상에 별 도움이 되지 않습니다.

국가별 협상의 특징

○ 영미형 협상의 경험적 특징

- 협상효율성은 투자한 시간과 결과의 상관관계
- 협상은 경쟁
- 사실에 근거를 둔 논리적 설명, 설득중시
- 협상에서 대립이나 이해의 상충은 당연
- 이해관계의 차이와 문제점을 분명하게 구별
- 협상팀은 비교적 소수의 인원
- 합의내용은 계약문서로 하는 것이 원칙
- 협상력은 비즈니스맨으로서의 당연한 능력

• 앞서 살펴본 바와 같이 영·미인들이 주로 사용하고 있는 협상유형은 객관적인 데이터나 사실에 근거를 둔 논리적 설명에 의한 설득을 중시하는 스타일이라고 요약할 수 있습니다. 영·미형 협상에 대한 경험적 특징도 그와 유사하게 나타나고 있음을 알 수 있습니다.

• 그렇다고 하여 미국 바이어 앞에 점잖게 앉아서 객관적 데이터만 제시해서는 거래나 계약이 성사 될 리가 없습니다. 어떻게 해야 할까요?

• 한 가지 중요한 사실은 미국인이라고 하여 우리와 별반 다르지 않다는 것입니다.
가령 미국기업들은 직접 전화를 받기보다는 음성 메시지 등으로 바로 넘어가는 경우가 많습니다. 그럴 경우에도 최대한 예의를 갖추어야 하겠지만 끊임없는 전화와 이메일, 팩스 등으로 계속 귀찮게 하여야 합니다. 끝에는 미국인이 화를 내며 제발 전화하지 말라고 회신을 하기까지 합니다. 이러한 과정이 있어야만 내 존재를 알릴 수 있고 그제서야 데이터라도 제시할 수 있을 것입니다.

• 또 바이어와 만나면 가벼운 주제로 대화를 시작하는 것이 좋습니다. 마음을 열어야만 5분의 상담시간이 30분으로 늘어날 것이 아니겠습니까?

국가별 협상의 특징

○ 미국인과의 협상(행동우위형)

- Shoot First, Ask Questions Later
- 힘의 윤리에 의존하는 경향이다.
- 최소한의 시간으로 최대한의 효과를 거두려한다.
- 통계적인 숫자와 사실을 중시한다.
- 독립적이며 솔직하다.
- 경쟁하는 것과 이기는 것 모두를 중요시한다.

• 또한 미국인들이 주로 사용하고 있는 협상유형으로 "Shoot First, Ask Questions Later"라는 말과 같은 존웨인 유형이 있습니다. 미국인들은 서부활극에 나오는 총잡이의 대결과 크게 다르지 않은 협상을 합니다. 먼저 쏘고 그 다음 다른 걸 묻는 형식이라고 해도 과언이 아닙니다. 행동을 중시한다는 것입니다.

• 따라서 i) 힘의 논리에 의존하는 편이다. ii) 상당히 독립적이다. iii) 솔직하다. 협상에서 당신의 카드와 내 카드를 보면서 하자는 것이다. iv) 경쟁하는 것과 이기는 것 모두를 중요시한다 등의 특징을 보여줍니다. 미국인들은 대체로 협상 테이블에 앉으면 가능한 한 빨리 협상을 마치려고 합니다.

• 또 한가지 중요한 특징은 미국인들은 자신의 주장을 합리적이고 논리적인 방법으로 표현하는 데 익숙합니다. 이러한 합리성과 논리성은 철저한 준비가 되어 있어야만 가능한 것으로 협상에서 많은 힘을 발휘하게 되는 것도 사실입니다.

국가별 협상의 특징

- 2018년 11월 6일 도널드 트럼프 미국 대통령의 중간 선거가 열렸는데 그는 트위터를 통해 "오늘밤 엄청난 성공이다. 모두에게 땡큐."라고 했습니다. 공화당이 상원의 다수당 지위를 지킨 데 대한 만족감을 표현한 것치고는 너무 짧고 간결합니다.

- 이처럼 트럼프 미국 대통령은 소셜미디어를 개인미디어로 활용해 정치적 성공을 거둔 대표적 인물입니다.

트럼프 대통령의 트윗에는 일정한 경향이 있습니다. 우선 쉽습니다. 절대 어려운 단어를 쓰지 않습니다. 140글자를 초과하지 않는 트위터 특성에 맞게 메시지 역시 짧습니다. 짧은 만큼 명쾌합니다. 말투 역시 반말에 가깝습니다. 때로는 비속어도 씁니다. 대신에 기억에 잘 남습니다.

국가별 협상의 특징

- 트럼프 트윗에서 나타나는 짧고 간결한 경향은 사실 미국인들의 대체적인 경향입니다.

- 미국 문학의 아버지로 평가받는 마크 트웨인은 짧은 편지를 쓸 시간이 없어서 대신에 긴 편지를 썼다(I didn't have time to write a short letter, so I wrote a long one instead)고 합니다.
  "시간 때문이 아니다. 짧게 쓸 재주가 부족하다. 짧게 줄일 능력이 없기 때문에 길게 말하고 길게 쓴다."
  조그만 엽서를 쓸 때가 더 어렵다는 것입니다. 이처럼 트럼프를 비롯한 미국인들은 짧고 간결하게 말하고 쓰려는 경향이 있습니다.

- 광고문구도 마찬가지입니다. 세 단어로 가능하다면 절대 네 단어를 쓰지말라고 합니다.
  "Just do it."
  "I'm lovin' it."
  "Think different."
  모두 그런 경향에서 나온 말입니다. 이러한 짧고 핵심을 찌르는 슬로건들은 미국인들이 갖는 시대정신의 일부로 봐도 됩니다.
  트위터의 140자로도 메시지를 보낼 수 없다면 말하는 것을 그만두어야 할지도 모른다는 것이 미국인들의 생각입니다.

- 미국인들은 결정이 빠른 상대방을 존경합니다. 짧고 단순하게 표현합니다. 협상도 실무적인 협상을 바로 시작하는 경우가 많습니다.

국가별 협상의 특징

❸ 아랍형 협상(개인적 친분형)

○ 이방인에 대한 동질감과 유대감이 강한 편이며 국제협상에서도 그대로 반영되어 협상과정은 어디까지나 인간관계가 우선된다.

○ 그러나 협상이 진행되면 원리, 원칙주장형으로 돌변하는 다양성, 양극성을 갖고 있는 것이 특징이다.

○ 아랍형 협상의 일반적 특징

- 협상은 오락이다.
- 인간관계가 우선한다.

• 아랍권 국가들은 이슬람의 인생관과 세계관으로 이루어져 있습니다. 인종과 언어가 달라도 집단예배나 개인적인 기도를 올릴 때는 아랍어로 된 꾸란의 수라(章)를 읊어야 하기 때문에 아랍인이나 비아랍인도 함께 예배를 볼 수 있다고 봅니다. 또한 손님의 방문과 식사를 겸한 초대를 매우 기쁘고 자랑스럽게 생각합니다. 무슬림 주인은 굉장한 비용과 희생을 치러서라도 손님에게 언제나 가장 좋은 것을 접대합니다.

• 이러한 교리와 원칙은 목에 칼이 들어와도 지키는 경향이 일상생활에서도 잘 드러납니다. 손님에 대한 접대문화는 협상보다는 상대와 내가 인간관계를 맺는 것을 더 중요하게 생각하는 것으로 나타나기도 합니다.

• 그러나 인간관계가 생겼다고 해서 비즈니스 관계나 협상이 수월하게, 협조적으로 진행된다는 보장은 없습니다. 개인적인 관계를 유지하면서도 비즈니스상의 자기의 권익에 관해서는 철저하게 자기주장을 내세우며 양보하지 않는 양극성을 보이기도 합니다

• 또한 아랍인들이 가장 중요하게 평가하는 덕목으로 명예를 들 수 있습니다. 따라서 아랍권 국가와의 협상과정에서는 그들의 체면을 손상시키는 것은 절대 금물이며 그들의 명예심을 충족시켜주어야 합니다.

• 아랍 사람들은 협상을 재미있는 오락 혹은 게임으로 생각합니다. 따라서 협상의 결과보다는 결과가 나오기까지의 과정에 더 많은 흥미와 관심을 둡니다.

국가별 협상의 특징

○ 아랍형 협상의 경험적 특징

- 상대방에 대한 배려가 지극
- 협상의 교착과 재개가 일반적
- 협상의 종결을 서두르지 않음
- 즉각 협상테마에 관한 이야기를 하지 않음
- 화제나 논점이 일관성없이 자주 바뀜
- 인간관계에 대해 언급하며 확인하려 함
- 권익에 대하여는 철저하게 주장을 내세움
- 체면을 손상시켜서는 안됨

아랍인과의 협상은 친구관계에서서부터 출발한다.

- 세계의 3대 상단은 아랍상, 화상(중국상), 유대상을 이릅니다.

- 아랍상들은 앞서 이야기한 것과 같이 협상의 교착과 재개가 일반적이며 인간관계를 중시합니다.

- 아랍상들에게 상업은 돈을 벌기 위한 것이 아닙니다. 교역을 하며 사는 것을 신의 뜻이라 생각하기 때문에 그들은 상업을 합니다.

신이 정한 흥정을 통해 이루어진 관계를 가장 중요하게 여기는 것입니다.
거래를 통해 맺어진 관계들을 수익을 내는 관계보다도 더 중요하게 생각하는 경향이 많습니다 .

국가별 협상의 특징

❹ 중국형 협상(자기중심형)

○ 중국인은 뛰어난 협상꾼으로 불린다.

○ 중국인에게 협상은 상대방을 설득하고 자신의 주장에 동조시키는 것, 사람과 다투는 짜릿한 기쁨을 맛볼 수 있는 파워게임이다.

○ 중국형 협상의 일반적 특징

- 인간관계의 중요성
- 정의(情誼)의 중요성
- 일관성의 중요성

• 중국인들에게는 인간관계 형성을 중요시 여기는 특별한 문화가 있습니다. 화교가 전세계 곳곳에 자리 잡고 있는 것은 먼저 진출해 자리를 잡은 중국인들이 새로운 중국인이 도착하면 주위의 모든 사람들이 힘을 합쳐 적응하도록 돕기 때문입니다.

• 이러한 인간관계의 문화가 협상에서도 그대로 나타나는 경우가 많습니다. 또한 장구한 역사 속에서 수많은 전쟁과 내란을 겪어온 때문에 중국인들에게서만 찾아볼 수 있는 주요한 특성들이 있습니다.

• 첫째, '서두르지 말고 천천히'라는 뜻의 '만만디'(漫漫的) 혹은 '빨리 하나 느리게 하나 별차이 없다'라는 뜻의 '차뿌뚜어'(差不多)를 들 수 있습니다. 중국인들의 느긋함과 기다림의 자세는 상상을 초월할 정도입니다. 협상에서도 상대는 대단한 인내심이 필요합니다.

• 둘째, 체면을 뜻하는 '미엔즈(面子)' 를 중요시합니다. 중국인들은 중화사상(中華思想)이라는 독특한 역사적 배경과 유교문화의 영향에 의해 명분과 체면을 목숨만큼이나 중히 여깁니다. 따라서 중국인들은 배타적이고 자기중심적인 입장에서 협상을 진행하려는 경향이 많습니다.

• 셋째, 인간관계를 중시합니다. 자신의 이익과 관계가 없거나 친구 사이가 아니면 무관심합니다. 협상에서도 외국인과 같은 이방인들에게는 동정심 없이 무자비하게 대하는 경우가 많습니다. 그러나 중국에서는 '제도가 아닌 관계가 일을 한다'는 말이 있을 정도로 일단 관계가 맺어지면 그만큼 일을 진전시키기가 상대적으로 용이합니다. 무엇보다 중국인을 사귀려면 먼저 '신뢰'를 형성하는 게 매우 중요합니다.

국가별 협상의 특징

❺ 일본형 협상(막후조정형)

○ 일본인은 전통적 사회체제를 중시하고 거의 따르는 편

○ 협상유형에 있어서도 일본인은 사전협상, 초기접촉의 단계에서 인간관계 우선의 패턴을 보이지만 실제 협상에 들어가면 매우 독특한 유형을 보여준다.

○ 일본형 협상의 일반적 특징

- 침묵 전술
- 책임 전가 전술
- 시간 전술(Time Is Money)

• 일본인들은 전통적인 사회체제를 중시하며 거의 따르는 편입니다. 일본사람들은 상대방에 대한 친숙함과 신뢰가 생겨야 상품에 관심이 가는 스타일입니다. 때문에 단기적인 성과보다는 장기적인 관계 지속이 더 중요합니다. 따라서 일본인들은 서구인들을 말로만 모든 것을 해결하려는 피상적이고 불성실한 사람으로 간주하는 경향이 있습니다.

• 또 일본인들은 자기감정을 절제하고 끈기 있게 기다리며 자기를 드러내지 않습니다. 사람들에게 호의적이고 상관의 명령을 충실히 따릅니다. 그에 따라 일본인들은 대체로 협상을 싫어하며 상대방과 정면충돌을 피하고자 하는 경향이 강하여 막후에서 조정하려고 합니다. 이때 막후조정은 'Give and Take'에 기초를 둡니다.

• 이들의 특징을 보면 다음과 같습니다

- 상대방에게 양보를 요청했을 때 즉석에서 가부 간의 답변을 하지 않는다. 이러한 침묵은 거절의 뜻이라기보다는 스스로 생각할 수 있는 시간을 원한다는 의미로 해석해야 한다.

- 충분한 인간관계의 성립 없이 빨리 협상을 종결해야 한다는 압력에 대해 거부감을 느낀다.

- 계약 후의 조건변경, 상황변경이 원인이 되어 불일치나 대립이 있다면 보다 좋은 인간관계를 유지하는 방향으로 계약을 변경하는 것이 마땅하다고 본다.

- 조건이 맞지 않아 협상이 난항에 빠지게 되면 협상자의 인간관계 능력부족 탓으로 간주하기 때문에 협상의 중단을 매우 우려한다. 따라서 대폭적인 양보를 해서라도 서로의 관계를 계속하려는 문화가 존재한다.

한국인의 협상문화

2. 한국인의 협상문화

○ 미국 관가에서는 관료로 출세하려면 한국과의 협상에 참가하라는 우스갯소리가 있다고 한다. 국제협상에서 한국의 대외적 협상수준의 정도를 알 수 있는 말이다.

○ 한편 국내는 국내대로 민주화가 진전되면서 크고 작은 갈등과 분쟁들이 급증하고 있지만 적절한 해결책을 찾지 못하고 있다.

○ 그 원인으로 한국인의 협상문화를 비판적으로 살펴보고 치유할 수 있는 방안은 무엇인가 알아보자.

• 협상은 경영이나 정치행정에 있어서 중요한 경쟁요인이며 효과적인 협상전술은 경영자나 리더, 관리자에게 더욱 중요합니다. 특히 국내외 시장에서의 M&A, FTA, 노사문제 그리고 남북문제 등에서 나타나는 다양한 문제해결을 위해 협상력 제고는 중요한 문제가 아닐 수 없습니다. 그러나 우리나라 사람들은 아직까지도 협상의 중요성을 그리 크게 인식하고 있지는 않는 듯합니다. 최근에 와서 협상에 대한 관심이 높아지고 있는 것은 분명하나 협상 없이도 쉽게 합의에 이를 것으로 착각하는가 하면 체계적인 협상시스템의 부재에 대하여 큰 의미를 두고 있지는 않는데 이는 문제점으로 지적될 수 있습니다.

• 특히 우리나라 사람들은 협상 시 불필요한 자존심, 자기비하, 준비소홀, 무객관성 등의 행태를 보이거나 협상에 임해서도 장유유서와 권위주의, 흑백논리, 조폭식의 극단적 해결을 모색하는 행태를 견지하는 것을 자주 볼 수 있습니다. 이러한 문제들은 다름아닌 우리나라의 협상문화와 직결되는 것인데 먼저 협상실패를 알아보고 그 실패의 원인으로 협상문화를 분석해 보기로 합시다. 협상실패를 교정하기 위해 개인적 혹은 제도적 차원의 과제는 무엇인지 제시해 보겠습니다.

한국인의 협상문화

❶ 협상실패의 의미

(1) 한국인은 협상에서 항상 진다.

'한국인은 협상에서 항상 진다' 라는 이 말은 과연 정당성을 가지는지 한 번 생각해보자.

그만큼 우리 스스로가 협상에 능숙하지 않다는 것을 인정하고 있다는 것을 보여준다.

- 「한국인은 왜 항상 협상에서 지는가?」라는 최근 저서를 보면 저자는 협상에서 '진다' 라는 표현을 사용하고 있습니다.

- 책 내용 중 일부를 발췌하면 다음과 같습니다.
  "외국과의 통상협상에서 한국이 이긴 적이 몇 번이나 있었던가를. 아니 질문을 바꾸어보자. 미국과의 통상협상에서 한국이 미국의 요구를 거부하면서 끝난 적이 있던가를. 물론 사소한 부분에 있어서 미국의 요구를 거절한 적은 당연히 있었을 것이다. 그러나 미국의 요구를 완전히 거절하거나 혹은 한국의 입장이 완전히 관철된 경우가 몇 번이나 있었을까?

- 이 저자의 말대로 협상을 이야기하면서 '이긴다' 혹은 '진다'라는 표현이 다소 이상하다는 것은 협상론을 조금이라도 공부하였으면 이해가 갈 것입니다. 또한 저자의 의도와는 달리, 미국의 요구를 완전히 거절하지 못했어도, 또 한국의 입장이 완전히 관철되지는 못했어도 한국이 협상에서 "졌다."라고 말할 수는 없습니다. 사실 협상에서 한국인이 '항상' 진 것은 아닐 것입니다. 그렇지만, 이 책의 제목이 별다른 심리적 저항 없이 받아들여지는 이유는 그만큼 우리 스스로가 협상에 능숙하지 않다는 것을 인정하고 있기 때문일 것입니다.

한국인의 협상문화

(2) 협상실패의 3차원

❶ 개인적 차원

협상 당사자의 주관적인 입장에서 보면 협상의 실패는 보다 나은 결과를 얻을 수 있음에도 불구하고 협상에 대한 사전준비 소홀, 협상과정에서의 잘못된 전략과 전술의 동원 등등의 이유로 발생하는 경우가 많다.

- 당사자들이 서로의 이해관계와 가치가 상이하다는 것을 인식하고, 타협을 통하여 절충적 합의안을 도출하는 것이 협상입니다. 사실 협상을 이기거나 지는 상황으로 생각하는 것 자체가 협상할 자세가 제대로 되어 있지 않다는 증거일 것입니다.

- 이같이 협상에서 "이겼다." 혹은 "졌다."라는 표현은 척박한 우리 협상문화의 현 주소를 보여주는 것이라고 생각합니다.

- 여전히 모호하지만 그래도 좀 나은 표현은 협상에서 "성공했다." 혹은 "실패했다."는 것입니다. 실제 성공과 실패라는 이분법으로 협상의 결과를 나눌 수는 없지만, 크게 보아 그럭저럭 잘한 협상과 아무리 생각해도 잘못되었다는 협상은 있을 것입니다.

- 여기서는 협상의 '실패'를 3가지 차원에서 살펴 보고자 합니다.

- 첫째, 자기 자신을 위한 협상에서 협상 당사자가 챙길 수 있는 자신의 이익을 제대로 챙기지 못한 경우인 개인적 차원의 실패입니다.

- 협상 당사자의 주관적 입장에서 보면, 협상의 실패는 보다 나은 결과를 얻을 수 있음에도 불구하고 협상에 대한 사전 준비 소홀, 협상과정에서의 잘못된 전략과 전술의 동원 등등의 이유로 그보다 훨씬 못한 결과를 얻어 상당한 후회 혹은 불만을 표시하는 경우라고 볼 수 있습니다. 예를 하나 들어봅시다.

한국인의 협상문화

경기도 광주에 소재한 남한산성. 소설 남한산성은 1636년 병자호란 때 청의 대군을 피해 인조와 신하들이 이곳에 머문 47일 동안의 이야기이다.

- 우리나라의 협상문화를 단적으로 보여줄 수 있는 사례를 남한산성이라는 영화에서 찾을 수 있습니다.

- 병자호란에 조선의 지도층은 반청숭명(反靑崇明)을 내세우며 결사항전하게 됩니다. 백성과 나라가 어찌되든 명나라를 망하게 한 청나라 오랑캐에게 항복할 수 없다는 명분이었습니다. 이들 척화론자로부터 비난을 홀로 받으며 배신자를 자처하고 백성을 살리겠다고 주장한 인물은 최명길이었습니다

- 최명길은 오랑캐라 하여도 우선 화친하고 당장의 화를 늦춘 다음 적의 허점을 노려야 함을 읍소하였습니다. 이러한 최명길 덕분에 인조와 조선은 풍전등화의 위기에서 살아날 수 있었습니다.

- 그럼에도 불구하고 유교적 전통과 문화가 살아있는 우리나라에서는 김상헌의 굳은 절개와 굽을 줄 모르는 원칙이 여전히 칭송받고 있습니다.

- 이러한 문화적 배경은 우리나라의 협상에서도 일정한 특성으로 나타나고 있습니다. 협상을 통해 문제를 해결하고자 하는 노력이 부족하고 그러다보니 협상준비가 소홀하거나 하지 않는다는 것입니다. 이로인해 협상정책이 단기적이고 임기응변적인 모습을 보이기도 합니다. 또한 협상의 경직성도 나타나고 있습니다.

한국인의 협상문화

진허영 여사는 윈도우쇼핑이나 하려고 들렀던 가게에서 그만 250만 원이나 주고 덜컥 이태리제 원피스를 샀다.

점원의 말에 따르면 원래 300만 원인데 세일해서 250만 원밖에 하지 않는다는 것이었다.

자랑하려고 안달이 난 진 여사는 나잘나 여사에게 전화하였는데 나 여사는 똑같은 원피스를 보따리장사에게서 190만 원에 구입하였다고 한다.

- 위의 사례는 무분별하고 비합리적인 과소비의 전형적인 예라 할 수 있겠습니다. 국민경제의 입장에서는 국민들의 사치품 중심의 외제선호 풍조가 외화지출의 급증을 가져오고, 이것이 IMF와 같은 경제적 위기의 한 원인이 될 수 있습니다.

- 개별 가계의 입장에서는 지나친 과소비가 가정파탄을 초래할 수도 있습니다. 진 여사의 옷 구매(넓은 의미에서 협상이라 할 수 있을 것이다)가 진 여사 개인의 입장에서 결과적으로 '실패'했다면, 그 이유는 분에 넘치는 비싼 옷을 산 것이 아니라, 190만 원에 구입할 수 있는 옷을 250만 원에 구입한 것입니다.

- 건전한 상식을 가진 사람이 보기에는 '미친 짓'일지는 몰라도, 허영심의 충족도 행위의 목적이 될 수 있는 것입니다. 유명 명품가게에서 물건을 샀으니, 진 여사는 원한다면 당장 환불을 요구할 수 있을 것입니다.

- 그러나 알량한 체면 때문에 진 여사는 그렇게 할 수 없을 것입니다. 나 여사가 190만 원에 같은 종류의 옷을 샀다고 말하지만 않았어도 우리의 진 여사는 전체적으로 보아 그 거래에 만족했을 것입니다.

- 오직 '결과적으로' 진 여사는 협상에 대한 정보수집을 게을리하여 60만 원을 손해보는 안타까운 '실패'를 경험한 것입니다.

한국인의 협상문화

김알뜰 군은 중고 노트북을 사려고 컴퓨터상가를 둘러보았으나 120만 원 정도는 줘야 살 수 있다는 것만 알게 되었다.

그런데 한 가게에서 110만 원에 판다는 것을 알고 더 깎을 수 없겠는가 싶어 주인에게 100만 원에 사겠다고 하였더니 주인은 안 살려면 나가라고 한다.

"뭐 이런 가게가 다 있냐."면서 가게를 나왔지만 결국 다음날 아침에 주인에게 사과하고 노트북을 구입하였다.

- 같은 물건이면 싸게 사는 것을 생활의 신조로 삼고 있는 김알뜰 군도 결국 순간적으로 화가 나서 원하는 물건을 사지 않았고, 쓸데없는 자존심 때문에 그날 물건을 사지 못하고 돈과 시간을 들여 다음날 다시 그 가게로 가게 됩니다.
- 비록 물건은 같은 값에 구입했지만, 시간과 비용의 측면에서, 또 심리적 측면에서 상당한 손해를 본 것입니다. 이런 의미에서 보면, 김알뜰 군의 그날의 협상(여기서는 거래)은 '실패'한 것입니다.

한국인의 협상문화

❷ 국가적 차원

개인적 차원과 마찬가지로 협상의 준비 및 진행과정에서의 미흡함으로 인하여 상당한 정도의 국가이익의 손실을 초래하는 경우도 많다.

- 둘째, 국제협상과 같이 협상의 결과가 자신이 아니라 다른 사람 혹은 집단에 주로 영향을 미칠 때, 협상의 결과를 감수해야 하는 사람의 입장에서의 협상 실패입니다. 국제협상에서 협상 담당자는 일종의 대리인(Agent)으로서 국민들 즉, 복수의 본인(Principal)을 위해 협상을 합니다. 이 경우 대리인의 이익과 본인의 이익이 충돌하기도 합니다. 이하에서는 주로 국제협상을 염두에 두고 국가차원의 실패라는 용어를 사용하고자 하나, 여기서 의미하는 바는 협상의 결과를 감수해야 하는 (주로 다수인) 본인의 시각에서 본 잘못된 협상입니다. 협상이 주인(들)에게 미치는 결과에 따라 협상담당자인 대리인이 제대로 상벌을 받지 않는다면, 대리인이 주인(들)을 위해 협상에서 열심히 일할 유인이 그만큼 줄어드는 것입니다.

한국인의 협상문화

한·중 어업협정이 한·일 신어업협정의 재판이 되어가고 있다. 대외협상력 빈곤과 준비부족으로 황금어장을 잃는 위기에 처해 있는 것이다.

중국과의 협상은 '어이없는 실수'의 연속이다.
(中略)

우리 측은 "당신네 법령을 몰랐다. 법령을 고쳐달라."라고 항의와 하소연을 번갈아 했지만 중국 측은 "이제와서 무슨 소리냐."고 외면했다. 그 바람에 중국 어선들이 우리 영해에서 고기를 남획하는 상황에 대처하지 못하고 있다.

- 중앙일보, 2000년 3월 20일

- 철저한 사전 준비 없이 국제협상에 임하는 경우 위의 예와 같이 심각한 국익의 손실을 가져올 수 있습니다. IMF와의 협상과정에서도 외화부채에 대한 현황을 제대로 파악하지 못하는 등, 협상의 기본인 자기실력 파악에도 실패하여 제대로 된 협상을 할 수 없었습니다. 국익은 기업과 기업간의 국제협상이 실패할 경우에도 손상될 수 있습니다. 물론 국익 이전에 해당 기업의 이익이 먼저 손상될 것입니다.

한국인의 협상문화

❸ 사회적 차원

노사협상 등의 경우에도 협상은 여전히 과다한 사회적 비용을 지불하게 한다.

합리적인 협상보다는 비합리적이고 강경한 협상이 현실적인 해결책으로 인정되는 것은 사회적 차원의 비효율성 때문이다.

- 셋째, 사회적 차원의 실패입니다. 이는 협상 당사자들이 인지하든 못하든, 협상의 제도와 환경이 제대로 정비되어 있지 않을 때 발생하는 손해를 말합니다.

- 예를 들어, 부동산을 사고 파는데 표준계약서가 없다고 합시다. 이 경우 계약 당사자들은 표준계약서의 내용에 합의하는 데도 상당한 노력을 들여야 합니다. 또 다른 예를 들어 봅시다.

- 미국에서 온 관광객들은 간혹 재미있다고 남대문 시장에서 가격 흥정을 해보곤 합니다. 그러나 이런 식으로 일상적 용품을 사는 데도 밀고 당기는 흥정을 하는 것을 원하지는 않았을 것입니다.

- 시간도 돈입니다. 이런 점에서 정찰제의 확립은 사회적 비용을 줄이는 데 도움이 됩니다. 요컨대, 사회적 차원의 실패는 협상에 임할 때 협상 당사자들이 주어진 것으로 간주하는 협상의 제도와 환경 등에서 발생하는 비효율성을 의미합니다.

한국인의 협상문화

우리 노동계는 산별 노조를 통한 응집력을 극대화하여 최대한 정부를 압박하여 나갈 것이다.

불법파업은 자제하겠지만 정부를 궁지에 몰아넣은 '벼랑끝 전술'을 이어나갈 것이다.

이를 통해 우리 노동계는 이번 투쟁에서 투쟁과 협상을 병행하여 실리를 최대한 챙길 것이다.

- 또 한가지의 비근한 예로 노사협상을 들 수 있습니다. 최근까지 한국에서 노사협상 하면 임금인상, 체불임금, 혹은 고용감축 등을 둘러싼 노사간의 오기 다툼식 힘겨루기가 대부분이었습니다. 노사협상에서 쌍방은 자신의 협상력을 강화하기 위해 자신이 적절하다고 생각하는 입장보다 훨씬 더 유리한 강경한 입장을 고수하기가 일쑤였습니다. 그러다 보면 점점 타협의 가능성은 줄어들게 마련입니다.
- 노사 쌍방에 공통으로 서로 더 나은 대안이 있음에도 불구하고, 노사 모두 그보다 더 못한 결과를 얻는다는 점에서 많은 한국의 노사협상은 게임이론에서 말하는 '죄수의 딜레마'(Prisoners' Dilemma)에 비유될 수 있을 것입니다.

한국인의 협상문화

(3) 죄수의 딜레마와 사회적 비효율성

		을	
		C	D
갑	C	R_1, R_2	S_1, T_2
	D	T_1, S_2	P_1, P_2

• 두 명의 공범자 갑과 을이 체포되었습니다. 더 큰 죄(예를 들어 살인)를 저질렀다는 심증은 있으나 물증이 없는 검사는 자백을 유도하기 위해 다음과 같이 회유와 협박을 합니다. 첫째, 한 사람이 자백(D)을 하고 또 다른 사람은 자백하지 않을 경우(C), 자백한 사람은 방면하고 자백하지 않은 사람은 법정최고형(예: 20년)으로 처벌한다. 둘째, 둘 다 자백하면(DD) 그 자백한 죄에 대해 처벌은 하되 정상을 참작하여 법정 최고형보다는 상당히 가볍게 처벌한다(예: 10년). 셋째, 둘 다 자백하지 않을 경우는(CC) 물증이 없으므로 원래 체포를 가능하게 한 보다 가벼운 범죄(예를 들어 도둑질)에 상응하는 형량(예: 1년)을 부여한다. 이 죄수의 딜레마를 2×2 행렬을 사용하여 '전략형'(strategic or)으로 표현하면 <그림>과 같습니다.

한국인의 협상문화

○ 두 죄수가 각각 자신의 형량을 줄이는 데만 관심이 있다면 갑과 을 공히 T>R>P>S가 성립한다.

○ 상대가 어떤 선택을 해도 자신의 입장에서는 최선인 하나의 전략이 존재한다는 것인데 이를 지배전략(Dominant Strategy)이라고 한다.

○ 노사협상의 경우 상대가 온건하게 나올 때 나는 강경하게, 상대가 강경하게 나올 때 역시 강경하게, 결국 강경책과 강경책이 부딪혀 나쁜 결과를 초래

• <그림>에서 예를 들어, R1과 R2는 각각 둘 모두 자백(배신)하지 않을 때의 갑의 몫과 을의 몫입니다. 두 죄수가 각각 자신의 형량을 줄이는 데만 관심이 있다면, 갑과 을에 대해 공히 T>R>P>S가 성립합니다. 죄수의 딜레마가 겁쟁이 게임과 결정적으로 다른 점은 상대방이 어떤 선택을 하더라도 항상 자신의 입장에서는 최선인 하나의 전략이 존재한다는 것입니다. 이러한 전략을 게임이론에서는 '지배전략'이라고 하는데, 위에서 전략 D에 해당하는 자백이 바로 각자에 있어 공히 지배전략이 됩니다.

• 예를 들어, 갑의 입장에서 보면, 을이 어떤 전략을 선택할지는 알 수 없지만, 을이 전략 C를 택하여 침묵(협조)하는 경우에는 자기가 침묵하면 1년형을 사나 자백하면 전혀 형을 살게 되지 않아 자백이 유리하고, 을이 자백하는 경우에도(전략 D를 택하는 경우) 자백하여 10년형을 사는 것이 침묵하여 20년형을 사는 것보다 유리한 것입니다. 따라서 을이 무엇을 택하든간에 갑은 자백이 유리하므로 자백하게 됩니다. 마찬가지 논리로 을에 있어서도 자백(전략 D)은 지배전략입니다. 둘 다 자신의 지배전략인 자백을 택하므로, 모두 10년형을 살게 되는 것이 이 게임의 결과입니다.

• 전략조합(D,D)은 이 게임의 유일한 내쉬균형(Nash equilibrium)입니다. 이 게임이 딜레마로 불리는 이유는 갑과 을 모두에게 보다 득이 되는, 둘 다 1년형을 사는 결과 (R1, R2)가 있으나, 게임의 구조상 둘 다 10년형을 사는 결과 (P1, P2)를 피할 수 없기 때문입니다. 즉, 갑과 을의 두 사람만으로 구성된 사회(집단)을 상정할 때, 그 구성원 각각은 자신의 이익을 극대화하는 행동을 택한다는 의미에서 합리적이나, 그 사회(집단) 자체는 비합리적인 것입니다. 경제학적 용어를 빌려 말하면, 둘 다 10년형을 사는 결과 (P1, P2)

는 '파레토 최적'(Pareto-optimal) 혹은 '파레토 효율적'(Pareto-efficient)이 아닙니다. 구성원 누군가가 손해를 보지 않으면 다른 어느 누구도 더 나아질 수 있는 다른 결과가 존재하지 않을 때, 그 결과는 파레토 최적입니다. <그림>에서 결과 (R1, R2), (T1, S2), (S1, T2)는 모두 파레토 최적입니다. 예를 들어, 갑이 풀려나고 을이 20년형을 사는 결과 (T1, S2)에서 (R1, R2), (S1, T2), (P1, P2)의 어느 결과로 옮겨가도 갑은 손해를 보게되는 것입니다. 그러나 결과 (P1, P2)는 파레토 최적이 아니라, 어느 누구도 손해 보지 않고 최소한 누군가는 득을 보는 다른 결과가 존재하는 '파레토 비효율적'(Pareto -inefficient) 결과입니다. (P1, P2)에서 (R1, R2)로 옮겨가면, 둘 다에게 이득이 되는 것입니다.

- 한국의 노사협상이 많은 경우 죄수의 딜레마 게임이라는 것은 <그림>의 전략 C를 온건전략으로, 전략 D를 강경전략으로 해석해 보면 알 수 있습니다. 상대가 온건하게 나올 때 나는 강경하게 나가는 것이 더 많은 이익을 확보하는 방안이 되고, 상대가 강경하게 나올 때도 강경하게 대응하는 것이 온건하게 대응하는 것보다는 내가 최소한 덜 손해 보는 방안이라면 나는 강경하게 나갈 수밖에 없습니다. 상대도 마찬가지 입장에 있으므로, 결국 강경책과 강경책이 부딪혀 둘 다 온건하게 나갔을 때보다 더 나쁜 결과를 초래하는 것입니다. 이러한 노사협상과 원래의 죄수의 딜레마와의 근본적 차이는 게임의 당사자만을 포함하는 사회(집단)를 넘어 이 게임의 결과에 의해 영향 받는 게임 밖의 다른 사람들도 포함하는 전체 사회의 복지를 생각해볼 때 분명히 나타납니다. 원래의 죄수의 딜레마에서는 죄수들이 서로 협력을 못해 자백하는 것이 다른 일반 사람들의 이익이라고 할 수 있지만, 노사협상이 순조롭게 타결되지 못하고 노사분규를 초래하는 것은 협력업체, 그리고 더 나아가 일반국민에게도 손해를 끼치는 사회적으로도 해가 되는 행위인 것입니다.

한국인의 협상문화

❷ 협상실패의 원인 : 협상문화

(1) 체면만 중시하는 태도
(2) 조급한 태도와 준비부족
(3) 비논리적 문제해결방식
(4) 권위주의적 태도
(5) 온정주의와 연고주의

• 일반적으로 문화라 함은 우리의 현재적 삶의 준거가 되는 가치관, 사고양식, 행위양식 등을 일컫습니다. 이런 시각에서 협상문화의 정의를 내린다면, 협상의 결과에 어떤 식으로든 영향을 끼칠 수 있는 고유의 가치관, 사고양식, 행위양식이라 할 수 있을 것입니다.

• 협상에 임함에 있어 우리는 무엇을 중시하고, 어떤 태도를 보이고, 어떤 방식으로 행동하고 있을까요? 한 나라의 협상문화를 논하는 데 있어 주의해야 할 점은 결코 그 나라 사람이 다 그렇다고 이야기하는 것이 아니라, 다른 나라 사람들과 대비해 그런 경향이 더 많다고 이야기하는 것입니다. 또한 협상의 실패 원인의 규명에 그 목적이 있으므로 우리 문화의 부정적 측면을 강조할 수밖에 없는 점도 유념해야 할 것입니다.

한국인의 협상문화

(1) 체면만 중시하는 태도

체면을 차리고 허세부리는 것은 우리 사회 내에서는 경우에 따라서 자신에게 이익이 될 수도 있으나 사회 전체적 차원에서는 비효율적이다.

- 한국사람들이 실리보다는 체면에 집착한다는 것은 널리 인정되고 있습니다.

- “체면이 밥 먹여주나.”라는 말이 있습니다. 그러나 실제로는 체면을 차리고 허세부리는 것이 손해가 된다면 체면차리고 허세부리는 일은 줄어들 것입니다. 문화란 오랜 기간에 걸쳐 형성되는 것이고, 개인의 생활 습성 역시 장시간에 걸쳐 형성됩니다. 체면을 차리는 것이 전혀 도움이 안 되는 상황에서도 몸에 붙은 습관은 결국 체면 위주의 행동을 하게 하는 것입니다. 우리의 진허영 여사도 남에게 보이기 위한 지나친 과소비를 수시로 후회하지만, 워낙 그렇게 살아왔던 만큼 그 후회가 생활방식까지 바꾸지는 못합니다. 하지만 그 가게에 두 번 다시는 안 갈 것인데, 체면 때문에 환불을 요구하지 못하는 것은 정말로 어리석은 것이 아닐까요?

- 체면차리고 허세부리는 것은 우리 사회 내에서는 경우에 따라서는 자신에게 이익이 될 수도 있습니다. 그러나 사회 전체적 견지에서는 비효율의 대표적 예입니다. 게다가 다른 문화권의 사람들과 협상할 때는 결정적으로 불리하게 작용할 수 있습니다.

한국인의 협상문화

"한국군은 체면 때문에 부하가 쓰러져도 안 찾아가느냐"

- 스캐퍼로티

- 2015년 8월4일 북한에 의한 목함지뢰 도발 사건으로 전방에서 임무를 수행하던 두 하사가 크게 다쳤습니다. 지뢰 사건에 대해 보고를 받은 한미연합사령관 스캐퍼로티 대장은 즉시 "헬기를 대기시키라."고 지시하며 위문하러 가겠다고 준비를 지시했습니다.

- 그러나 "한국군 수뇌부 누구도 가지 않은 상황에서 연합사령관이 먼저 가면 곤란하다."며 한국 측 장교들이 만류하였습니다.

그러자 사령관은 "한국군은 체면 때문에 부하가 쓰러져도 안 찾아가느냐."며 핀잔을 준 것으로 알려졌습니다.

우리 군 지휘관의 사고방식에서 알 수 있듯이 한국의 체면문화가 어떤 부정적인 영향을 끼치고 있는지 잘 보여주고 있습니다.

한국인의 협상문화

(2) 조급한 태도와 준비부족

'빨리빨리' 문화로 인해 일을 그르치는 것은 물론 사전준비를 철저히 하지 못하는 경우가 많다.

- 우리는 종종 세계에서 제일 바쁜 민족이라는 말을 듣습니다. 우리의 현실에서 '빨리빨리'가 우리 국민의 습관이 되었음은 주지의 사실이고, 이는 세계적으로도 한국민을 상징하는 특징이 되어 버렸습니다. 해외여행을 나가면 이제는 그곳 가게의 점원들이 오히려 우리 관광객들을 향해 '빨리빨리'를 외쳐대는 것을 목격합니다.

- '빨리빨리' 하는 조급스런 태도가 일을 그르친다는 것은 분명합니다. 빨리빨리 서두르면 졸속으로 일을 처리하기 마련입니다. 또 미리 필요한 사전 준비를 철저히 하지도 못하게 됩니다. 이미 언급한 한·중 어업협정에서의 실수와 상하이에 진출한 우리기업들의 실패는 조급한 태도와 이로 인한 준비부족이 협상을 그르친 좋은 예라 할 것입니다.

- 시간관념이 철저한 미국을 상대로 협상을 할 때 이러한 조급한 태도는 협상에서 결코 유리하지 않습니다. 오히려 시간을 끌면서 협상을 유리하게 진행시켜 나가야 합니다. 시간이 길어지는 것을 견디지 못하고 양보하는 경우가 있기 때문입니다.

- 한국과 협상을 해 본 경험이 있는 미국 사람들은 한국 사람들에게 여러 면에서 만족한다고 합니다. 예를 들면, 어떤 사안을 협의하기 위해 한국 사람들과 두세 번 회의가 예정되어 있다 하더라도, 첫 번째 회의에서 한국 측의 뜻이 너무나 명백하기 때문에 두세 번 회의를 열 필요가 없다는 것입니다. 상대에게 너무 빨리 속내를 드러내 보임으로써 협상에 크나큰 손해를 안겨줄 수도 있습니다.

한국인의 협상문화

외국인이 한국에 오면 깜짝 놀라는 것 중의 하나가 바로 때와 장소, 종류를 가리지 않는 신속배달이라고 한다. 또 식당에 가서 벨을 누르면 직원이 즉각 달려오는 모습에도 문화충격을 받는다고 한다.

- "아무도 말리지 못하는 한국의 빨리빨리"
  한국의 조급한 문화를 소개하는 BBC 방송의 2018년 7월 8일자 인터넷판 제목입니다.

- 한국인만 빨리빨리 문화를 가진 것은 아니지만 한국이 자타가 인정하는 빠른 문화를 가지고 있는 것은 사실입니다.

- 한국인의 '빨리빨리' 문화는 우리들의 역동성과 부지런함을 상징하기도 하지만 협상에서는 이래저래 부정적인 측면으로 작용합니다.

- 만연한 빨리빨리 문화가 협상에 대한 무계획과 협상 논리가 없을 가능성이 높기 때문입니다.

한국인의 협상문화

(3) 비논리적 문제해결 방식

흔히 "목소리 큰 사람이 이긴다."라는 말을 들을 수 있듯이 우리 사회는 목소리를 높여 언쟁하는 데 익숙하여 문제의 본질은 덮고 감정싸움만이 남게 되는 경우가 많다.

- 우리는 흔히 "목소리 큰 놈이 이긴다."라는 말을 듣습니다. 자동차 사고가 나면 차를 길 한쪽으로 옮길 생각은 않고 목소리를 높여 논쟁하고 있는 장면을 너무나 자주 목격하게 됩니다.

- 때문에 우리는 "목소리 큰 사람하고는 싸워봐야 아무 소용없다." "한국에서 살아남으려면 목소리가 커야 돼."라는 말들을 한 번씩은 들어 보았을 것입니다. 목소리 크기에 의한 문제해결 방식은 흡사 조폭의 문제해결 방법과 유사합니다. 이렇게 말하면 충격적일 수는 있겠으나 논리와 합리 대신에 억지라는 속성이 그대로 개입되기 때문입니다. 문제를 해결하려 하기보다는 당장 나타나는 문제를 쥐어짜서 자신한테 유리한 방향으로 종결 지우려하기 때문에 근원적인 문제해결 방식이 될 수 없습니다.

한국인의 협상문화

(4) 권위주의적 태도

권위주의란 상부의 권위에 무조건적으로 복종하는 것과 지배 수단으로서 계층적 권력에 의지하는 심리적 성향을 말한다.

이는 토론 문화의 부재와 창의성 약화로 연결

• 오륜(五倫) 중의 하나가 장유유서(長幼有序)입니다. 어른과 아이 사이에는 순서가 있다는 뜻입니다. 무슨 일을 하건 어른이 먼저하고 아이는 나중에 해야 한다는 경로사상의 표현입니다. 쉽게 말해서 나이 든 사람을 공경하라는 이야기일 것입니다.

• 우리의 미풍양속 중의 하나지만, 때로는 사회 구성원간의 원활한 의사소통을 막아 서로 간의 득이 되는 협상을 가로막는 원인이 되기도 합니다. 좀 건방져 보이는 이야기가 마음에 안 들면 바로 "어린 놈이 예의도 없이 건방지게 굴기는.", "가정교육이 되먹지 않았군." 등등의 말이 나옵니다. 가정에서도 가족구성원과의 합리적 의사소통은 찾아보기 어렵습니다. 명령하는 부모, 반발하는 자식이 일반적 현상입니다. 그러다 보니 세대 간 갈등이 첨예하게 나타날 수밖에 없습니다.

• 이러한 장유유서는 의사소통을 방해하는 주범입니다. 이 장유유서는 곧 토론과 합의보다는 지시와 복종을 당연한 것으로 여기고, 자신의 지시에 따르지 않는 행위는 불경스러운 것이 되고마는 권위주의와 연결됩니다.

한국인의 협상문화

(5) 온정주의와 연고주의

한국 고유의 정서인 정(情)이 타인에 대해서는 오히려 무관심이나 배타적 태도를 낳고

지연, 학연, 혈연 등으로 맺어진 연고주의는 사회전체의 엄청난 비효율을 가져온다.

- 정(情)은 한국 사람들에게 있어 고유의 정서로 여겨집니다. 한국 사회에서 인간 관계는 이 정이 통해야 내 집단이 되는 것입니다. 집단내의 구성원이 인간적인 정으로 묶여 있기 때문에 그 집단의 존속에 해를 끼치는 것이 아닌 한 모든 과오는 정으로 감싸줍니다.

- 집단주의 사회에서는 일단 한 집단에 속하게 되면 자신의 이해만을 고집할 수 없기 때문에 조금 손해를 보더라도 양보하면서 서로가 정으로 따뜻하게 대해야 합니다. 그러나 문제는 집단 내에서 적용하는 이러한 규범이 밖에서 적용되면 다르게 변한다는 사실입니다. 다시 말해 타인이나 외집단에 대해서는 무관심이나 배타적 태도를 보이기 쉽다는 것입니다.

- 이것은 유교가 모든 사회 조직의 근본으로 가(家)를 중시하는 것에 비롯되었는지도 모릅니다. 바로 가족 관계가 사회 문화를 형성하는 데 결정적인 영향을 줍니다. 이렇게 되면서 내 집단끼리만 챙기는 가족주의가 배태되고 보다 넓은 차원의 사회 의식이나 국가 의식은 잘 발견되지가 않습니다. 온정주의는 법과 원칙을 무시하게 만드는 주요 원인이기도 합니다.

- 평온함과 조화를 깨지 않는 온정주의, 잘못에 대해 관대한 온정주의는 "어찌 되겠지."하는 무책임한 태도를 낳을 수밖에 없습니다.

- 온정주의는 지연·혈연·학연이라는 한국사회의 뿌리깊은 연고주의와도 밀접하게 연관되어 있습니다. "우리가 남이가!"라고 생각할 때, 잘못에 대한 책임을 강하게 물을 수 없습니다. 직장에서의 승진이 실력보다는 연고에 달려 있을 때, 전문성과 책임의식을 고양하기는 어렵습니다. 지연·혈연·학연 등으로 맺어진 인맥은 개인적 성공을 좌우하는 매우 중요한 요소입니다. 하지만 사회 전체로 보면 엄청난 비효율을 가져올 수밖에 없습니다.

한국인의 협상문화

❸ 협상실패의 교정

(1) 개인적 차원

(2) 제도적 차원

- 지금까지 협상실패의 원인으로 실리는 아랑곳없이 체면만 중시하는 태도, 조급한 태도와 준비부족, 비논리적 문제 해결방식, 권위주의적 태도, 온정주의와 연고주의 등 우리의 부정적 협상문화를 들었습니다. 물론 논자에 따라서는 여러 다른 요인을 들 수도 있을 것입니다. 그런데 우리는 왜 이러한 협상문화를 가지고 있을까요? 문화란 것이 하루아침에 만들어지는 것이 아닌 만큼, 이러한 문화를 가지게 된 역사적 배경이 있을 것입니다.
- 어떤 사람들은 공동체 중심의 위계적인 전 근대적 가치가 근대 한국 사회에서 아직도 남아있기 때문이라고도 하고, 또 어떤 사람들은 한국사회가 급속도로 성장하면서 결과 중심주의, 출세 중심주의가 나타나게 되었다고 하기도 합니다. 이 글의 목적은 우리 협상 문화의 형성 배경을 살피는 것은 아닙니다. 여기서는 협상의 실패를 교정하기 위한 방법을 몇 가지 제시하고자 합니다.

한국인의 협상문화

(1) 개인적 차원

○ 인생에서 성공하기 위해서는 우선 목표를 분명히 해야 한다.

○ 또한 목표는 그냥 달성되는 것이 아니라 철저한 준비와 노력을 해야 한다.

○ 비합리는 제대로 준비된 합리를 이기지 못한다.

- 인생에서 성공하기 위해서는 우선 목표를 분명히 해야 합니다. 물론 목표는 그냥 달성되는 것이 아닙니다. 철저한 준비를 해야 합니다. 보험 영업사원의 예를 들어 봅시다. 영업의 목표는 무엇일까요? 계약고를 올리는 것이 아닐까요? 물론 자존심도 중요하지만, 이를 꺾을 줄도 알아야 합니다. 상대가 하대를 한다고 그냥 나오면 될까요?

- 이미 말한 바와 같이 우리의 일상생활은 협상으로 둘러싸여 있습니다. 이러한 협상에서 대부분의 사람들은 직접적인 협상 사안 외에도 여러 가지 요소를 동시에 추구하고 있습니다. 체면도 차려야 하고 존경도 받아야 합니다. 목표가 분명한 사람은 항상 이 목표를 염두에 두고 행동하여 상대방의 이러한 욕구를 잘 만족시킬 수 있습니다.

- 허영심의 만족도 협상의 목표라고 볼 수 있습니다. 당신의 목표가 물건을 파는 것이라면 상대의 허영심을 만족시켜야 하지 않을까요? 물론 당신도 자존심이 있을 것입니다. 미리 준비한다는 것은 필요한 정보를 수집하는 등의 일도 물론 포함되지만, 자기 자신과의 협상을 통하여 내가 이 일을 달성하는 데 어느 정도 자존심을 굽힐 것인가를 미리 결정하는 것도 포함됩니다. 후회가 되면 늦더라도 자존심을 꺾은 김알뜰 군 같이만 행동한다면 인생에서 성공할 확률이 엄청 높아질 것입니다.

- 미리 짐작하여 포기하지 말아야 합니다. 권위주의적 사회라 하여 모두가 그런 것은 아니고, 또 누구에게나 권위주의적으로 대하는 것은 아닙니다. 연고위주의 사회라 하여도 사람들은 의외로 새로운 인연을 맺기를 바라고 있는지도 모릅니다.

한국인의 협상문화

(2) 제도적 차원

○ 바람직한 협상문화를 정착시키기 위해서는 의식구조를 바꾸어야 한다.

○ 의식구조를 바꾸기 위해서는 협상의 담당자가 열심히 일할 수 있고 사회적 비효율이 최소화될 수 있는 법과 제도의 정비가 필요하다.

- 국제협상이 실패할 때마다 사전준비 부족이라든지 협상전문가가 없다는 이야기가 나옵니다. 왜 그럴까요?

- 여러 원인이 있겠지만, 여기서는 '본인-대리인 문제'에 초점을 맞추고자 합니다. 본인은 대리인이 자기(본인)를 위해 성의를 다해 열심히 일하기를 바라지만, 대리인 역시 자기(대리인)의 이익이 따로 있다는 것이 본인-대리인 문제의 핵심입니다.

- 일정 액수의 월급과 고용기간이 보장되었을 때는, 대리인은 본인의 감독이 없으면 열심히 일하기보다는 적당히 놀고 직무를 태만히 하는 것이 득이 될 수 있습니다. 봉급 인상과 승진이 업무와는 상관없는 개인 간의 인연에 의해 이루어진다면 업무를 열심히 볼 유인은 그만큼 줄어들 것입니다.
- 하나의 협상과정에서도 몇 번이나 책임자가 바뀐다면, 협상 준비를 철저히 할 유인은 줄어들 수밖에 없습니다. 누구의 득인지 혹은 책임인지 불분명한 상황에서 열심히 일하기는 어려운 것입니다. 한국 외교의 전문성이 없지는 않습니다. 사실 과거와 비교해 볼 때, 그 전문성은 엄청 향상되어 왔습니다. 그러나 아직도 전문성 부족이 문제임은 틀림이 없습니다. 거의 모든 정부부처에 해당하는 이야기지만, 특히 외교통상부의 인사정책은 순환보직 중심입니다.

- 이러한 순환보직 위주의 인사정책은 전문가를 키울 수 없습니다. 아랍어를 특기로 외교관에 선발된 사람이 얼마 안 있어 중동지역을 떠나고 싶은 것은 지금의 현실에서는 그럴 수밖에 없습니다. 미국을 비롯한 특급지역을 가야 자녀교육에서 유리한 것은 물론 승진과 좋은 보직을 받을 확률이 높아지기 때문입니다. 흔히들 순환보직 제도가 문제라고 하나, 문제의 핵심은 그것이 아닙니다. 순환보직을 없애 억지로 한 곳

에 머물게 해 전문가를 양성할 수는 없는 노릇입니다. 다른 지역으로 안 가도 충분한 대우를 보장해 주는 것이 문제 해결의 핵심입니다.

- 외부 민간전문가 초빙 제도도 마찬가지입니다. 대우도 별 볼일 없는데 부처 내에서 따돌림을 받는다면, 능력 있는 유능한 인력을 특채하기는 어렵습니다. 본인의 이익을 위해 대리인이 열심히 일하면 대리인 자신이 이익을 얻는 유인구조를 만드는 것이 본인-대리인 문제의 해결 방안인 것입니다.

- 문화는 오랜 세월에 걸쳐 형성됩니다. 이러한 문화는 우리의 무의식을 포함한 의식구조를 반영합니다. 따라서 바람직한 협상문화를 정착시키기 위해서는 실로 우리의 의식구조를 바꾸어야 합니다.

- 의식구조를 바꾸자! 문제는 "바꾸자, 바꾸자."라고 말만 한다고 하여 의식구조가 바뀌는 것이 아니라는 점입니다. 협상의 담당자에게 열심히 일할 충분한 유인을 줄 수 있도록, 또 사회적 비효율이 최소화될 수 있도록 법과 제도를 정비하는 것이 필요합니다.

- 지키지 않을 법과 제도를 만들 필요는 없습니다. 법과 제도가 제대로 지켜질 때, 의식구조도 변화될 것이고 이에 따라 바람직한 협상문화도 정착될 것입니다.

참고문헌

강영진(2012), 「갈등해결의 지혜」, 도서출판 일빛.

고광철(2016), 「협상의 신」, 한국경제신문.

공문선(2009), 「컨펌을 끌어내는 기술」, 토네이도미디어그룹.

공병호(2008), 「나를 이기는 아이 & 남을 이기는 아이」, 도서출판 청솔

곽노성(2004), 「글로벌경쟁시대의 국제협상론」, 경문사.

김기홍(2002), 「한국인은 왜 협상에서 지는가」, 굿인포메이션.

김선기(2009), 「공공관리갈등매뉴얼: 건설·환경분야 사례」, KDI

김성형(2011), 「협상천재가 된 홍대리」, 다산북스.

김연철(2016), 「협상의 전략」, 휴머니스트.

김은성(2017), 「인류최고의 설득술, 프렙」, 쌤앤파커스.

김재득(2015), 「의사소통과 협상론」, 대영문화사.

김정기(2004), 「한국형 협상의 법칙」, 청년정신.

김형진(2009), 「협상은 전쟁이다: 스탈린처럼 공격하고 처칠처럼 승부하라」, 살림비즈.

김홍국(2014), 「넬슨만델라 위대한 조정자」, 미래를 소유한 사람들.

김흥수 외(2003), 민간투자사업의 주요 쟁점별 협상방안 연구. 국토연구원.

남학현(2016), 「협상의 공식」, 고려원북스.

노명환(2004), "독일의 국가문화와 의사소통방식", 「국제지역연구」, 한국외국어대학교 국제지역연구. 8(2)

류재언(2018), 「류재언 변호사의 협상바이블」, 한스미디어.

문정호 외(2008), 국토 및 지역개발사업에 대한 법적 분쟁의 실태와 대처방안. 국토연구원.

민귀식(2010), "중국의 전통협상술과 현대외교협상", 「현대중국연구」, 11(2).

박노형(2010),「어려운 상대를 내편으로 만드는 협상교과서」,랜던하우스코리아.

박명래·김국진(2013), 「협상시크릿」, 다차원북스.

박명현(2008), 「청계천, 갈등과 협상의 법칙」, 환타지아.

박상기(2013). 「협상은 영화처럼 영화는 협상처럼」, 영림카디널.

박송택(1994), 「완전한 협상」, 중앙일보사.

박승주(2009), 「유쾌한 승부: 너도 나도 이기는 최고의 협상」, 교보문고.

박재호(2001), 「의사소통기술」, 영남대학교 출판부.

박형근(2013), 「협상: 상위 1%만 알아왔던 비기」, 미래북.

박형서 외(2007), 공공사업 갈등지표 설정과 활용방안 연구. 국토연구원.

박형서·김선희·정윤희(2006), 공공갈등관리 매뉴얼 구축에 관한 연구. 국토연구원.

박홍엽 외(2007), 「공공갈등: 소통, 대안 그리고 합의」, 도서출판 르네상스.

서기원(2001), 「심리전에 강해야 설득할 수 있다」, 서울: 현대미디어.

송균석·신정수(2007), 「협상은 돈보다 강하고 인맥보다 세다」, 무한.

시어도어 W. 킬(2000), 「문제는 협상가다」, 강주헌 역, 서울: 아침이슬.

심석진(2007), 「당신의 성공, 협상력에 달려있다」, 도서출판 한울.

심석진·이철규(2013), 「문제는 협상이다: 성공과 실패를 가르는 첫 번째 조건」, 도서출판 한울.

안세영 외(2005), 「열린 통상대국」, 나남출판.

안세영(2007), 「이기는 심리의 기술 트릭」, 한국경제신문.

안세영(2009), 「CEO는 낙타와도 협상한다」, 삼성경제연구소.

안세영(2010), 「이기고 시작하라」, 쌤앤파커스.

안세영(2017), 「글로벌 협상전략: 협상사례중심」, 박영사.

안세영(2017), 「도널드트럼프와 어떻게 협상할 것인가」, 한국경제신문.

우동기 외(1994), 「도시개발사업 수행을 위한 협상연구」, 서울시정개발연구원.

우동기·장영두(1998), "협상적 접근에 의한 비선호시설 입지방안", 「협상연구」, 4(1).

우동기·장영두(1999), "환경분쟁해결을 위한 대안적 분쟁해결제도 도입에 관한 기초연구", 「협상연구」, 5(2).

우동기·박재호·이성근·정준표·장영두(2003), 「성공전략 협상」, 영남대학교 출판부,

윤홍근·박상현(2016), 「협상게임」, 인간사랑.

이규태(2000), 「한국인의 일생」, 월간조선 2000년 1월호.

이달곤(1989), "협상이론의 연구와 원칙에 준거한 협상전략", 「행정논총」, 27(1).

이달곤(1996), 「협상론: 협상의 과정, 구조, 그리고 전략」, 박영사

이수광(2008), 「홍정의 기술」, 케이앤제이.

이신모·김현종(2001), "미국의 국제협상문화에 관한 연구", 산업연구. 7.

이원복(2002), 「먼나라 이웃나라 우리나라」, 서울: 김영사.

이유재·허태학(2007), 「고객가치를 경영하라」, 21세기북스.

이재현(2015), 「한국형 협상스킬」, 형설이엠제이.

이정식 외(2010), 「환경문제를 둘러싼 지역갈등 해소 및 거버넌스 강화방안」, 한국환경정책평가연구원.

이창호(2009), 「협상의 포인트를 잡아라」, 해피&북스.

장대환(2001), 「국제기업협상」, 서울: 학현사.

장동운(2009), 「아름다운 인간관계를 위한 갈등관리와 협상기술」, 무역경영사.

장영두(2001), "협상에 기초한 지방정부와 주민간의 대안적 분쟁해결(ADR)방안", 한국행정논집. 13(3).

장영두(2001), 「환경분쟁해결을 위한 협상적 접근에 관한 연구」, 영남대학교 대학원 박사학위논문.

전성철(2007), 「CEO들만 알고 있는 10가지 협상법칙: 협상카리스마」, 세계경영연구원.

전성철(2008), 「협상카리스마」, 세계경영연구원.

전성철·최철규(2009), 「협상의 10계명」, 웅진윙스.

전여옥(2002), 「대한민국은 있다」, 서울: 중앙M&B.

정인호·이은진(2015), 「소크라테스와 협상하라」, 청출판.

정주진(2016), 「갈등은 기회다: 일상의 갈등해결 솔루션」, 영신사.

정홍상·주재복·하혜수(2014), "지방정부간 지역갈등 분석 틀 설계 및 이의 적용", 「한국행정학보」, 48(3).

정희남 외(2008), 국책사업의 갈등해결을 위한 보상제도 개선방안 연구. 국토연구원.

조강희·조원희(2008), 「최고의 만족을 이끌어내는 창의적 협상」, 가림출판사.

조남선(2017), 「돈을 남겨둔채 떠나지말라」, 북스톤.

조응래·이춘용(2005), 공공참여를 통한 도로사업의 갈등관리방안. 국토연구원
주경일(2002), "폐기물 처리시설의 입지갈등문제에 대한 인지적 접근: 집단프레임의 관점에서" 「정부학연구」, 8(2).
천대윤(2011), 「갈등관리와 협상전략론」, 선학사.
최상택(2006), 「협상의 1그램」, 매경출판.
최철규·김한솔(2016), 「협상은 감정이다: 승리는 넘기고 가치를 얻어라」, 쌤파커스.
포스코 인재개발원(1998), 「국제Negotiation과정」.
포스코 인재개발원(2002), 「성공예감 협상기법」.
하혜수(2003), "지방정부간 분쟁조정과정에 관한 협상론적 분석" 「한국행정학보」, 37(1).
하혜수·이달곤(2017), 「협상의 미학: 상생협상의 이론과 적용」, 박영사.
하혜수·이달곤·정홍상(2014), "지방정부간 윈윈협상을 위한 모형의 개발과 적용에 관한 연구", 「한국행정학보」, 48(4).
허영도(2013), "한국인의 협상문화와 협상성과에 관한 연구", 「경영연구」, 28(2).
황근기(2007), 「성공하는 사람은 설득의 타이밍이 다르다」, 책이 있는 마을.
황세웅·이주락(2009), 「위기협상론」, 영진닷컴.

Acuff, Frank L.(2008), How to Negotiate Anything with Anyone Anywhere Around the World. AMACOM.
Adair, W., Brett, A. Lempereur, T. Okamura, P. Shikhirev, C. Tinsley, and A. Lytle(2004), "Culture and Negotiation Strategy", Negotiation Journal, Vol. 20.
Barsky, Allan Edward(2017), Conflict Resolution for the Helping Professions : Negotiation, Mediation, Advocacy, Facilitation, and Restorative Justice. Oxford University Press.
Beersman, B. and De Dreu, C. K. W.(2002), "Integretive and Distributive Negotiation in Small Groups: Effects of Task Structure, Decision Rule, and Social Motives", Organizational Behavior and Human Decision Process. 87.
Brett, M. Jeanne(2000), "Culture and Negotiation", International Journal of Psychology. 35(2).
Brett, M. Jeanne(2001), Negotiating Globally. John Wiley & Sons, Ltd.
Briner, Bob and Pritchard, Ray(1998), Leadership Lessons of Jesus. Raddom House.
Chomsky, Noam(2001), Rogue States: The Rule of Force in World Affairs, South End Press.
Cohen, Herb(2003), Negotiate This! By Caring, But Not T-H-A-T Much. Susan Jane Gilma.
Corvette, Barbara A.(2007), Conflict Management: A Practical Guide to Developing Negotiation Strategies. Pearson Education, Inc.
Dana, Daniel(2001), Conflict Resolution. McGraw-Hill.
Diamond, Stuart(2010), Getting More. William Morris Endeavor Entertainment, LLC.
Druckman, D. and Wagner, L. M.(2016), "Justice and Negotiation". Annual Review of Psychology. 67.
Fisher, Roger and Daniel L., Shapiro(2013), Beyond Reason: Using Emotions As You Negotiate. The Penguin Group.
Freund, James C.(1992), Smart Negotiating: How to Make Good Deals in the Real World. Simon & Schuster.
Goldstein, Noah, Steve Martin and Robert Cialdini(2017), Yes,60 Secrets from the Science of Persuasion.

Profile Books Ltd.

Graham, J.L. and Nam, N.M(2003), “The Chinese Negotiation”. Hatvard Business Review. 81(10).

Harvard Business School(2005), The Essentials of Negotiations. Harvard Business School Publishing Corporation.

Heine, K. and Kerk, M.(2017), “Conflict Resolution in Meta-Organizations: the Peculiar Role of Arbitration”. Journal of Organizational Design. DOI:10.1186.

Hennig, Jim(2008), How to say it: Negotiating to Win. Penguin Books.

Ilich, John(1980), Power Negotiating: Strategies for Winning in Life and Business. Addison-Wesley Publishing Company.

Johnston, Peter D.(2012), Negotiating with Giants: Get What You Want Against the Odds. Negotiation Press.

Lempereur, Alain, Colson, Aurelien and Pekar, Aurelien (2010), The First Move: A Negatiator's Companion. John Wiley & Sons, Ltd.

Lewicki, R.J., Litterer, J. A., Saunders, D.M., and Minton, J.W.(2006), Negotiation: Readings, Cases, and Experiences. McGraw-Hill.

Lewicki, Roy J., David M. Saunders, and Bruce Barry(2013). Negotiation: Readinfs, Exercises, and Cases. 정희섭 역(2013). 「협상론: 원칙과 테크닉」, 맥그로힐에듀케이션코리아.

Mayer, Bernard(2000), The Dynamics of Conflict Resolution. Jossey-Bass Inc.

Mills, Harry A.(1991), Negotiate: The Art of Winning, Gower Publishing.

Nierenberg, Juliet and Ross, Irenes S.(2003), The Secrets of Successful Negotiation. Duncan Baird Publishers Ltd.

Pasquier, P., R. Hollands, I. Rahwan, F. Dignum and L. Sonenberg(2011), “An Empirical Study of Interested-Based Negotiation”. Auton Agent Multi-Agent System. 22.

Rich, Clive(2013), The Yes Book: The Art of Better Negotiation. A Random House Group Company.

Schneider, Andrea Kupfer(2013), “Pracademics: Making Negotiation Theory Implemented, Interdisciplinary, and International”. International Journal of Conflict Engagement and Resolution. 1(2).

Shapiro, Daniel L.(2016), Negotiating the Negotiable: How to resolve Your Most Emotionally Charged Conflicts. 이진원 역(2017). 불가능한 협상은 없다. 까치글방.

Shell, G. Richard(2006), Bargaining for Advantages. the Penguin Group.

Stanton, Fredrik(2010), Great Negotiations: Agreement that Changed the Modern World. Westholme Publishing, LLC.

Stark, Peter B. and Jane Flaherty(2003), The Only Negotiating Guide You'll Ever Need, 박승주 역(2007). 「이기는 협상의 기술 10가지」, 김앤김북스.

Thomas, James C.(2005), Negotiate to Win: The 21 Rules for Successful Negotiating. 이현우 역(2007). 「미국 대통령의 협상코치: 협상의 기술」, 세종서적.

Thompson, Leigh L.(2009), The Mind and Heart of the Negotiator. Pearson Education, Inc.

Ury, William (1991), Getting Past No: Negotiating With Difficult People. A Bantam Book.
Weidner, Jens(2005), Die Peperoni Strategie. Campus Verlag GmbH.
Wheeler, Michael(2013), The Art of Negotiation: How to improvise Agreement in a Chaotic World. Levine Greenberg Literary Agency.
Zartman, I. W. and Berman, Maureen R.(1982), The Practical Negotiator. Yale University.
Zartman, I. W.(2009), "Multilateral Negotiation", In K. W. Hipel (ed.), Conflict Resolution, Vol 2. EOLSS Publisher.
Zartman, I. William(1983), The 50% Solution, New York: Vail-Ballou Press.
Zerres, A., Hueffemeier, J., Freund, P. A., Backhaus, K., and Hertel, G.(2013), "Longitudinal Effects of Unilateral and bilateral integrative negotiation training". Journal of Applied Psychology. 98.
Zetik, D. C., and Stuhlmacher, A. F.(2002), "Goal Setting and Negotiation Performance: A Meta-Analysis". Group Process & Intergroup Relations. 5.

加藤新太郎(2012), リーガル·ネゴシエーシヨオン. 弘文堂 .
交渉研究プロヅェケト(2010),「交渉のデザイソと実踐スキル」. 産業能率大学出版部.
鈴木有香(2011),「人と組織を強くする交渉力」. 自由国民社.
二木纊三(2004), 交渉の技術がみるみる上達する, 日本實業出版社.
田村次朗(2015),「16歳からの交渉力」, 実務教育出版.
田村次朗·一色正彦·隅田浩司(2013),「交渉学 入門」. 日本經濟新聞出版社.
中嶋洋介(2003), わかるほど強くなる交渉のマネヅメンと. 株式會社アーク出版.
淺野八郎(2002),「협상에서 반드시 이기는 설득비법 100가지」, 배정숙 역, 서울: 다리미디어.
平野陽三(2004), 交渉術の極意. 産調出版.
平原由美·觀音寺一嵩(2002),「戰略的 交涉力」. 東洋經濟新報社.
豊福公平(2015), すごい交渉術 : "交渉の神様"か教えてくれた5つの法則. SBクリエイグ株式會社.